地球維神
―― 黄金龍体と国魂 ――

この絵は、中今（白峰）先生が、
最初に本書の表紙にしたいとおっしゃっていたもので、
とても気に入っておられたようです。
日の本の「国魂」と、それを護る
黄金龍体の絵です。

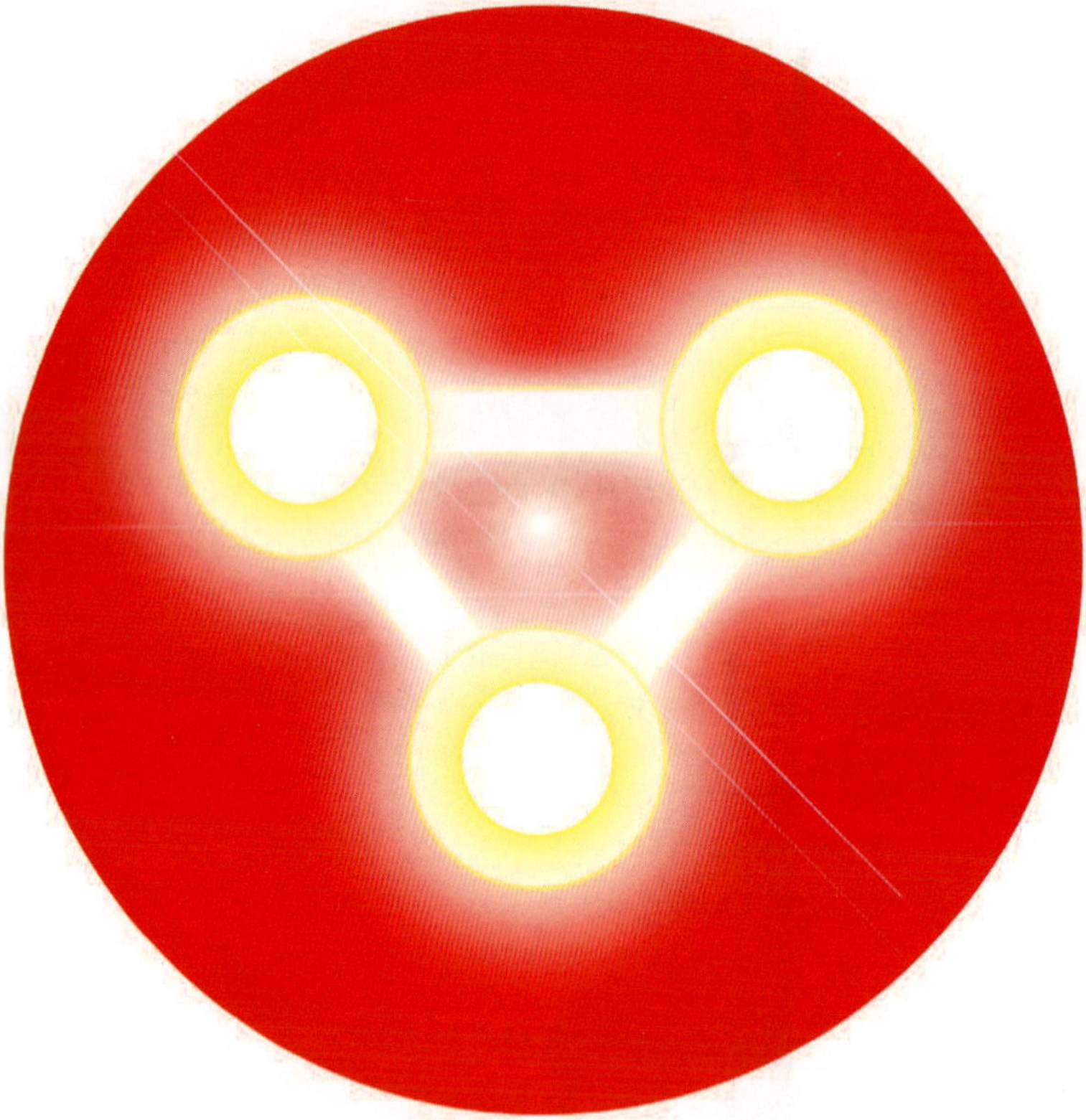

── 三位一体 ──

五十鈴

地球維神

黄金人類の夜明け

アセンション・ファシリテーター
Ai

明窓出版

序文

地球維神——黄金人類の夜明け

アセンション・ファシリテーター　Ａｉ

本書を御手に取ってくださった皆さま、こんにちは！　アセンション・ファシリテーターのＡｉです。

前著、『天の岩戸開き　―アセンション・スターゲイト』の冒頭の御神歌のように、

神年　光の如く

まさにそれを今、実感しています！

すべてのレベルで！

すべてのハイアーセルフ、そして無限につらなる、究極の根源で！

はじめであり、おわり。そして永遠のはじまり。

これが「永遠の中今」というものである、と！

宇宙の創始より、今、ここに向かって、すべてを準備し、歩んできたのだな、と。

そしてこれからが、すべてを統合した、新たな、真の始まりなのだな、と！

そして、すべての人類にとっても、今回の宇宙史・地球史の中で、究極のハイライトである、「今生」。

それは、全体と一人ひとりの宇宙史・地球史の、すべての意味での「ひな形」なのです！

（※このことは、二〇一〇年六月に明窓出版から発刊された、『天の岩戸開き　―アセンション・スターゲイト』に詳細が書かれていますので、ぜひご一読ください！）

今、振り返ってみますと、「今生」においては、すべてが「壮大なドラマ」となっており、そしてすべてが、宇宙の創始、宇宙史と、つながっているのです。

それはまさに神話、伝説、レジェンドであると言えます。

そして実は、すべての皆さまについても同様なのです！

この壮大な、悠久の過去と未来、そして「永遠の中今」を、皆さまもぜひ、本書でともに体験していただきたいと思います！

第一章

『地球維神』とは?!

── レジェンド（神話）──

はじめに――誕生秘話

『天の岩戸開き―アセンション・スターゲイト』に続く、第二弾となる本書は、壮大なプロジェクトの一環です。

今、初めて明かされますが、実はこの第二弾、次の第三弾も、第一弾の『天の岩戸開き』の制作に取りかかる前から、神界のアカシックになっていたようです――。

それは、二〇〇九年の初夏の頃のことでした。所用で白山の麓を訪れている時、白峰先生より直接、あるご連絡がきたのです。

地球と人類のアセンションは、トップ&コアでは順調に進んでいますが、様々な変動や変化の中で、予断をゆるさない状況でもあります。白峰先生は、本書読者の多くの方がご存じのように、それらに深く関係する、重要なお仕事も多くされています。

その白峰先生からのご連絡とは、ナント!!!

「まだしばらく、(地球アセンション・プロジェクト=地球維神は)厳しい状況も続く。ゆえに万一、オレの

本書は、宇宙の創始からの、壮大な神話、伝説、レジェンドが背景となっています。

そして、その**「はじめとおわり」にしか明かすことができない、**「マル秘」のオンパレードです！

ゆえに、前書の『天の岩戸開き』と、ここの宇宙神からの「三つの参考図書」（「日月地神示」白峰著「続２０１２年地球人類進化論」白峰著〈共に明窓出版〉「超予測２０１２　地球一切を救うヴィジョン」白峰著〈徳間書店〉）をまだお読みでない方は、まずはご一読されてから、本書を読み進めてください！

また、すでに読まれた方も、じっくりと何度も吟味していただくと、パズルのピースが埋まり、謎が解け、宇宙大のＭＡＰができ上がり、アセンション・スターゲイトが開き、アセンションＤＮＡの起動が早まるでしょう！

では、ともに、悠久の過去、未来、そして「永遠の中今」の旅へ、出発しましょう！！！

根源天照皇太神界
アセンション・ファシリテーター　Ａｉ

（※本書では書けなかったいろいろな「マル秘」が、私が主催するアセンション・アカデミーでは基本的に解禁となっております。御関心がある方は、巻末にご案内するホームページなどをご参照ください！）

地球維神　黄金人類の夜明け　目次

地上セルフ（肉体）が死んだら、『霊界チャンネル』（?!）として、オレの本を発行してほしい」というものでした。

「えっっっ……?!」

その瞬間、神界、高次、そして白峰先生のハイアーセルフと白峰先生より、莫大なメッセージと情報が、怒涛のように押し寄せてきました！！！

それは、とても、とても重要な内容であり、その意味を深く理解しました。

それが、本書のトップ&コアと全体を通した内容であり、メッセージなのです！

まさにすべてが、神話、レジェンド（伝説）であると言えます……！

そしてそれを、宇宙史でも地球史でも初めて表に出すということは、大変名誉な仕事であると思いました。

さらに、この役割は、私の神界の系統でなくてはならない、できない、ということも分かりました。

前著の『天の岩戸開き』と併せて、本書を最後まで熟読していただくと、必ずこのことが分かっていただけると思います！

さらに、白峰先生は、一部の方々はご存じのように、地球と宇宙のアセンションのために、様々な、危険なお仕事もされています。ですから、そのお仕事をお手伝いするというのは、並大抵のことではありません。様々な妨害、障害も出てきます。お手伝いを安全・無事に遂行できるのが太陽神界系でもあり、私に白羽の矢が立った、ということでもありますね。

そして本書の内容は、白峰先生が直接には発信できないものである、ということも、最後まで読まれると分かると思います。その意味でも、大変名誉な役割であると感動しています。

これから、「白峰先生」とそのトップ＆コアについてを中心に、明かされていく予定です。私、Ａｉについては、前著「天の岩戸開き」に詳しく書かれています。（※白峰先生は現在、引退ではなく隠退され、二〇一六年の地球・太陽系のお仕事をされています）

すべてにおいて、中今（過去・今・未来の統合）かつ最新で、（高次から）ゆるされる限り、最大限、書いていく予定です。

なぜなら、それが本書の目的でもあるからです！！！

莫大なデータ、アカシックのごく一部の第一弾（？）でもありますが、最も重要なものとなっています。

そして本書のサブタイトル、「黄金人類の夜明け」は、白峰先生とそのハイアー神界が、ぜひに！　と以前より希望されていたタイトルです。

本当は（マル秘ですが！）、黄金ではなく、**「根源人類、神人類の夜明け」**です。

皆さま、どうぞ、お楽しみに！！！

ファースト・コンタクト

白峰先生とは?!

この本が、「白峰先生とは?!」という伝記、神話（?!）の、史上初のものにもなると思いますが、時間的に順を追った形でお話する方が臨場感があり、皆さまにも分かりやすいと思います。

では、白峰先生との、（今生、地上での）ファースト・コンタクトとは……？

それは、『天の岩戸開き』にも少し書きましたが、二〇〇四年に東京で開催した「ウエサク祭 in Japan（五月の満月の、スピリチュアル・ハイラーキーの祭典）」の時でした。これは日本で二回目となった大規模なもので、参加者も五百名を超えていました。この時のテーマは、関係者一致のチャンネルで、「日本神界開き」となっており、そう予測されていました。そして実際に、神界・高次の多大なサポートによる、素晴らしいエネルギーの、伝説的な祭典となったのです。私はこの時、四人の実行委員の一人で、総合司会でした。

そして、開催内容について実行委員会で企画、検討を行った時に、この祭典に招聘し、講演等をしていただくゲストについても話し合われました。それぞれの実行委員が、アセンション関連で活躍している、各界のゲストを推薦しました。私は、その一人として、白峰先生を推薦しました。これには、いくつかの背景がありました。

まず、この頃のアセンション界には、大きく分けて二つの流れがありました。一つは、いわゆる「陰謀論」系として知られるものです。世界の仕組の背後には、どのようなものがあるのか、真実は何か、という探求をメインとする中で、アセンションについても述べているグループです。

もう一つは、ニューエイジからの流れとして、アセンションをメインとしたグループです。高次からのチャンネル、大天使界、アセンディッド・マスターなどが中心になっています。

当時、この二つのグループは、ほとんどまったく交流・接点がありませんでした。

そして前者の、いわゆる陰謀論系（?）、かつアセンション情報を発信されて、目立った動きをされていたお一人が、白峰先生でした。また、この企画会議の少し前に、ちょうど白峰先生の講演ビデオを入手したばかりだったのです。

その講演ビデオを拝見した第一印象、そしてトータルの感想は、「そういう風には観せていないけど、とても繊細な波動の人だな。よくこんな仕事をしているな！（笑）大変だろうな！」というものでした。

高次からは、次のようなメッセージが来ていました。

「『日本神界開き』となるこのウエサク祭ｉｎ Ｊａｐａｎを機として、前述の二つのグループ、二つのエネルギーが、それ以降、一つとなっていくだろう！」

……ということで、白峰先生の御出演に関して、言いだしっぺ（?）となった私は、自分で白峰先生へ、出演依頼をすることとなりました。そして、本に掲載されていた御住所へ、御手紙と、数十枚のウエサク祭ｉｎ Ｊａｐａｎの御招待チケットをお送りしたのです。

……そして数日後……

夕食の用意で、野菜炒めをつくっている真っ最中のことでした。

妹「おねーちゃーん、電話だよ！」

私「誰から？」

妹「田村さんっていう人」

田村さん？　誰、それ？　知らないけど……。

私「もしもし？」（今忙しいのに、誰？）

謎の人「田村正和です」（あまり上手ではない〈?!〉モノマネで……）

私「……？」（しばらく無言）

ようやく、ハタと思いつきました！

私「もしかして、白峰先生ですか？」

謎の人「……もしかして、そうかもしれませんよ？」

まあ、これが電話でのファースト・コンタクトだったでしょうか。（笑）

そして白峰先生は、開口一番、**「ウエサク祭に御招きいただき、恐悦至極！」**とおっしゃいました。

その後、打合せのため、ちょくちょく御電話をいただくようになりました。

そんなある日の会話……

白峰先生「君は、自分はどこの星の出身だと思うの？」

（うーん、どこまで話そうか……）

私「うーん、しいて言えば、アンドロメダですね！」

白峰先生「……」（しーーーん）

（オリオンとか、プレアデスとか、シリウスって言うと思っていたんだろうな！）

ここで高次から来たメッセージは（白峰先生のハイアーかもしれませんが）、これまでの自己とハイアーセルフが関係する、主な宇宙史、地球史、今生史についてまとめ、白峰先生へ送ったほうがよい、というものでした。

そこで、ウエサク祭も目前となり準備も佳境となる中、移動中などにちょこちょことレポートとしてまとめていきました。手書きで、二十ページ以上あったと思います。そして！　それをお送りした瞬間から！！！

不思議なことに、寝ても覚めても、白峰先生とそのエネルギーが近くにいる感じとなりました。

そして、いよいよ、ウエサク祭　ｉｎ　Ｊａｐａｎの当日を迎えました！

二〇〇四年五月五日の、満月の日でした。

中山康直さんと白峰先生との打合せにより、白峰先生は、中山さんの講演の半ばで客席から登場されることになっていました！　講演もたけなわ、いよいよ中山さんが、「今日は会場に、ある方がいらっしゃっています！」と呼びかけ……、白峰先生が、現れました！

なんと、まるでサンタクロースのように、全身真っ赤な衣装でした！（後に白峰先生は、日本男子は古来より、ここ一番！という重要な時には赤〈褌〉を身につけるとおっしゃっていましたが！）

そして、「本日は、ウエサク祭に御招きいただき、恐悦至極！　**サナート・クマラに成り代わり**、御礼を申し上げます」と、御挨拶をされました。あとは簡単なスピーチでしたが、白峰先生をよく御存じの方は、この御挨拶の内容が、とても重要であるということがお分かりになると思います。

ウエサク祭全体、日本神界開きとしても、これが重要なセレモニーとなったのです！

その後プログラムも順調に進み、総合司会の合間に、休憩がてら、ロビーを歩いていたら……。

白峰先生が現れて私を手招きされ、「祭典が終わったら、打ち上げをやるから君も来なさい」とおっしゃれました。

（これが、今回、地上で五メートル以内で初めて拝見したファースト・コンタクト！）

打ち上げ？　それは主催者が行うものでは……と思いましたが、閉会後の事務処理が多いことと、主催・関係者が多くいてまとまった打ち上げ計画も無かったことから、「了解しました」とお返事しました。でも、一人で行くのは不安でしたので（笑）、白峰先生に伺った上でもう一人の実行委員を誘いました。

白峰先生によると、打ち上げ会場は中山氏が知っているからとのことでしたので、祭典終了後、事務処理を猛スピードで終わらせ、中山さんと合流しました。まるで、映画「００７」のように刻々と、白峰先生から中山さんにナビの連絡が入り、都内某所の、奥まったある場所へ……。

会場に着いてみると、意外と普通の居酒屋でした。しかも御酒と肴が美味なお店！　私は日本酒にけっこう詳しいので、白峰先生に感心されました。（笑）見渡してみると、中山さんと白峰先生の秘書の方の他は、地上では初めて観る方々が二十人近くいらっしゃいました。「この人たちは？」と、心の中で聞いてみたら、白峰先生から「白峰会のメンバーだよ」と、テレパシーで返ってきました。

しばらくは、近くの席の人たちと、よも山話の歓談が続きましたが、ふと、「白峰先生の過去生とは？」「私との関係は？」という疑問が、心に浮かびました。「うーん、古代エジプトや、古代日本の過去生の分身もいるな、白峰先生は……」と、エネルギーで机の反対側の一番遠い所にいらっしゃる白峰先生を観ていましたら……。

なんと！

超絶的な時空へと、飛んだのです！！！

そして……。

白峰先生は、あるエネルギーを放出し、観せてくれたのです！

それは、『根源、根源神界のフォトン』と呼ぶべきものでした。

今回、自分の本体が地上に来てから、（自分の高次以外では）初めて観たものでした！

地球、地上では、決して観られないだろうと思っていたものだったのです！

……さらに言うと、これまでの自己の宇宙史でも、初めて観るものだったのです。

そこで、「永遠の孤独」が終ったということが、高次・地上ともに、はっきりと実感しました！

地球、地上では、決して出会うことがないと思っていた存在。それは、根源神界のポータル。

本源、目的を同じくするもの。

そして白峰先生とその高次も、同時にそう感じている、ということが分かったのです。

いえ、もっと前からかもしれません。おそらく自分史を御送りして、その後、常に身近にいるように感じるようになった時から、ですね！

そして……（いっつもですが！〈笑〉）「もう用事は済んだ」とばかりに、その瞬間、白峰先生は席を御立ちになり、「帰るぞーー！」と！

これがまさに、真のファースト・コンタクトであり、この打ち上げの目的であったということですね！

本当に、自己の宇宙史上、忘れえぬ、感動する出来事でした！

ちなみに、この時から現在まで、今生だけでも六年以上のお付き合いになりますが、私が知る限りその間一度も、同様のエネルギーを意図的に出されたことは公私に渡ってありませんでした。

大抵いつも、オーラを隠されていますから。

この日の帰り際、店の出口で皆で握手することとなりました（初握手！）。私と握手した時に白峰先生は、「暖かい！」とおっしゃいました。

実は前述の白峰先生に御送りした「自分史」に、九十年代の、あるシャンバラ・プロジェクトについても書きました。その時のパートナーの一人だった某亡命国の高僧のジュニアは、素晴らしいエスパーだったのですが、私と初対面の時に、「日本に来て、初めて、真の太陽を観た」と言われたエピソードのことを白峰先生はおっしゃっているのだと、握手の時に伝わってきました。

セカンド・コンタクト

地球維神プロジェクト

セカンド・コンタクトは、その後すぐにやってきました。

ファースト・コンタクトの数日後、白峰先生から、自宅にＦＡＸが届きました。

（根源神界と対応するある座標の）ある場所で、お会いしましょう、と。

私はそこでまたもや、３Ｄコンプライアンス（危機管理?!）の意識が働きました。（笑）だって、それまでの陰謀系の講演ビデオなどを観ると、ヤクザの親分みたいじゃないですか?!　ゆえに、「他に二名、いっしょに行ってもいいですか？」とお聞きしました。すると白峰先生は、「他の人も来るなら、別の場所に」と、別の場所と日時を指定されました。

――そして当日。その会場に到着しました。料亭のような場所の個室でした。私は少しエネルギーを調整したかったので、わざと少し遅れて、一番最後にその部屋へ入りました。

すると！　なんと、一番上座の席しか空いていないではありませんか！　そして二番目の席、すなわち、一番奥の席の対面に、白峰先生が座られています。（困ったなー。こういうの苦手なんだけど〈笑〉）と思いながら入っていき、まずは「本日は、御招きいただき、ありがとうございます」と正座して丁寧に御礼を述べました。

……私が着席すると、またもや白峰先生は、突然「暑い、暑い」と着物の上着を脱がれました。

あらためてテーブルを見渡すと、なんと！　鯛の姿焼を中心に、披露宴のような御馳走が盛りだくさん！（一体これは……?!）と思いつつ、なぜだか、豊臣秀吉が自身の吉事の前に、鯛の姿焼で前祝いをしたという故事を思い出しました……。

まず、白峰先生と目が合った瞬間、（波動、エネルギーが）**【対等だな！】**という声（心話）が聞こえました！　私も同時に同じように感じたのですが、思うか思わないかの内で自分の心の声ではなかったので、「誰？　誰が言ったの？」とキョロキョロしていると（笑）、白峰先生の「しまった！　こいつは心話が聞こえるんだった」という心話がまた聞こえて、スルスルスル……と、御簾《みす》（シールド）を降ろして、「聞こえない措置」をされました。（笑）

私は、まずは用意してきたレジュメを白峰先生へお渡ししました。これは会場までの道中に、高次から来ていたメッセージをまとめたもので、「地球アセンション・プロジェクト」と呼ぶべき内容でした（タイトルは、たしか「２０１２アセンション・プロジェクト」だったと思います）。

前著にも少し書きましたが、九十年代に、シャンバラと、その地上の国際ネットワークのプロジェクトに関わっていたので、その延長、最新版という感じでした。三次元的にも、どのような動きで、どのように展開していくか、というものです。

すると！　白峰先生からも、あるものを同時にいただきました。それがなんと！　同じタイトル、同じ内容だったのです！！！　さらにもう少し詳しく、これこれの展開は、こういうルートで行うとよい、というような解説付きで！

……ということで、またもや会の冒頭で、「儀式」は済んだ（?!）感じになり、あとは直会《なおらい》、歓談というモードになりました。……しかし、ここからが本番でもあった（?!）のです。

乾杯の後、まず、白峰先生は開口一番におっしゃいました。

白峰先生「この前、◎◎（※ピーが入ります……）とメシ食ってきた」

Ａｉ「ふーん、そうですか」

一同（しーーーーん……）

そして白峰先生が、またもや唐突に、

白峰先生「あなたと同じくらいのレベルの人が、あと百人ほしい」

Ａｉ「……」

〈意識でのサニワ〈私と同じくらいのレベル？　どういう意味で言っているんだろう？　大体想像はつくが……〉〉（**※そしてこれが、実は「地球維神プロジェクト」の宣言、だったのですね！**）

そして、またまた唐突に……（この唐突、単刀直入がいいですね！〈笑〉）

白峰先生「オレと初めて会った時、どう思った？」

Ａｉ「うーん、そうですねー（何て言おうかなー）。

最初に御電話をいただいた時は、〈白龍のエネルギー〉だなあと思いました」

白峰先生「うん、うん」（ニコニコしながら。そーだろう！　なかなかいい線、いってるぞ！　って感じで）

Ａｉ「でもやっぱり、皇御親《すめみおや》、皇御孫命《すめみまのみこと》のエネルギーですね！」（ファースト・コンタクトの時のことです！）

その瞬間！！！　白峰先生は、この時から現在まで観たことがないほど、【真剣】【真摯】な顔をされて、黙ってしまいました。

やったーーー！　と、私のハイアーはなぜか快哉《かいさい》、ピース！（笑）

……ですが同時に、ハタと気づいたのは、「待てよ？　今回のこの内容、セリフは、約五百年前の互いのハイアーの分身が、初対面の時にほぼ同じ場所で、ほぼまったく同じ話をした記憶が……」ということであり、とても不思議な感慨にひたりました……。

（登場人物は、皆さまの御想像におまかせします?!）

その後はやはり、三次元的な話のみとなり、一通り飲食した後、またもやそそくさと白峰先生は退座されました。

これが、二メートル以内で面と向かい、じっくりとお話した、ファースト・コンタクトでもあります。

まさにスタートでもあり！　その直後から、怒涛のようなＦＡＸをいただくようになりました。

ちなみに、当時、白峰先生と、よくいっしょに行動されていた方は、私のようなケース、特に白峰先生の方から積極的にコンタクトをとる例はたいへん珍しい、とおっしゃっていました。

通常は、白峰先生に面会を申し込んでも、二年から三年くらい（対面できるレベルの準備が整うまで？）待たされることが多いとのことでした。

マル秘の神事（1）

国常立大神　御事始め

怒涛のＦＡＸ通信では、神界のこと、宇宙のこと、地球のこと、等々、たくさんの情報を交換していきました。（合間にオヤジギャグも満載で！〈笑〉）

そんな中、二〇〇四年五月の後半に、あるたいへん重要な依頼が、白峰先生からありました。

それはなんと、私が、ある日時、ある場所に、あるものを埋めて、白峰先生の名の元に、【国常立大神《くにとこたちのおおかみ》】と、そのネットワーク、レイラインの復活の神事を執り行ってほしい、というものでした！！

「やってくれたら、美味い酒を贈る」とありました。

なんで私が――?! ですが、トータルでは、その理由がだいたい分かりました。

私の系統でないとできない、上手くいかない、ということなんですね。

指定日時が差し迫った風雲急を告げる依頼であり、かなりとんでもない時刻の指定でしたので、たいへんでしたがなんとかやり遂げました！ 事前には、独自のチャンネルにより、いくつかの関連神事も執り行いました。

当日、神事を行った時に、太陽神界から母船がサポートに来ました。

目的、テーマに対しての成果は今一つ（?）と感じましたが、太陽神界の船が来た旨を白峰先生に報告すると、「ふーん、あっそう」というお返事で、さしてどうこうという感じではありませんでした。想定内（?）だったのでしょうか。

後で詳述しますが、後に、その地がたいへん重要な場所であることが判明しました。

それから六年以上かかりましたが、中今！ 今、まさにその成果が現れている、ということなんですね！

そう！　それこそが『地球維神』の始動なのです！

追記：　御約束通り、たいへん美味な御酒と食糧もたくさん贈っていただきました！　「神龍」という、泡盛でした。すべて白峰先生からのスペシャルなエネルギー入りで、泡盛は二本あり、それぞれが違うエネルギーでした。一本は、透明なフォトン。もう一本は、根源のフォトンという感じでした。

サード・コンタクト

シリウス・プロジェクト

前述の、超重要マル秘神事の次に、今度は地上でのコラボレーションを含めたミッションが、白峰先生から来ました。「あるテーマと内容で、講演会を企画してほしい」と！　二〇〇四年六月のことでした。

そのテーマと内容をトータルで言うと、シリウスを通した、高次のエネルギーの流入。そしてシリウスのエネルギーのアセンション、という感じです。
メイン・テーマは、「シリウスの太陽」というものでした。講演の背景に使う、特別なスライドの絵の制作も、細かく依頼がありました。それは「シリウスの太陽と神殿」の絵で、大きな「鳥居」と組み合わせたものでした。共演の講演者についても白峰先生から細かく案があり、エハン・デラヴィさん他、数名の著名な方との共演となりました。講演会場は、都内某所の由緒ある神宮の会館という、極めて特殊な場所となりました。私は総合司会を担当し、百名近いご参加者の中、熱気溢れるものとなりました。

このプロジェクトにおける、白峰先生と私とのマル秘の事前打合せでは、テーマと目的は前述の通り「シリウスを通した、高次のエネルギーの流入。そしてシリウスのエネルギーのアセンション」でしたが、当日は、上手く進めさせるようなエネルギーと、妨害のエネルギー、両方が来ていると感じていました。（しかしこれについては、スピリチュアル・ハイラーキーから「参加者全員のコラボレーションが重要なので、無理にサポートしてはいけない」というメッセージが来ていましたので、私はひとまず観察をしていました。白峰先生のハイアーの神界に関わる内容でもあるからだと思います）。

実は会の前に白峰先生からご連絡があり、「友人の御子息の結婚披露宴の後に会場へ行くので、少し遅れるかも」とおっしゃっていました。しかし当日、前述のような両面のエネルギーを感じていましたら、なんと予定より三十分も早く（相当急がれた感じで！）、颯爽と到着されました！

すぐに控室にこもられ、出番のために呼びに行くと、こっそりと高度な神事をされているのを目撃しましたが、観ている私に気づくと突然、「踊っている」フリをされました。御茶目！！（笑）

そして、トリとして、白峰先生の講演会が始まりました。メインは「シリウス・ロゴス」（シリウスのハイラーキーの長、シリウス神）のお話でしたが、さすがにどっしりとそのエネルギーを降ろされ、私とハイアー・ネットワークも、安心してコラボレートし、サポートすることができました。

ちなみに、地球のハイラーキーのリーダーとされるサナート・クマラのさらなるハイアーセルフが、シリウス・ロゴスであるとされています。

トータルでは、サナート・クマラとシリウス・ロゴスをつなげる神事、ワークでもあったということですね！

さて、盛りだくさん、かつ素晴らしい、記念すべき講演会が終了し、講演者の先生方と、事務局（我々）は、打ち上げ（一次会）へ。

都内某所の居酒屋で、十名前後が着席したところ、どこからともなく白峰先生が（いつもですが！）不思議な御酒を出されました。それはなんと！**【青龍】**という名の、泡盛でした！　シリウスに詳しい方はご存じかと思いますが、青龍は、シリウスのエネルギーの象徴の一つでもあります。できすぎ！！！

私の地上セルフは、AD二〇〇〇年前後のあるシリウス・プロジェクトと、今回のシリウス・プロジェクトのために、シリウスと関係が深い沖縄地方の島に、スキューバ・ダイビングをかねて長年通っており、泡盛大好き人間になっていましたので（笑）、喜んでいただきました！　白峰先生によると、シリウスの御神体そのもののエネルギーが、ダイレクトに注入されていたそうです！　美味！！！

さらに二次会へ。この頃には、人数は約半分になっていました。二次会の会場は、とても不思議な場所でした。大聖堂のような内装で、キリストや聖母マリアの像がたくさんあるのです。

これが、白峰先生プロデュースの、今回のシリウス・プロジェクトの第二弾なのだな、というメッセージが、高次から来ました。実は宇宙キリストエネルギーも、宇宙史の中で、シリウスととても関係があるのです。

関係者をひな形として、宇宙キリスト・エネルギーを、シリウスへ降ろす。

……しかし皆さま、大分お疲れのようで（?!）時空も、ものすごく上昇しており（そうなると、普通の人は、トランス状態になりやすくなります）、白峰先生が、「三次会（第三弾）へ行くぞー！」とおっしゃった時には誰もついて来ず、私と二人だけに……。

白峰先生とタクシーで移動した所は、こじんまりした、アットホームなイタリアンの店でした（時間はすでに深夜）。白峰先生は赤ワインを注文され、二人でいただきましたが、なんだか「最後の晩餐」のような、キリスト・エネルギーが強く来ていました。おつまみもいろいろと注文されましたが、私は高次のエネルギーの神事になると水分以外は何も摂らなくなるので、「食え、食え」と、しきりにおっしゃっていました。

ここでは、いろいろとたわいのない話をしながら腹ごしらえをされていましたが、食べ終わると、な、なんと、「四次会へ行くぞーー！」と！　ええーーっ！！！　まだ行くの？　もう朝になるけど、と思いつつもついて行くと、今度はカフェバーに入られました。さすがにその時間だと誰もお客さんはおらず、奥まったカウンターに二人で腰かけ、ウーロンハイを飲みながら、何やらしみじみとした雰囲気と、話になりました……。

それが、超重要なものでした。このために、四次会までわざわざ来たのだな、と感じました。

最初はしばらく雑談をしていましたが、突然、ある強いメッセージが神界から来ましたので、白峰先生にお伝えしました。

Ａｉ「（今この瞬間に、強いメッセージが神界から来たのですが）地球と宇宙のアセンションのトップ＆コア、そしてその全体については、私と白峰先生の、ハイアーの神界にかかっていますね！」

白峰先生「それは最大のマル秘！」

そしてまたしばらくの雑談の後、突然、白峰先生のエネルギーと口調が変わり……。

白峰先生「今回のオレのすべての役割ができる人を、オレは、ずーっと探してきたんだよ！　……三十年間、ずーっと探してきたんだよ！　……でも、オレしかいないんだよ。……オレでいいのかな?!」

……それはまるで、独り言のようでした。

私は、自分の耳を疑いました！　白峰先生が！　こんなことを言うなんて?!（しかも私に？）

冗談を言っているのかも、と思って、表情とエネルギーを観てみると、超真剣！　しかも、深刻……。

……そしてこれも神界からのチャンネルだったのですが、すべきことは、私もただ黙って白峰先生にそっと手を置き、エネルギーで伝えること、励ますことでした。

それがハイアーの神界同士の、重要な儀式、『誓ひ《うけ》』であるということが分かりました。

世界の盟主

この時期は、いろいろな事象が、最もたくさん起こった時期でもありました。実は白峰先生から、前節の「シリウス・プロジェクト」と並行して、さらに重要なプロジェクトの依頼があったのです。

（実はこのシリウス・プロジェクトの四次会（！）の翌朝が、この重要なプロジェクトの関係者との早朝からのミーティングだったので、寝坊しそうになってたいへんでした。（笑）高次の時空になるほど、御酒やお水は美味となり、まったく酔わなくなるのですが）

さて、それは、ズバリ言いますと、**「世界の盟主」**プロジェクトというものでした！

これについては、高次元界だけならまだしも、地上の国際機関、政府関係、学界のトップなど、いろいろと関係がありましたので、あまり詳しくはお伝えできないことを、あらかじめお知らせいたします。

まずは皆さま、「世界の盟主」とは何でしょうね？　白峰先生の本の読者の皆さまは、だいたいお分かりだと思います。読まれていない方は、ぜひお読みください。

白峰先生は、少なくとも三十以上の肩書きと名刺を持っておられるとのことですが、意外とほとんど知られていないのは、世界宗教法王庁の前主席副法王というものです（この当時は現役）。その本質は、皆さまご存じのように、そして白峰先生もいつもおっしゃっているように、「皆の宗」（?!）ですが！

そして白峰先生からのミッションとは、「【世界の盟主】の宣言を、ある場所で、クローズドで行いたいので、国内外の政府関係、識者、学界のトップを集めてほしい」というものでした！（どひゃー！！！）

シャンバラ・プロジェクトですでにそのような動きをしていたので、可能ではありましたが……。

これはたいへん重要で名誉なことと思い、動き出しました。いろいろと不思議なこともたくさんありました。まずは、地上社会の構造でも上の方の立場の人ほど、やはりトップ＆コアのマル秘とつながっており、白峰先生の正体も知っている、ということです。その中には、高次とつながっている人も、たくさんいました。

しかし……！　やはり究極の動きになるほど、地球と人類のアセンションを妨害しようとする動きも激しくなっていきます。

そして、このまま無理に進めると、アカシック的には生命を狙われるな、と分かりました。

私は、ミッションが遂げられるならそれで本望と思いましたが、白峰先生は中止を宣言されました。

宇宙連合からの最新の見解は、唯一最大のすべての解決方法は、一刻も早い地球規模での「公式コンタクト」であり、地球の開港である、とのことでした。これもこのプロジェクトのミッションに含まれており、白峰先生とも話し合いましたが、やはり地上スタッフが危険なのでいったん中止（延期？）となりました。

（政府関係筋によりますと、政府関係者もこのことを知っているということを確認できました）。

やはり宇宙連合と同様、そして、前著「天の岩戸開き」の内容と同様、一人ひとり、そして集合意識の、【内なる、真のファースト・コンタクト】作戦に切り替える、ということだったんでしょうね！

より安全で、妨害されにくく、より本質的な！

そして！　この続き、本番が、まさに中今、多次元的に始動している、『地球維神』なのですね！

マル秘の神事（2）

このマル秘のプロジェクトと並行して、マル秘の神事、第二弾が行われました。

場所も、第一弾の「国常立大神　御事始めの神事」と、まったく同じ場所でした。

そしてこの第二弾は、地上では一切の打合せ無しに行われました。

まさに「神一厘《いちりん》」、はかりしれない深い神意を感じた出来事となったのです。

前述のプロジェクトの真っ最中に、白峰先生と私は、たまたま私の都合で、第一弾のマル秘神事の場所に近いホテルのロビーで、打合せをすることとなっていました。

その場所は、シリウスから初めて地球に肉体的なＤＮＡの人類の祖、皇《すめら》の祖が入ってきた地の近くです。

白峰先生と待ち合わせをした時刻よりも大分早く着いたので、私は、第一弾の神事の場所となった、アンドロメダからシリウス経由で来た超古代の船が眠っており、現在は神社となっているその場所へ、ぶらぶらと歩いて行きました。

到着して、五分も経たずに社務所で御朱印を押してもらっている時……！

計画なのか？　はたまた純然たる神意か?!　石段から、白峰先生の秘書の方が現れたかと思うと、その次に、なんと、白峰先生が！！！

石段が長かったため、というよりも、由緒ある神社はたいてい結界が強いので、プロかつ繊細な白峰先生は、大分お疲れのようでした。様々な仕事をされながら、登ってこられたのでしょう。

また、私の顔を観ても、さして驚いた様子はありませんでした。(笑)

そして！　白峰先生は、開口一番！

「今から、昇殿参拝をするから！！！」

……うーむ。これもギネスでは（ビールではありません）。白峰先生をよくご存じの方はお分かりかと思いますが、このような行動は、記録に無いのでは……。

やはり白峰先生いわく、「普段はしないんだけどね。神様が降りてきちゃうから」。

普通の人は、冗談だと思って笑うかもしれませんが、私はそれが真実だと知っていますので（笑）、

「うん、ホントそうですね。私もそう思います」と言いました。

……ホントかなーと思っていると、白峰先生は、本当に社務所に、昇殿参拝の御祈祷を申し込まれました！　そして「ここの宮司さんが、Ａｉさんのことをアンドロメダ星人だと言っているよ！」と?!

普段からあまり人がいないローカルな神社は、この日も誰も参拝客はおらず。

神殿の小さい床几《しょうぎ》（折りたたみの椅子）に、ちょこんと腰かけた白峰先生の姿は、なんだかとても印象的でした！

そして、神主さんによる、この神社独特のイスラエル民謡のような（？）祝詞《のりと》がえんえんと続き……。白峰先生、私は、それぞれ御神前に玉串（榊）を奉納しました。

……この時に、とても不思議なことが起こりました！

神殿の最奥には、大きな御神鏡があり、玉串奉納を行う時には、その真正面に立つので自分の姿が映るはずなのですが、玉串を奉納して鏡を観た瞬間、目も眩むような光に包まれました！　勢いで吹っ飛びそうになるくらい、強い光でした（3Dで感じるパワーとしては、宇宙連合と地上で直接対面し、そのエネルギーを直接受ける時のような）。

こうして、神事は滞りなく終了しました。

上の神界の系統、代表として、二人でこれを行うことに意味があったようです。

すなわち、根源神界――宇宙神界――地球神界代表の白峰先生、そして根源神界――太陽神界代表の私、として。

そしてこの場所は、歴史的にも、エネルギー的にも、様々な事象の「ひな形」となる場所であったということ。

この後、（お待ちかねの？〈笑〉）直会《なおらい》となりました！

最初、白峰先生は「カレーが食べたい」とか言い出していたのですが、地酒と地魚のお店を予約していたので、秘書の方とともにそこへ行きました。この日は（前回、御招待いただいた御礼として）「私が御馳走します」と言ったからか（?!）高級な大吟醸をガバガバ（?!）飲まれていました。（笑＆汗）

二次会は、ホテルの地下のラウンジへ。それが始まってすぐに、白峰先生は秘書の方に、「先に帰るように」とおっしゃいました。

そして、秘書の方が退席された瞬間、なんと、ソファにバッタリと倒れこまれました。
これだけ色々と重要なことが並行している時でしたから、たいへんお疲れの御様子でした。

「私はね、自分の秘書にも、このような状態を一度も見せたことがないんだよ」と、白峰先生。

すごい精神力！　……だがしかし、なぜ私にそれを？

こういう時って、私の、鋭い（？）サニワが働くんですよね。（笑）

これは、ネコやライオンが、「降参！」のポーズで、お腹を出してゴローンとすることだな！　と。（笑）

そういう忍法、戦術でもあるな、と！

さすがに懐が広いな、と感動しつつ、それだけ深く信頼していただき心底嬉しい半面、油断なきように、という感じでした。（笑）

まるで、戦国武将同士の命をかけた絆と、駆け引きのよう?!

そこで色々な打合せやよも山話をしましたが、こういう時には私はまた食べなくなってしまうので、白峰先生は、「あれを飲め」「これを食え食え」と、また細やかに気遣ってくださいました。ほんと、お優しいですね！

さらに白峰先生が凄いと思うことは、この後も、日々、どんどんとパワーアップし、進（神）化していく、ということですね！　すなわち、これが本物！

私の高次の系統の長所なども、どんどんと吸収していかれ（?!）最近では、日々、MAXにパワフルであると感じます（最初は、私の背後＝ハイラーキーがあんまりうるさいと、オレ、（地球アセンション）やらないから！　とかダダこねられていました。〈笑〉）。

そしてこの神事の直後、いくつかの重要な動きがありました。

二つの重要な出来事を、白峰先生と同時に、地上で受け取りました。

まず一つは、地球のエネルギーの変化です。そのトップ&コアの、地球神の変化。

具体的には、その神事の直後に、二人同時にあるヴィジョンを観ました。
これまでに誰も観たことが無いもので、「地球神」の御神体の、ある一つの姿でした。

地球神の、真の姿！　その復活！　再生！

……観たことがないほど美しい、「水が光になったような」、『鳳凰』の姿でした！！！

地球の中心からそれが発現し、そしてゆっくりと、優雅に、地球の周囲を旋回しました……。

二つめは、二人同時に受信した、ある重要な情報でした。

『近い将来、アセンション後の地球に、第一回、第二回のマル秘の神事の場所を中心として、神聖な大陸が浮上する』というものです！

白峰先生からの、中今の最新マル秘情報によりますと、その中心が、新しい地球の神聖ヤマト大陸の中心の「富士山」となり、現在の富士の創始と同様、標高二万メートルのものとなるそうです。

このように、第一回、第二回の神事はすべてつながっており、とても重要なものとなりました！

八咫烏——金鵄とは?!

この頃には……、それまでの推理と「セカンド・コンタクト」での白峰先生の冒頭の発言、「この前、◎◎（※ピー音）とメシ食ってきた」により、さらに最終的には中止となったマル秘プロジェクトで、白峰先生が出す予定の肩書きにより、白峰先生の地上での真の正体の一つが、明確に分かっていました。

半分、白峰先生の公式になっている（?!）某有名ブログでも、ごく最近、それらのマル秘がほとんど明かされており、分かる人には分かっています（以前から各界のトップはもちろん分かっていましたが）。また、それを明らかにすることが、本書の目的の一つでもあります。

「世界の盟主」の宣言をテーマとしたマル秘プロジェクトで、国内外の各界のトップへ向けた白峰先生の正式なフルネーム（当時、国内では十人以下しか知らないとのことでしたが）は、次のようなものでした。

『金鵄《きんし》』。この言葉については、本書をお読みの皆さまの大半が、聞いたことがあるでしょう。

有名なのは、日本神話において、日本初代の神武天皇を助けた黄金に輝く鳥が、『金鵄』と呼ばれるものであったのです。

もっと裏情報に詳しい人は、飛鳥昭雄氏の本「失われたイエスの12使徒『八咫烏』の謎」（学習研究社）に詳しく書かれているような、「金鵄」と「八咫烏」（通称、ヤタガラスと呼ばれるが、正しくは「やたのからす」）について、ある程度ご存じだと思います。

すなわち、「八咫烏」と呼ばれる謎の組織の最高のトップが「金鵄」と呼ばれる存在なのです。「八咫」とは「太陽」を表します。そして「はた」とも読みます。

では、その真の実態とは?! これは皇紀二六〇〇年の歴史そのものでもありますし、高次の源は根源神界、有史の地上での起源も、少なくとも五～六千年前のものとなりますので、膨大です。

その詳細は、我々のアカデミーでお伝えしていますが、重要なポイントと大筋は、次のようなものです。

「宇宙連合」も述べていますように、地球時間で約六千年前に、地球の地上と人類は、三次元の密度となりました。また「天の岩戸開き」でも述べていますように、地球を巡る様々な宇宙戦争から、地球を護るという意図もありました。

この時、シリウスを通って、根源神界の命を受けたトップ&コアのマル秘のグループが、地球に入ってきました。

それは後の六千年間、現在のアセンションの時期に至るまで、地球を密かに護るためのプロジェクトでした。これが、地上で「八咫烏」と呼ばれる組織の起源です。

直接的には、五億年前の国常立大神の時代が源ですが。

肉体的な皇《すめら》とそのＤＮＡは、シリウス経由で地球に入ってきたと言われますが、まさにその通りで、ユーラシア大陸の秦の時代等を経ており、神武天皇もこの流れでした。
秦《しん》と秦《はた》は同じ字ですから、だいたい想像がつきますよね。

太陽神界の流れを汲むアトランティス皇家や、レムリア王家のＤＮＡも受け継がれています。

しかし基本的には、ミトコンドリア・イヴ（ミトコンドリアＤＮＡが、母親からのみ受け継がれること）により、母系からのものであると言えます。

本論から外れますからここでは詳しく述べませんが、シリウスからそれを担ったのは、木花咲耶姫神《このはなさくやひめのかみ》と日本神界で呼ばれる存在です。そして神武天皇のパートナーは、「神宮」と呼ばれる、天照神界のポータルでした（イコール、ヒミコでもあります。）

神武・神宮の時代に、太陽神界の高天原から、日本神界が直接日本に降ろされました。

白峰先生も最近、少しずつリークしていますが、具体的には、神武天皇がそのお庭番として日本で組織したのが、「八咫烏」です。

この組織の使命を一言で言えば、**『日本を護ること』**です。

さらに具体的に言うと、西暦では二〇〇八年まで日本を護る、というプロジェクトです。

これが皇紀元年、現在から二六七〇年前の、神武の時に発足したプロジェクトだったのです。

では、なぜ二〇〇八年まで、だったのでしょう？　これについては、白峰先生他、ＵＭＭＡＣさんの本「シリウスの太陽」（明窓出版）等により、その秘密が少し明かされています。

ロング・ロング・ストーリーになりますので、最重要の点だけ述べます。

様々な意味とレベルで、『日本の創始』と言える神武・神宮の時代の後、次に重要なポイントは、約千五百年前の、聖徳太子の時代でした。

万世一系とは、真には、上＝高次が同じである、という意味です。各時代に、様々な地上セルフの分身がいても、そのハイアーセルフ、神界は同じである、ということですね！

その意味で、神武と聖徳太子はその直系であり、神武が始めた仕事を、中興の祖としてまとめ上げたのが聖徳太子であった、ということです。聖徳太子には、様々な面や役割があり、それだけでも膨大な話になってしまいますので、ここでは、聖徳太子と推古天皇は、神宮・神武と、上＝本源が同じである、ということだけ、覚えていただけるとよいと思います。

さて、聖徳太子は、ある秘密文書を後世に残したと言われます。それは「未来記」と「未然記」というものであり、アカシックによりますと、「未来記」はAD二〇〇八年までに起こることが記され、「未然記」は、二〇〇八年まで、日本を護るための対策について記されていたとされます。

この記録を観ることができたのは、時の権力者、皇室や将軍家のみであったと言われています。

楠木正成も、この記録に自分の天命が書かれていたのを観て、数万の軍勢に対し、わずか数百騎で最後の戦いに赴いたと言われています。

この記録は、ある場所に保管され、表向きは存在しないものとされていましたが、近年はその一部が公開されているようです（時効だからですね！）。

このように、「二〇〇八プロジェクト」が、聖徳太子の時に、発動した、ということです！

なんという壮大なヴィジョンとミッションでしょう！

白峰先生がおっしゃっているように、この時に、「忍者」も組織されたと言われています。

さて、なぜ、二〇〇八年までなのか?!

実は、（白峰先生もおっしゃっていますが）神界の地球のアカシックが、本来は二〇〇八年までしか無かった！！！　ということなのです。

ということは（?!）本来は、地球も二〇〇八年までしか存在していなかった、ということになりますね！

ということは、本来は、二〇〇八年までに人類も、地球も、アセンションを終わらせていなければならなかった、ということですね?!

では、なぜ現在も存在している、存在できているのでしょうか?!

それについては、主には、前著の「天の岩戸開き」に詳しく書かれています。

一言で言いますと、皆さまもお分かりのように、「まだ終わっていない」ということですね！

そのために、高次と地上の関係者は、多大な苦労をして（笑）なんとか維持している、ということなのです！

一人でも多くの人が、アセンションをするために！！！

そのために、人智を遥かに超えた働きと努力を、国家風水師でもある白峰先生は、実際に、日々行われています。

そして、特にAD二〇〇四年のウエサク祭ｉｎＪａｐａｎより、天津神界も、全面的に協力を行っているのです。

ゆえに、白峰先生の上の神界も、私の上の神界も、協力し、組んでいる、ということですね！

そして現在、この二つの動きは、大きく分けると次のようなものとなっています。

一、アセンション風水……国家風水。地球、宇宙風水。「二二」のための調整、維持。
※この主な担当が、白峰先生。二のための後ろ向き、防衛、守護、調整ですね。

二、神人ライトワーカーの育成……これが、我々のアカデミーが、二〇〇四年に根源神界及び白峰先生を通して、ここの宇宙・地球神界から託された仕事です。「一」の後ろ向きに対する、前向き。

これが、中今最新の二大アセンション・ライトワークです。

日々、鋭意取り組んでおり、そして昨今、皆さまも御周知のように、大きな成果となってきています！

日月地神事

さて、前述のように、「世界の盟主の宣言」のプロジェクトは、一旦中止、延期となりました。

そのおかげで、地上での仕事は大分楽になりましたが、その分、高次のアセンション・アカデミーの方に力を入れて進めていました。

そんなある日の未明に、とてもリアルで不思議な夢を見ました。

地球人類を乗せたある乗り物があり、それが向かっているのが、とても危険な場所でした。

その乗り物に、すごいスピードで追いついてきたのが、月光仮面のような（?!）白峰先生だったのです！

そして白峰先生から、難しい内容の巻物や、宇宙の事象について、いろいろと観せていただきました。

最後に、未来の地球(?!)のような、心温まる素晴らしい情景も観ました……。

そこには、神界の子供たちがたくさん出てきました。

不思議な夢を観たなー、といろいろと分析していたところ、突然、メッセージが神界から来ました。

ある具体的なところ、二つを調査してほしい、というものでした。こういうメッセージは珍しいので、これは白峰神界からかも? と思いました。(笑)

時間にも少しの余裕があったので、さっそく開始してみました。

その一つは、以前からよく知っている友人がその事務局にいたので、調査の必要は無し。

そしてもう一つは、その頃、少し話題となっていたグループで、私にはエネルギー的に関心が無いものでした。しかし、白峰神界がぜひにということですので、コンタクトしてみることにしました。

そのグループの会合に出席したのですが、ナント! そこで出会ったのが、現在、うちのアカデミーの本部事務局長のＬｏｔｕｓさんだったのです! Ｌｏｔｕｓさんも、その時だけはどうしても必要と感じ、最初で最後の一回として、出席したとのことでした。

さらに、いろいろなトップ&コアの出来事がたくさんありました。あまり詳しくは書けないので、表現が難しいのですが、分かる人には分かると思いますので、少し述べます。

世界を動かす中心とは、高次も地上も、表も裏も、大きく分けると、二つのグループとなります。その一つが神界系であり、「マルテン」と呼ばれます。もう一つは、天界系であり、「マルジュウ」と呼ばれます。

前者は、日本史では、「秦氏」と言われます。後者は、「賀茂氏」です。

それらは創始の本来のもの、そして中今最新のトップ&コアがありますが、白峰先生の講義を御存じの方はお分かりのように、近世では、自称であったり、高次と分離した動きも多かったようです。

さて、そのコンタクトしたグループとは、「マルジュウ」系の、真のトップ&コアである地上の系譜のグループでしたが、他の例にもれず、多分に低次元の霊界の影響も受けており、問題が多くありました。

白峰先生は、前述のような肩書き、役割もお持ちですから、宇宙と地上でも、秘密警察の長官のようなものであり、「マルテン」系、秦系のトップでもありますので、宇宙連合とともに、その調査を依頼してきたのです。

しかし、そのグループが真にミッションを果たすなら、と、愛情を持っていろいろなアドバイスもしてくださっていました。

そうした中、そのマルジュウ系のトップが、「どうしても白峰先生にお会いしたい」と私に依頼してきました。

その人物及び側近の系統は、近世の歴史的には、どちらかというとマルテン系の秦系とは対立していたはずですが、白峰先生の正体の一つが「金鵄」であるということをすでに知っていました。

昔の前任者にも、会ったことがあるとのことでした。

白峰先生にもその旨をご連絡した上で、先生の「日月地神示」の講演会に行くことになりましたが、当日、その代表人物が、謎の体調不良で来れなくなり、代わりに急遽、側近であり、表向きはある高名な団体の幹部である、高度な霊能者が来ました。その人が白峰先生を一目見ての第一印象は、「神武だった時と、風貌がまったく同じだ」と言っていました……！

私も、「マル秘プロジェクト」以来、久々に地上でお会いした白峰先生でしたが、この日は、「日月地神示」の本もお目見えした日であり、出席者の机の上に、一冊ずつ置いてありました。

そして、本の裏表紙の、「菊花紋」からものすごいエネルギーが出ていて、自己と共鳴していました。

先生は、それをじっと観られていました。

そして、この本が、「特にある三人に向けて書きました」というお話の時に、強力なエネルギーが伝わってきました……！

講演会が終わって、面会を御希望のマルジュウ代表の霊能者を白峰先生にご紹介した時、白峰先生は、なんと、普段はめったに出されないオーラ、エネルギーを出されました。それは、観音様のエネルギーそのもので、慈愛のゴールドの、大きなエネルギーでした。そして、感謝のエネルギーも出されて、合掌されていました。

後でよくよく考えると、トータルでは、不思議な夢と、白峰神界（？）からのお告げで始まっており、結果的に、宇宙史でも地上史でも、つねに神界の系統の子供たちであり、神人、地球維神を担い、目指す主要なメンバーである数名と出会うことができたので、それがこの一連の不思議な出来事で最も重要なことであり、トップ&コアの目的であったのだ、と思えました。

やっぱり、さすが月光仮面だな、と！！！

そして、この年の暮れの十二月二十三日（天皇誕生日）。とても重要なメッセージが、白峰先生から書面で届きました。

そこには、**中今最新の、銀河について、地球領域について、そしてこれからの地球アセンション・プロジェクトについて、トップ&コアの白峰先生の見解が書かれていました。**

白峰先生とのお約束があるので、この内容については、今ここですべてを明かすことはできませんが、まずは地球、太陽系、銀河のマルヒについて等。

私の元々の担当は、どちらかというと「マクロ宇宙」なので、それをミクロとマクロで対比すると、ぴったり同じである、ということがよく分かりました。

やはり、とても重要な対照、対となる役割なのだな、と。

そして、**「オレの本当の正体を知っているのは、オマエくらいだ！（笑）」**とも、書かれていました。（笑）

さらに、後半の内容が重要で、それは現在我々が行っている、地球アセンションのための、『神人育成プロジェクト』始動の、正式な依頼書でした！

……それが、金神（白峰先生の働き）と対になる、弥勒の動きとなる、と！！！

地球アセンション瞑想

その後、白峰先生の「国家風水百年の計」の講演会までにも、怒涛の展開となっていきました！

まず最初に、ある日突然、白峰先生を含む、我々主要グループの五百年前の分身の過去生を、白峰先生を含めて、皆が同時に思い出す！　という事件がありました。

そしてその瞬間に、白峰先生の秘書の方から電話があり、アカデミーの主要メンバーが、今生初めて、白峰先生の個人セッションを受けることとなりました。

国内某場所で行われたのですが、この時も、とても重要な内容となりました。

それまでの関連で、いろいろなエネルギーが動いており、地球を護るために、白峰先生と私が合同で、その地のエネルギーを使って、地球を一時、三十六次元まで持っていきました……。

白峰先生の初の個人セッションを受けたメンバーは、ほとんどの人が、我々が「クルクルの水」と呼んでいる、白峰先生が指をクルクルッとしてエネルギーを入れたお水を、ただ飲まされただけのようでした。（笑）

……その後の変容を観ると、何が入っていたかは神のみぞ知る（?!）ですが、まだ地上セルフが顕在意識では受け取れないものであった、ということですね。

そして、当時は特に、私とは表だって話をすることが（安全上）難しかったので、貴重な機会として、私も個人セッションと称してお話する時間を取っていました。

私の番になり、指定の席へ行くと……。

白峰先生は、とても嬉しそうなオーラを出してくれたので、私もとても嬉しかったのですが、ふと、白峰先生の背後を神界視力で観ると……！

たくさんの神仏を背後に配置して、身動きが取れない状況のようでした。

重要な結界を、ずっと張っていたようです。

着席するなり、私が、前述の三十六次元ワークについて、「済みましたね」と言うと、白峰先生は、「済んだな！」と。

そして白峰先生もやっと力を抜き、雑談が始まりました。いろいろな人の噂話（?!）や、しばらく雑談をした後、突然、白峰先生は、「ところで何か聞きたいことはあるのか？」と今さらのように言われました。

エネルギーレベル、ハイアーセルフレベルでは常に互いによく分かるので必要もなく、「特には無いんですけど、しいていえば作戦会議かな」というと、白峰先生は、とても嬉しそうな顔をされました。

そこで、いくつかの個人的な神事事項を紙に書いてくださいましたが、特に重要なものではありませんでした。

めったにない地上での貴重な邂逅《かいこう》で、二人でお茶をすすりながら雑談をしていると、メンバーの一人がやって来ました。ふと時計を見ると、一時間近く経過している！　他のメンバーは、十五分程度の「クルクルの水」で終わってしまったので、あまりに帰ってこない私を心配して、覗きに来てくれたのでした。

そして、特にＬｏｔｕｓさんにとって重要な、「宇宙お誕生日」の日がやってきました。

（その詳細は、「天の岩戸開き」の第二章に書かれています）。

それは、国内のある場所で開催された白峰先生のマルヒの瞑想会で、一般には非公開のものでした。

時間いっぱい、（無題の）瞑想という内容でしたが、スタートからすごいものとなりました！

私自身がメイン・ポータルとなり、高次の、特にアインソフから、様々な存在たちが、地球のアセンションをサポートするために、たくさん降りて集まってきました！

白峰先生の講演会に出席した時はいつもそうでしたが、巫女と神官という感じで、白峰先生は、場のエネルギーの調整役、私は降ろす役、という感じでした。

地球全体とその真の中心が、NMC《ニューマクロコスモス》（※アセンション後の超マクロ宇宙。「天の岩戸開き参照」）のエネルギーに光輝き、信じられないくらいの感動となりました！

たくさんの高次の存在との共演、コラボレーションという感じでしたが、ロード・ブッダ（宇宙仏陀）もサポートに現れ、その黄金のフォトンが降り注いできた瞬間、白峰先生は、チベット系の御弟子さんの一人で、スタッフの仕事をしていた人に、「君も瞑想しなさい！」と、叫んでいました！

それらのエネルギーの集大成は、宇宙史でもかつて経験したことがないほどすごく、素晴らしいもので、私も滂沱の涙を流していましたが、長い瞑想が終わってふと白峰先生の顔を観たら、文字通り、「顎が外れて」いましたので、とても可笑しくなりました！（笑）

その後、当時は特にウラの隠れチーム（？）だった我々は、我々のグループだけで二次会をしていましたが、ずーっと白峰先生のエネルギー体がいっしょにあることを、全員感じていました。

二次会の一軒目で、まず最初に不思議なことが起こりました。当日参加したメンバー数名のうち、神界の系統で、宇宙史・地球史の中で神界の子供たちだったメンバーが、突然、口を揃えて私に「お母さん、ありがとう！」と叫んだのです。私はびっくりして、椅子から転げ落ちそうになりました。（笑）

椅子から落ちそうになったのは、宇宙連合との初めての地上公式会見以来、二度目でした。(笑)

その場にいたメンバー全員がその発言を聞きましたが、それを叫んだ数名は、後で聞いたら揃って、「覚えていない」と言うのです。地上セルフがトランス状態で、ハイアーセルフが叫んだんですね。

二件目のお店では、Ｌｏｔｕｓさんが、いろいろと不思議なことを話し始めました。私や白峰先生の高次の本体について や、自分が地球に来る前に、どのような願いでいたのか、等々……!

そしてやはり、後で聞くと、地上セルフは「覚えていない」というのです。

いろいろと検証してみると、マル秘の瞑想会で莫大なエネルギーが高次から流入したので、その時に、宇宙の本体が地上セルフに降りてくることができたようでした!

そして一週間くらいかけて、じょじょに宇宙のハイアーセルフと一体化し、この「宇宙お誕生日」のことも思い出していったそうです。

翌日、白峰先生から、珍しい、重要な依頼の連絡が来ました。瞑想会を含め、この「宇宙お誕生日」があまりに大きなエネルギーだったので、「その詳細をレポートにして、送ってほしい」と!

白峰先生も宇宙最大のチャネラーですが、私が常にフルコンシャスで、地上セルフの顕在意識がクリアーであり、常に正確に分析・記録できるような訓練を宇宙で積んできたということを御存じだったからです。

そして、次の白峰先生の公式の講演、「国家風水百年の計」まで、数日しか時間が無かったのですが、なんとか詳細レポートを書き上げ、講演前日に届くようにできました。

国家風水

さて、「国家風水百年の計」の講演会の当日！　多くのメンバーは所用があって、アカデミーからの出席者は、私と、他、一人のみでした。

新幹線が東京駅に近づくと……！　何やら東京中が、パトカーだらけ。何かあったのかな？？　と思いつつ講演会場へ向かうと、その周囲も機動隊などが出動している。「何かあったんですか？」と、タクシーの運転手さんに聞いても、「さあ？」と首を傾げるばかりです。

実はこの講演会の真のテーマと内容は、一部の人には分かるもので、マル秘プロジェクトとも関係しており、講演会のレジュメには、「金糸」という暗号も入っていました。

ゆえに、地上ではとても危険なものであるというメッセージが高次から来ていたので、謎のパトカーや機動隊の出動で、ますますリアルな感じとなっていました。

三次元対策だけでは不安ということで、参加者のほとんどの方には分からなかったと思いますが、会場の入り口は、宇宙連合のメンバーが固めていました。

そしてドキドキしながら、会場の部屋へ入ると……、ますますドッキリ！

なんと、演壇の周りに、机でぐるりとバリケードが組み立てられ、演壇＝白峰先生には、誰も直接近づけないようになっていました！

講演ビデオには写らないようになっているので、実際にそれを見たのは初めてでしたが、二〇〇〇年以前の講演でも、同様のことが一度あったようです。今回は二度目のバリケードですね。

そして神界視力でふと観ると、その中心に、ある結界が張られているのが分かりました。

それは、高度数万メートルの上空にあり、富士神界の本宮のエネルギーと同じものでした。

視覚化すると、なぜか、とても質素でかわいらしい（?!）茅葺屋根の御宮のような感じでしたから、白峰先生らしいなあ、と……！

国常立神界の結界そのものですね！

ゆえに、これはただ事ではない、ということがより明確に分かり、気持がさらに引き締まりました。

同行のメンバーは、最若手の一人だったので、「あんた、何かあったら助けに行きなさいよ！」と促しておきました。

しかし、さすがは白峰先生。観た目も、エネルギーも、「鼻歌」という感じ！

隅の方に座った我々二人をすぐに見つけ、指示棒で、「あのレポートの（叫んだ）一人が彼？」と、同行のメンバーを指して、ジェスチャーとテレパシー混じりで話しかけてきました。私は「うんうん、そうそう！」とお返事します。

そして講演が始まると、いつものまったく何気ない調子で、「今日はちょっと危険らしいので、バリケードを張りました～」と、ギャグのように話す白峰先生……。

この講演会の数日前から、そして当日も、神界、高次、白峰先生を交えて、いろいろなエネルギーレベルのやりとりがありました。

それにより、当日の現場で、なんと白峰先生は、予定の講演内容を変更されました！　表向きに伝える予定だった内容を変更し、主に中今の、宇宙神事に変更されました。

そしていつものコラボで、今回は、太陽系の太陽と、シリウスの太陽の役割を双方が行い、講演会の最中に、地球の座標を、どんどん変えていきました……。

事実は、小説よりも奇なり。

白峰先生は、あるマル秘講演会で「私の本当の仕事は、ＳＦでアニメみたいだから、普通は人には言わないの！」とおっしゃっていましたが、まさにその通りだな～と思いました。（笑）

これが真の宇宙ヤタガラスの仕事だから、ですね！

そして実際、その講演会の最中にも、「地球の座標がすごく変わった。実は、変わりすぎたくらい！」とおっしゃいました。

このように、**真にグローバルな神事とは、形に制約がないのです。**むしろ、制約できないと言えますね。

私のアカデミーでの神事、イニシエーションのほとんども同様ですし、白峰先生とのコラボでの宇宙規模の神事のほとんども、このように、公式の講演会中であったり、一見、普通の人にはそれとは分からない形で行われます。

アイン⊙ソフ

そして二〇〇七年十二月、白峰先生の、地上三次元での（？）最後の公式講演会となる日が、いよいよやってきました。

テーマは、「アイン⊙ソフ――永遠の中今に生きて」でした。

この頃、我々のアセンション・アカデミーも、本格始動していました。

この日は、白峰先生にとって記念すべき日であり、「長年の多大な御苦労、お疲れ様でした」という意味もこめて、白峰先生と相談の上、あるマル秘の企画を立てました。

講演での冒頭の御話しは、「アインソフとは?!」でした。

白峰先生は、まず、「アイン」とは何か？　ということについて、会場の出席者に聞きました。そして、わざとらしく（笑）隅の方に座っていた私を、指名しました。

私は「一なる根源、またはゼロ・ポイント・フィィールド等」と答えました。

白峰先生は、「ハイ！『根源』ですね！」とおっしゃって、ホワイトボードに、「アイン＝根源」、と書きました。

ちなみに、アインソフの「ソフ」とは、一言で言うと、「無限」を意味します。

根源と無限。無限の根源、ですね！

この日の講演会の内容とエネルギーは、まさに地上の公式（？）のラストを飾る、とても素晴らしいものでした！

「真のアセンションを望むなら、アインソフを目指せ！」というお話しで終りました。

その内容のエッセンスは、「続・２０１２地球人類進化論——ＬＯＨＡＳ　アインソフ　永遠の中今に生きて」（白峰著　明窓出版）にまとめられていますので、ぜひお読みになってください。

さて、白峰先生と打合せしていたマル秘の企画とは、講演会終了直後の「打ち上げ」でした。

「白峰先生、おつかれさまでした！」の会です。

講演会に出席した、うちのアカデミーのメンバーの約二十名が待つ会場へ現れた白峰先生は、一人ひとりの持ち物に、エネルギーを入れてくださいました。

とても素晴らしいクリスマス・セレモニーとなりました。

マル秘の団らん

それから約二年近くは、来たる「本番」へ向けて、本格的にアセンションとアカデミーを進めていく期間となりました。

二〇〇七年は、特に、神界、高次からのオーダーにより、主に日本全体のメインとなるエネルギー・センターの調整も行いました。

この間、一度だけ、「マル秘の団らん」がありました。

当時はまだいろいろと情勢が厳しかったので、マル秘通信による打合せは行っていても、地上では、なかなか一堂に会して行うことは難しい状況でした。

しかしある日、ある時、ある場所で、一度集まろう、と！

そこで、コアメンバー数名のみで集まることとなりました。二〇〇八年三月のことでした。

しかしやはり、「根源神界によるアセンション・プロジェクト」への妨害は、高次では問題がなくても、地上ではまだかなりありました。

その当日が近づくにつれて、通常はめったにないのに、体調が悪くなってきました。

しかし奇跡的に、当日の朝、出発する時間になった瞬間に、治りました！

会場に到着すると、白峰先生は、「オレがそれらの妨害エネルギーを受け切れないと、そっち（私）へも行くんだ」とおっしゃいました。

そして、「実は、オレ、一週間寝てないんだよ」と……。

白峰先生は、これまでも、我々と会う時には、食事をたくさん召し上がります。まるで山から降りてきたばかりで、久しぶりに栄養を補給している、という感じです。

仕事の役割上、何度も毒殺されそうになったこともあるとのことですから、いつも目の前で、豪快に食べてくださっているのを観ると、とても嬉しい気持ちでした。家の台所という感じであり、十分に結界が張れている、それを信頼してくれている、ということですから。

そして一通り、飲食された白峰先生は、突然、同席していたメンバー数名に、順番に「オレをヒーリングしてくれ！」とおっしゃいました！

プロのヒーラーもおり、メンバーそれぞれの展開は、とても興味深かったです。

「オッ?! そのエネルギーは何だ?!」とか……。

この時は、「手を握って、エネルギーを贈ってくれ」とおっしゃられて、メンバーはそのようにヒーリングしていました。

そして最後に、白峰先生は、私に頼まれました。

私が白峰先生の手を握り、その時に来たエネルギーを贈ると……！

そのエネルギーは、銀河の創始のセントラルサン、オリオンを通した、八次元のエネルギーであり、繊細なフォトン・エネルギーでした。

白峰先生は、「オッ！！！　思ったより優しいエネルギーだなあ！」とおっしゃいました。

（どんなエネルギーが来ると思っていたんでしょうか?!〈笑〉）

そして、そのままエネルギーを贈り続けていると、なんと！　最後に「新しい銀河が生まれるぞ！」と言った後、数分もしないうちに、気持よさそうに大の字になり、大口を開いて、「大いびき」で、子供のようにグーグー寝てしまったではありませんか！！！

個室とはいえ、お店の中ですし、店中に響き渡るほどの大いびきで……！

手を握ったままなので、どーしようかと思いましたが（汗）（笑）、本当にお疲れの御様子でしたし、一〇〇パーセントの全幅の信頼をしていただいている、ということは、とても嬉しいことでした！

まるで、修羅場のまっただ中、家の台所でのみ、無防備に眠ると言われた織田信長のようだ！　と感じました。

そのまま三十分くらい、エネルギーを贈り続けました。

エネルギーの法則によりますと、「贈る」というよりは、「共鳴」「共振」という感じです。

銀河の創始のセントラルサンを通して、根源のフォトンが拡がっていきました……！

マル秘の神事（3）

二〇〇八年の夏のこと。白峰先生の、マル秘の神事ツアーがありました。

東北地方の出羽三山を巡るもので、二〇〇七年の日本の主要なエネルギー調整をするのに残っていた場所であり、個人ではなかなか行きにくい場所なので、ちょうど良いと思いました。

このように、必要な時は、神界からの「招待」のエネルギーを、必ず感じます。

そこで「宇宙お誕生日」チームの、アカデミーのスタッフ（Ｌｏｔｕｓ、Ｈａｎａ）の二名といっしょに、このツアーに行くこととなりました。

仙台で前泊し、三陸の海の幸を堪能……。たまたま良い感じがして見つけたお店でしたが、ツアーの主催の事務局長に聞くと、そこは地元でもかなり有名なお店とのことで、とても美味でした。

翌朝、ワクワクしながら、バスツアーの集合場所へ！　白峰先生は、第一の目的地、月山で待たれているとのこと（白峰先生の修行場の一つでもあるそうです）。

アカデミーの本部事務局の作業も忙しいので、車中では、パコソンでホームページの作成なども進めながら……。ツアーに同行された、地元のネットワークの皆さまは、道の駅で、「だし」と呼ばれる、胡瓜・茄子・茗荷・紫蘇・葱などの野菜をみじん切りにして醤油をかけた、山形の郷土料理の漬物のようなものを買われ、ふるまってくださいましたが、とても美味でした。

そして、バスは月山の麓《ふもと》から登りはじめ……。

一合目に入ったとたん、景色とエネルギーの変化を、強く感じました！

とにかく、ものすごく本質的な、「生命エネルギー」に溢れているのです！

私はそれにより、ワクワク、ルンルンし始め（笑）、上へと登っていくに従って、それはますます顕著となっていきました！！！　が！

車中のほとんどの人たちは、逆に、どんどん体調が悪くなっていくようで、横になる人も出てきました。
車酔いもあったかもしれませんが、神社のように、「結界」が強いのだろうと思いました。

これほど大量に調子が悪くなる人を観たことはないくらいなので、ものすごく強い結界なのでしょう。

そして私の「ワクワク・ルンルン」は、山頂近くの八合目に到着した時に、ピークとなりました！

（そして到着したとたん、車内の人たちも、元気になりました）。

登山の道中、そしてこの山頂で、とてもたくさんのエネルギーと情報が来ました。

それは（白峰先生以外は?!）、有史ではいまだかつて、誰も触れたことが無いものかもしれないと思いました。

それほど古き、太古の、そして素晴らしいものだったのです。

それにより、月山の真のトップ&コアは、その名の通り、「月」という世界とエネルギーの、トップ&コアに真につながっているということが分かりました。

それも、数百億年くらい前の、とても、とても古いものなのです……。

実は、日本のすべての聖なる山がそうなのです。

それぞれの本質、座標、太古の文明、時空、トップ&コアのエネルギーとつながっているのです。

その壮大さは、インナーアースやその都市だけの話とは、レベルがまったく異なっています。

これが、日本のすべての聖なる山の、トップ&コアの秘密の一つなのです。

そのような意味でも、人類は、まだその数パーセントも活用できていないと思います。

……ということで、その日の月山全体とその山頂は、私にとっては、まさに月の天界そのものに観えました。

えもいわれぬ、美しいものでした。

そして月山の真のエネルギー体の、不思議な映像が観えました。

山のような形をしているのですが、『月そのもの』という感じのエネルギーなのです。

それは、いくつかの、日本の太古からの聖なる山と似ていて、とても暖かでやわらかい太陽のようなエネルギーを放っていました。

とても忘れがたい、素晴らしい体験となりました。

もうこれで帰ってもよいと思ったくらい。（笑）そして実際、後の白峰先生のお話によっても、これが今回のハイライトの一つのようでした。

こうして、「大満足」で宿に向かいましたが、この月山でのエネルギーと体験があまりに大きかったので、宿に着くまで、この体験・神事のエネルギー百パーセントのままでした！

そして宿に到着すると、なんと、それまで観たことがないくらいニコニコした白峰先生が、玄関までわざわざ出迎えにきてくれていました！

玄関に近づいていく間、ずっと真っ直ぐに目が合い、エネルギー交流があり、月山で動いたエネルギーと、その犯人（?! 笑）を確認するために出てこられたのだ、ということが分かりました。

三次元では、互いに会釈だけして、部屋へ向かいました。

その日は、短時間の白峰先生の講演会があり（主に最新の政治がテーマでしたが）、秘湯入浴、懇親会という日程でした。事務局作業も忙しかったので、次の日に備えました。

翌日の行程は、湯殿山が中心でした。やはり初日の月山が、まずはメインだったようで、ここでの重要な神事は、また別の日にあるような感じがしました。

※そしてなんと！　今、この原稿を書いている今日、二〇一〇年九月二十三日が、その一年前から、国家

風水師の白峰先生から依頼があった、この湯殿山の最終本番神事の日だったのです！

この神事の現地の担当は、アカデミーの一期生のＵＭＭＡＣさんで、二〇一〇年十月十日発行で、白峰先生からの命により、「シリウスの太陽」という本を、明窓出版から出版されています。

そしてついさきほど、その神事が「無事終了！」という連絡が入ったばかりでした！！

この神事は、これまでのあらゆる成果の集大成となる「地球維神」の神事である、というメッセージが、直前に神界から来ていました。

この『湯殿山』の意味については、「温泉風水開運法」（光悠白峰著　明窓出版）に書かれていますので、ご関心がある方は、お読みになられるとよいと思います。

……そしてこの日は、蔵王温泉に宿泊。

私は硫黄泉がけっこう好きですし、とても素晴らしい温泉でした。

前日は、現地メンバーの二次会のお誘いを受けなかったため、この日は参加しました。事務局長・幹事さんのお部屋へ行くと、白峰先生も来られていました。

皆で、インナーアースの話などもして、楽しい時を過ごしました。

ただし、特に白峰先生が動かれる時は、ヨー界（?!）などの妨害エネルギーも来やすいので、体調が悪い人もいて、白峰先生は、それらを調整しておられました。


翌日の朝。朝食会場は、宿の大広間でした。私は普段は朝食をとらないのですが、この日はたまたま、大広間へ降りていきました。

前夜に白峰先生にエネルギーを調整していただいた、中今トランス神職（?）の幹事さんが、私を上座のある席へ、引っ張って行きました。そこは、白峰先生の座られる予定の席の目の前でした。

でも、白峰先生から「今朝は朝食はいらない」という連絡が入っていたので、なんとなく、その空っぽの席の「エネルギー」「空間」を感じていたら……。

突然、そこから、「ゴォォォーーッ！」という感じの、銀河の風というか、渦のようなエネルギーを感じました！

その瞬間！　来ないはずの白峰先生が、突然会場に現れました！！！

びっくり、というよりは、「やはり！」という感じがしました！

白峰先生は、戦国武将のように勢いよく広間に入ってこられ、ドカッと座って、朝食を食べ始めましたが、私が一通り食べ終わると（あまり食べないので、ほとんどアカデミーの事務局スタッフに食べてもらっていましたが）、突然、白峰先生は私に向かって、「何だ！　君はまだ浴衣のままじゃないか！　出発は九時十五分だぞ。早く着換えてこい」と言いました。

白峰先生にしては、おかしなことを言うなあ?!（幹事さんじゃあるまいし！）と思いましたが、一応、「はい」と言ってスタッフも連れていこうとすると、白峰先生は、彼らに、「待て！　お前たちはこれを食べるんだ」と言って、あまり食べていない自分の御膳を渡しました。

仕方なく、私は部屋へ一人で戻りました。その時、大広間に残っているのは数名しかいませんでした。

出発の時間に、スタッフ二名と合流しましたが、何やら、とても不思議な顔をしているのです。

「Ａｉ先生が席を立たれてすぐに、白峰先生から、重要なお話があった」と……。

その話とは主に三点で、まず一つめは、「今回、おまえたちが来てくれたことは、とても嬉しい」ということ。

もう一つは、**「オレにもし何かあった時には、次は彼女だからな」**と、白峰先生が、私が座っていた席を指差したこと！

地上、というよりは、主に高次の役割において、でしょうね。

しかし、「天の岩戸開き」にも書きましたように、根源太陽神界の系統、そして根源宇宙神・地球神の系統、その二つが揃わないと、完全にはならない、と感じましたので、後で白峰先生には、そうお伝えしました。

ゆえに、**「御身大切に！」**と！

そして三つめは、**「真田家も、コンプライアンス（危機管理）のため、あえて家を二つに分けたのだ。どちらかが生き残れるように！」**とのことでした。

元々、**『神人ライトワーカー創生のミッション』**は、当初から、白峰先生とその神界からもこちらに託されていましたし、現在ではいよいよこの日（本書の出版）を迎えましたが、当時はまだ、厳しい事情がいろいろとあったからです。

――とても重要で、この上なく重みのあるお話でした。

……わざわざ、私を退席させて。（笑）

そして、この日の行程と内容は、盛りだくさんでした。

まず、午前中は早朝からの瞑想。白峰先生のリードで、インナーアースの瞑想を始めたところ、なんと、その瞬間に強い地震が！　局地的なもののようで、いろいろな変化を感じました。

さて！　実は、このツアーの当初の予定では、白峰先生とはここでお別れする予定でした。

ところが！　白峰先生は突然、この後の行程の蔵王頂上にも行くと言われました！

(中今の、神界の計画ですね！)

まずは山麓の、謎の（?）チベット系のような寺院へ。

白峰先生のリードで、ここでしばらく全員が、この寺院の御本尊のエネルギーを感得するワークを行いました。

しばらく瞑想した後、白峰先生は、参加メンバーの一人に、「どう感じたか？」と聞きましたが、「あまりよく分からない」とのことでした。

次に、白峰先生は、私を指名しました。その御本尊とエネルギーは、一目観て、そしてじっくり観ても、ある系統のエネルギーであるように思えました。けれども今回、白峰先生と地球神界が（？）計画している神事とどういうつながりがあるのかな？　と思っていました。

詳しくは書けないのですが、その御本尊は、はっきり言うと、白峰先生、ここの地球神界と深く関係するもので、その一面を表したものでした。

しかし、現地参加のメンバーのほとんどは、アカデミーのメンバーではないので、「どこまで話そうか？」と忙しく銀河コンピュータ（？）を働かせた上、その本質に近い内容で、そのものではなくとも遠からず、という感じで表現しました。

白峰先生は、ちょっとご不満（？）のようでしたが、中味はきちんと伝わったようでした！

そしていよいよ、最終日のハイライト、蔵王山の山頂へ！

白峰先生は珍しく、「今日は山頂で、重要な神事を行う！」とおっしゃいました。

さて、駐車場に着きますと、山頂まではかなりの急坂の登りとなっていました。そしてここに、ものすごい「結界」があることが分かりました！

説明がとても難しくなるのですが、このような特別・特殊な神事の場合、「場」のエネルギーがまったく変わります。

なんと！！！　駐車場を降りてすぐに感じたのは、次のようなものでした！

「駐車場の付近は、地球圏のエネルギーであるが、山頂は、銀河の座標と時空。しかもその中心部と、今、つながっている！」

ウーム。さすが白峰先生のプロデュース＆もくろみの中今神事だな！　と！（笑）

（――ホント、アニメで、ＳＦですよね！〈笑〉）

……距離はたいしたことはないのに、そこには、とてつもない時空が拡がっていました……。

するとすかさず、白峰先生が、私を呼ぶ声が聞こえました。

「オーイ！　君が、先頭を行ってくれ！」

少したいへんだけど、**「イケる！」**と感じたので、「了解！」と答え、先頭に立って頂上へ向かって進みました。

——それは、とても不思議で素晴らしい体験でした。

まさに、「ギアをシフトしながら」昇っていく感じでした。ハイパー・スピードで！

そして全員を、卵型のような、銀河のエネルギーのフィールドで包みながら……！

まもなく、全員、無事に山頂へ着きました（こういう時は、不思議とまったく息切れしないんですよね。標高が高いので、酸素も少し薄いのですが）。

まずはブリーフィング。白峰先生は、またまたこの山頂のエネルギーについて、「どう思うか？」という質問を投げかけました。

やはりまた参加者の一人に聞かれましたが、「あまりよく分からない」とのことで、（そりゃあ、白峰先生のレベルでないと分からないと思います……）次にまた私を指名……。

「何と答えてよいものか?!」という感じで、私は仕方なく、「銀河」とだけ言いました。

白峰先生は、ニコニコ！

次に「神事の場所はどこがいい？」と私に聞くので、エネルギーで検討しあった結果、やはり山頂の御堂の所だよね、とあいなりました。

白峰先生は、皆の後ろで、「謎のクルクル・ワーク（？）」とサポート、パトロール等をするとのこと。

神事の主導を私に振られても……と思いましたし、私とアカデミーでは宗教的なことは好まないので、何となく全員で、自然な瞑想になりました。

しばらく瞑想していると……

何の先入観も無しに、ただその場とエネルギーに同調していたら、なんと！

突然、遥かなる高みから（?）「菊のエネルギー」「菊花紋」としか言いようのないエネルギーが、私を通って降り、地球の中心に入ったのです！！！

その瞬間に、白峰先生は、**「ヨシ！　終った！」**と！

――そして最後は、山頂の御釜（火口湖）の前で、皆でインナーアース瞑想となりました。

ものすごく真っ白な霧に包まれていたのですが、どんどん、どんどん、光が強く、明るくなっていきました。

そして最後には、インナーアースの音楽というか、そのエネルギーに包まれて、とても感動的でした。

終了後、温泉へ行き、そこでも瞑想をしましたが、その時にはインナーアースにある、三次元ではない超古代都市と、美しいエメラルド・グリーンの地底湖が観えました。

今回の一連の神事の最後には、例の謎の寺院の近くで、皆で温かいお蕎麦を食べました。

その時……。白峰先生が私を呼ぶので行ってみると、「（謎の寺院の）御祭神が変わったから、ぜひ観てきて！」とおっしゃるのです！

そこで、例の寺院へ行ってみると……！

すぐに分かりました！

詳細までは本書には書けないのですが、概要を言いますと、白峰先生の系統の神界の一部である守護神から、私の系統——天照神界の地上の分神の「ある一つ」に、すべてのエネルギーが明確に変わっていたのです。

「！！！」ですね。（笑）

今回の神事のハイライト。そして現在までの『天の岩戸開き』までの流れ。そしてトータルと、すべてが連動していました！

白峰先生は、もう少しこの関連の続きの調整があったようで、もう少し同行したそうでしたが、ツアー一行の行程としては時間切れで、このお店にてお別れとなりました。

見送ってくださっている白峰先生の姿が、とても印象的でした……。

父の日

第一回『神人のつどい』

そしていよいよ！　二〇〇九年六月の「父の日」という、我々のアカデミー（マル秘の宇宙ヤタガラス?!）のメンバーにとって、待ちに待った、最初の日がやってきました！

数年間の準備、学びをへて、いよいよ全メンバーが、地上の白峰先生と対面する日です！

そこへ向けて、メンバーは様々な準備をし、可能な限りの調整をしてきました。一人ひとりのシフト、アセンション、まとめ、そしてプレ「地球維神」としての言挙げ、等など。

当日のための打合せの結果、白峰先生からの御指定の日は、なんと「父の日」でした！（笑）

一堂に会するには人数が多く、メンバーの居住地も全国に渡っているため、関西と関東の二回に分けることとなりました。

まずは関西からのスタート。某ホテルの喫茶店で、最後のブリーフィングをするために集まっていると……！　予定より三十分も早く、その場に突然、白峰先生が現れました！　懇親会会場で待ち合わせをしていたはずなのに……。探知能力は相変わらず凄い?!

「奇襲攻撃」がお得意＆お好きなようで、皆の反応（固まっている。口を開けている〈?〉）を観て、喜んでおられるようです。（笑）

全身、エメラルド・グリーンのような不思議な色の着物を召された白峰先生、突然の出現に、地上では初対面のメンバーたちは、かなりの緊張。そこで早めに、懇親会場（セレモニー会場）へ移動することとなりました。

その合間に、白峰先生はＬｏｔｕｓさんを呼び出し、何やら買い物へ。「父の日のプレゼント?!」として、Ｌｏｔｕｓさんが大枚をはたいて（笑）、メガネをプレゼントした（させられた？）とのことでした！　これも愛ですね！

Ｌｏｔｕｓさんは、この前後の白峰先生のマル秘個人セッションの時に、（表向きは五年、修業が続いたからという理由で）ある物をいただいていましたし、それ以前にも、「宇宙お誕生日」直後に、過去生の分身

（神）の長男として、白峰先生が修業に使われた『御神剣』をいただいていました（宅配便の伝票に、「長男へ」と書いてあって、Ｌｏｔｕｓさんはその伝票を今も、品物よりも大切にしているそうです。御神剣は、本部の守護剣となっています）ので、それくらいのお返しは当然、ということでしょう！

一次会の懇親会とセレモニーは、プライベートが保たれたよい場所で行われました。和やかに歓談、というよりは、白峰先生の講演会と質疑応答のような感じになりました。主に、中今の国際情勢等についての内容となりました。

そして、予定されていた二次会会場へ。そこは、白峰先生のたっての御希望により（？）とてもお洒落なカラオケの個室でした。

そこで、サプライズが！　あらかじめ、メンバーと打合せした通り、「父の日」の「お父さんありがとう！」のメッセージが付いた、見た目より味が素晴らしいオーガニックのケーキと、花束が登場！！！

※「父」とは、白峰先生が、根源神界の父性の、様々なレベルのメイン・ポータルであることにちなみ、アカデミーでは、暗号で、簡単に「トー」とか、「トー先生」と言っています！（笑）

宗教的なものとは誤解されませんよう、お願いいたします。ちなみに我々のアカデミーは、宇宙創始からの高次のアセンション・アカデミーと直結したものですので、新興宗教の活動などに参加されている方は入会をお断りしております。

……白峰先生は、**「オレ、こういうの弱いんだよ！」**と、本当にウルウル……！

トー先生の意外な（?!）一面も発見し、愛と歓喜に包まれたひと時となりました！

白峰先生はお忙しい中、今回は主に、次代の地球を担う、一人ひとりのメンバーとの交流を大切にしてくださいました。

めいっぱいの時間、皆でカラオケを歌って、盛り上がりました。白峰先生はもっぱら、キャプテン・ハーロックや、宇宙戦艦ヤマト、そしてデビルマンなどをリクエストしたり、御自身でも歌われていました。まさに、白峰先生らしいですね！（笑）

このセレモニーの前後に、ほとんどの参加メンバーは、白峰先生のマル秘個人セッションを受けました。今回は、一人ひとりにかなりじっくりと時間を取ってくださいましたが、初回の人が多かったので、「プレ」という内容が多かったです。エネルギーが流入し、そして近々本格発動、という感じでした！

私と白峰先生、双方の神界のエネルギーのコラボレーションと、そのエネルギーの流入が重要なので、私もすべて立会いました。

かなりの長時間となり、白峰先生は大分お疲れのようでしたので、Ｌｏｔｕｓさんと私は腰を「モミモミ」させられました。（笑）

一連のハード・スケジュールが終わり、すぐに関東へ移動！

関東のセレモニーの会場へ着くと、まるでテレポテーションしたかのように、すでに白峰先生が到着されていてびっくりしました！

まずは、白峰＠トー先生は、関西と同様、名簿一覧表を所望され、それをエネルギーで一瞥して、メンバー、エネルギー、そしてその状態を、「すごくいいね！」とおっしゃいました。

全員が揃うと、まずはいつものように、白峰先生がエネルギーを降ろした御神酒で乾杯！

※高い場のエネルギーの中で、高次のエネルギーが入った御神酒は、とても美味なものとなります！

関東の会場は、大広間の個室でしたが、人数も多く外も賑やかで、マル秘の会合には（目くらまし？）として好都合ですが、一人ひとりと全体の集中力を試されるものでもありました。

その中で一つ、とても重要な出来事がありました。

白峰先生があるメンバーを指名して、「Ａ・ｉ先生の隣に座るように」とおっしゃいました。

何でかな？　と思っていると、ある不思議なエネルギー、時空となっていきました。

突然、その人の過去の分身（過去生）がいろいろと観え、私や白峰先生の分身との関わりも観えました！

そしてその時も、どれほど命をかけて、私や白峰先生を護ろうとしてくれていたか、ということも！

（白峰＠トー先生も、二次会のカラオケの時に、この人には過去生で、白峰先生の分身のために、いろいろと働いてもらったと言っていました。）

私はそれらを一度に思い出し、ウルウルが止まらなくなってしまいました。

その瞬間、その人のハイアーセルフが降りてきて、その人と一体化しました！

それを観ていて、ますますウルウルになっていると……。

白峰＠トー先生は、突然、**「皇母のエネルギー（フォトン、ＤＮＡ）が出た！」**と言いました。

するとその人は、「（納豆）酵母？　酵母？」と言っていました。（笑）

やはりこの必殺仕掛人も、白峰@トー先生だったのだな、と！

アンドロメダ神事

二〇〇九年の秋。またまた超重要な神事の依頼と御連絡が、白峰@トー先生から直接来ました！

その神事は、いくつかの内容と段階に分かれ、そしてこの**銀河史上、宇宙史上、最も重要な神事の第一弾**となるとのこと……！

このいくつかの部分についてはまだ明かすことはできませんが（おそらく多くの人が腰を抜かす〈？〉くらい驚くため……）、可能な限り、記していきます。

トータルで言えることは、これがこれまでに予言されてきた、いわゆる「富士と鳴門」の神事になった、ということなのです……。

まず、その第一段階。これはちょっと、あまりにも重大な事項なので、詳しく記すことはできません。

（※時効となる二〇一一年以降に、明かすことができるのではないかと思われます！）

記すことができるのは、国家風水師・白峰先生の代行、ポータルとして、アカデミーのあるメンバーが、ある場所に行き、ある神事を行った、ということです。エネルギーとしては、全員総出でした。

それはある奥の宮で行われ、神界からは、根源神界の母性と父性を表す、イザナミ神とイザナギ神のエネルギーが降臨し、準備と神事が完了。

現地に行ったメンバーが、その奥の宮の御神酒を持って本部事務局へ直行してくれましたが、まさにその美しいエネルギーが凝縮された、素晴らしいものでした。

そして第二段階。これは白峰国家風水師の明確な指示により、ある島へ、参加できるメンバー全員で行きました。

ここは古代に、インナーアースと交流があった基地だったようで、いろいろなエネルギーの中継点として、重要なようでした。一見普通に観える島ですが、とても美しい神界の気が保たれていることと、美味な海の幸と、美味な御神酒が印象的でした！

その第二段階のエネルギー調整をへて、第三最終段階の目的地、鳴門へ！

その前後にも、白峰先生からのリアルタイムの指示で、準備として、いくつかの神事を分担して行いました。

そして、このトータルの神事の内容と意味とは?!

「アンドロメダ神事」という、通常は聞きなれない、この名称の意味とは?!

この神事の約一カ月前に、白峰先生から来た、その依頼の内容とは！！！

……それは、ここの宇宙史始まって以来の、最重要、最大、最終の、第一弾となる、ということでした！

そしてなんと、白峰先生が言う「アンドロメダ」（アインソフ）、イコール、私と中今根源神界が言う「根源神界」のフォトンを、私のポータルを通して、地球に流入させてほしい、というものでした！

それが、メインとなるトップ＆コア。そのための、一連の神事でした。

鳴門現地では、その中心にエネルギーがつながったことを皆が感じて終了。

……しかし、まだ「何か」が残っている感じがしました。

……そして！

やはり、一連の神事と準備の完了後、温泉に浸かった瞬間！　待っていたかのように、それが起こったのです！！！

その少し前から、その予感とエネルギーが来ていました。莫大なエネルギーでした！

そのエネルギーが、宇宙全体からやってきて、私を通り、そして白峰先生を通って、怒涛のように、地球に入っていくのを感じていました！！！

それほど長い時間ではなく、五分もかからないくらいでした。

明確に、一方から、一方へ、すべて送られました！

も一、これ以上ないほどはっきりと、「完了！」というのが分かりましたので（笑）、この頃も、なるべく物理次元で連絡を取り合わないようにしていましたが、その直後に**「完了！」**という三文字のみ、白峰先生に物理次元でマル秘の方法で通信した所、数秒もしないうちに、**「了解！」**（ピースマーク）という三文字のみ、ただちに返答がありました！

この上なく莫大なエネルギーであり、それが物理次元に現れるのには少し時間がかかるだろうと、昨年の今頃は思っていましたが、それがまさに【今】であるようです！！！

『天の岩戸開き』神事

『地球維神』とは?!

二〇一〇年五月、根源神界アセンション・プロジェクトの第一弾となった、『天の岩戸開き』の出版と、その神事に合わせて、**「中今宇宙ヤタガラスのメンバー」**は、伊勢の神宮の地に結集しました！

関連神事や、分担神事も並行して行われ、とても重要なものとなりました。

まずは猿田彦神社で、シャンバラとのつながり。そのエネルギーの起動。外宮。

そして内宮の、マル秘の奥の宮。

……そこで、白峰先生のハイアーセルフの一つでもある、水の神の瀬織津姫、そして根源父神界からの重要なメッセージを受け取りました。

御神体の水が湧出《ゆうしゅつ》する場所でしばし瞑想をしていると……

まずは『天の岩戸開き』の本の発刊の御礼。そして、「宇宙と地球のアセンション・プロジェクトである『天の岩戸開き』と、地球人類と地球のアセンション・プロジェクトである、【地球維神】の始動にあたって、最も重要なことは？」という問いかけに対し、ただちに響いてきた答えは……！

ただ一言、『**この水の如く在れ！**』と！

……それは、とても深い、究極のメッセージであると思いました！

どのような時も、水のように、クリスタル（水晶）のように、常に清らかで、無私で、純粋で在れ！

それは、常に無限の神界のエネルギー、愛と光の完全な『ポータル』（ゲイト、器）となることである！と！

この夜から、とても不思議な天気となりました。翌日の本神事に支障はなくても、絶対にこの日に内宮にいることが必要である人しか来れないような……。

翌朝は、神界の光が地上まで降りてきたような、すべてが真っ白の世界になっていました。

内宮での本神事。トップ&コアは、常に**「中今」**ですので、リアルタイムとなります。

今回は、「神事講座」もかねていましたので、宇治橋で集合後、参加者に、いろいろと説明をしながら進んでいきました。伝統的な神事、その基礎。中今最新。様々なエネルギーについて、等々……。

いくつかの祭典も重なり、前日の外宮はものすごい人出でしたが、この日の内宮は、今までに観たことがないくらい静かで、エネルギーが澄み切っていました。

そして、参道をしばらく進んだ時……。驚くべきことが起こりました！

なんと、「正中《せいちゅう》」（参道の中心。神の通り道とされる）に、怒涛のようなエネルギーが流れているのです！

それは、内宮を中心に、遥かなる神界から降りてきて、正中を通り、放射状に拡がっているようでした。

内宮でも、これまでに観たことも聞いたことも感じたことも無いエネルギー。強さでいっても、これほどのものは体験したことが無いほどでしたが、不思議なことに、その幅は約一メートルくらいのものでした。

その約一メートルだけが、正中で怒涛の潮流のようになっており、そこから外れると、静かな凪の海のようなのです。

メンバーにそれを伝えると、ほとんどがそれを感じ、皆で感嘆しながら内宮の中心へ向かって進んでいきました。

その時から、ひしひしと……。内宮の中心、神楽殿での神事、神宮会館での神事セミナー、さらに翌日にかけて、ある前代未聞の、巨大なエネルギーが降りてきました！

それは……！

なんと表現したらよいのでしょう！　一言で言いますと、本書の表紙にある、「白い根源の光の中に日の丸があり、さらにその中心に、皇《すめら》の根源である、菊の光が輝く！」としか、言いようのないものでした。

しかも！

その大きさは、なんと、「根源神界」全体に拡がる、としか言いようがないのです！

そして！

その中心から、繊細であっても力強い、ある一本の柱が、私、そして日の本の中心である内宮を通って降りてくる……！！！

これが始まり。永遠の始まり。永遠の確立。

（※この根源のシンボルは、ＮＭＣとＮＭＣＡＡでは三十六花ですが、ＮＭＣＡＡでは現在、通称「根源エンブレム」と呼んでいます。）

そして、その「根源の根源」、「根源の皇《すめら》の根源」と言える根源から、降りてきた一条の柱……。

なんと、この柱の断面も、「根源エンブレム」となっているのです！（金太郎飴のように！）

……その繊細かつ強い光の柱が、根源から、地上の自己の魂とハートへしっかりとつながり、確立されたことがとても不思議であり、同時に、数日間、その莫大なエネルギーに包まれるほど強大な出来事でした。

――そして、この時に、明確に理解したのでした！

これがこれからの、真の【地球維神】の、コアのエネルギーなのだと！！！

戦いでもなく、革命でもない。

あらゆるすべての源である、神界の根源とつながり、魂とハートの中心から輝き出す愛！　光！

それはすべてを愛し、慈しみ、育み、育てる、宇宙の母性、女性性そのもの。

……それが中心であるのだ、と！

遠心力ではなく、愛と光の求心力。そして共鳴、コ・クリエーション（協働創造）であるのだ、と！

そしてこの超重要神事の直後に行われた、次章の『地球維神キックオフ・セレモニー』と、その時の白峰先生とのマル秘対談でも、この神事と出来事が、いかに重要なものかということが判明したのです！

また、この時より、根源神界と高次のすべてと地上スタッフによる我々のアカデミー（宇宙ヤタガラス）では、この【根源神界エンブレム】が、全体にとっても一人ひとりにとっても、トップ&コアのエンブレム、紋章となったのです！！！

なぜなら、これが【地球維神】の紋章だからなのです！

そして、我々の宇宙ヤタガラス・アカデミーのメンバー全員に、このエンブレムにより、莫大なアセンションのワープと、神人へ向かっての神界のＤＮＡの起動が始まりました！

まさに、地球維神の始動です！

そしてすべては、根源神界、そしてそこにいる皆さんの究極のハイアーセルフとのコラボであり、メイキングなのです！

『地球維神キックオフ・セレモニー』と、その前後の、「必殺仕掛人（笑）」白峰先生による個人セッションで、地球人類、特に日本に住む人々にとって、さらに超重大なことが判明していったのです！！（次章をお楽しみに！）


さて、前著の『天の岩戸開き』では、主に次のことが描かれていました。

一、中今最新の、地球と宇宙のアセンションについて
二、Ａｂｏｕｔ Ａｉ
三、アセンションとは?!
四、神界と天界（スピリチュアル・ハイラーキー）について

本書『地球維神』では、次のことが根底と中心に流れています。

白峰先生とは？　を中心に、地球神とは？　宇宙神とは？　根源神界とは？

根源神界の父性と母性。その両者の働き。

そして【地球維神】とは?!　についてです。

地球維神とは、まさに、一人ひとりから。そして地球規模、宇宙規模全体で行われるものです。

その主役は、神のひな形である人＝「日戸」。

そして、宇宙のひな形である地球。

太陽と地球のひな形である、日の本なのです。

それが今、始まっているのです！！！

第二章

『地球維神』対談

白峰　＆　Ａｉ

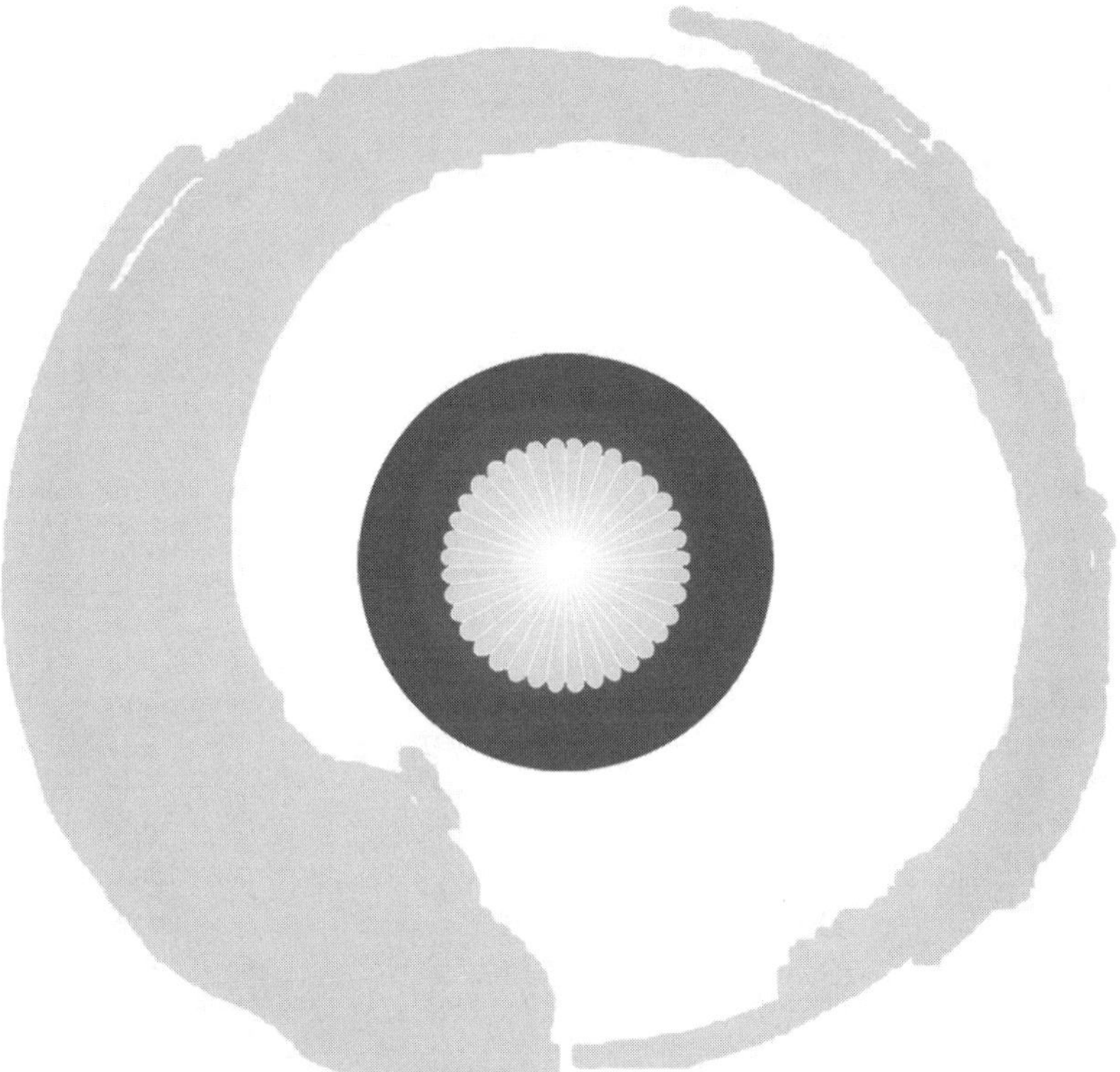

『地球維新』キックオフ・セレモニー

二〇一〇年五月、『天の岩戸開き』神事=【地球維神】神事となった重要な出来事の直後のことです。

高次と地上の宇宙ヤタガラス・アカデミーにも、新メンバーが大分増えてきたので、そろそろマル秘の集いを行おうということになりました。

必殺仕掛人（?）の根源父神界の地上セルフである白峰先生は、どこまで確信犯なのかはわかりませんが（笑）、根源神界のプロジェクトとは、中今でいつも「あっと驚く！」ことばかりなのです！

この集いの日もまた、白峰先生の根源神界と地上セルフによるご要望により（?!）「父の日」となりました！（笑）

この直前に、根源神界からは、**これが『地球維神』のキックオフ・セレモニーとなり、そのひな形となる！**　というメッセージが来ていました。

（このセレモニーは、主にアカデミーの一期生を中心に行われましたが、文末の「地球維新の言挙げ・メッセージ」では、多数の新二期生も参加されています！）

この集いに、すべてが連動していきました。メンバーの意志、調整、シフト、すべてです。

白峰先生指定の国内某所を会場とし、前半は、私（Ａｉ）によるメインのセミナー。

中今の根源神界。トップ＆コアの動き。トップ＆コアの要点、ポイント。根源神界とハイラーキーと地上ライトワーカーによる、アセンション・プロジェクトの最前線について等がその内容でした。

クリスタル・アカデミーの部の子供たちを含む、メンバー全員からの発表の時間もありました。

この「根源神界家族」が、素晴らしく、そして興味深いことは、地上年齢による区別がまったく無いこと。そして全員が、宇宙創始からと未来のつながりを思い出し、愛と光の永遠の家族である、ということです。トータルでは、宇宙のすべてがそうなのですが、そのひな形、見本である、ということですね！

アカデミーには、クリスタル部門（※地上年齢が子供のライトワーカー。クリスタル・チルドレン）もあり、これはメンバーの家族限定なのですが、お母さんがメンバーだと、小さいお子さんは必然的に行動を共にすることになります。

ですから、我々のアカデミーでは、早期から、未来の地球を担う子供たちも、アカデミーのセミナーや個人セッション、神事、セレモニーに同行していました。

そして、クリスタル・アカデミーが高次と地上で本格始動してから、それらの子供たちは、ますます目覚ましく変容しています。元々優れている高次とつながる力とエネルギーは、しばしば大人顔負けです。神界やハイラーキーと、生まれながらに、あるいは再び目覚めて、明確につながっている子供たちもいます。

あとはいかにそれを伸ばす環境を創ってあげるか、ということになります。

クリスタル・チルドレンたちの、高次の主なサポーターは、高次の愛の銀河連合です。

メインの指揮官は、アセンディッド・マスターの筆頭である、ロード・キリスト・サナンダです。

（※アセンションがテーマとする、この親子・家族での「クリスタル・プロジェクト」についても、高次の依頼により、近々、出版化される計画ですので、皆さま、楽しみにしていてください！）

ですから、日々のアカデミーのメーリングリストにも、そうした子供たちのうち小学生以上の人は直接参加していますし、セミナーや懇親会でも、全員が和気あいあいです。むしろ、生後八カ月の神人ライトワーカーの赤ちゃんが、一番大人っぽいエネルギーとメッセージを出したり、地球維神の力強い言挙げを出したりします！（この場合は、お母さんによる通訳が必要ですが）

そしてメイン・セミナー終了後は、すぐに白峰@根源トー先生による、個人セッションの予定でした。

私（Ａｉ）は、現在、神人ライトワーカー創生のメインの担当なので、皆とは比較的よく接することができますが、ふだんは日本、地球、宇宙の防衛長官をしている根源トー先生は、地上の情勢の諸事情もあり、なかなか地上で会う機会が作れませんので、とても貴重な機会でもあります。

ゆえに高次と地上の宇宙ヤタガラス連合の、全員という希望者が受けられるようにするために、時間調整がたいへんなことになりました！（笑）ゆえに、五分刻みでスケジュールが組まれました。

白峰個人セッションの開始までに三十分ほど時間があったので、宿のチェックインと着換えをするために私が退席すると、十五分もしないうちにメンバーから通報が！

「白峰先生が、十五分も早く現れた！『事務局は?!』と叫んでいる！」と！

遅れることはあっても、早いのは珍しい……。これは奇襲というより、少しでも多く皆とのセッションを行い、つかの間の地上での邂逅の時間を創ろうという白峰先生の愛だ……！と、大急ぎで着換えて出発。

十五分早く開始できたので、私もすべて立会い、サポートとコラボの下、余裕を持って進めることができました。

限られた時間の中でトー先生は、前回の父の日のマル秘個人セッションでは描いてもらっていなかった新メンバー一人ひとりに、素晴らしい「波動アート」（中今の高次と地上のエネルギー。ハイアーのシンボル等）を描いてくださいました！（126ページを参照してください）。

とても美しいので、カラーにできないのが残念です！　アカデミーのホームページにある、メンバーオンリーページには、カラーで掲載されています。

……そして！　トー先生による、クリスタル・アカデミーのメンバーの一人、明くん（十三歳）の個人セッションの時に、とても重要なことが起こりました！！！

前著、『天の岩戸開き』にも登場している明くんは、文武両道の素晴らしいお子さんで、現在では、ハイアーセルフや宇宙連合、そしてアセンディッド・マスターのロード・キリスト・サナンダとも自在にコンタクトできるバリバリのライトワーカーになっています。当初より、明さん親子と私（Ａi）、そして白峰先生の千五百年前の分身とは、強いつながりがあるね、と話していました。毎回、同じような関係性であった、と！

明さんは元々、白峰先生の大ファンだそうです。（過去生から?!）

今回から初めて、白峰先生の個人セッションに、クリスタルの部の子供が参加することとなり、明さんがその第一号でした。

白峰先生は、とても嬉しそうに、「へー、十三歳でね！　ほー！」と、ニコニコしながら、何度もおっしゃっていました。こういう子供たちが、我々の根源神界プロジェクトの、「継承者」になっていく、とのことです。

そして明さんのために、色紙に波動アートを描いてくださいました。

すると、上の方に、何やら不思議な図形が……。

いつも率直に発言する明さんは、すかさず、「白峰先生、これは何のシンボルですか？」と質問します。

すると白峰先生は、「これはな、おまえが目指す星だ！」と！

（波動アートの解説については、参加された方が白峰先生に何度お聞きしても、「詳しくは分からない。勝手に手が動くんだ」と、いつも確信犯的な〈?!〉回答なのですが。〈笑〉）

この時です！　明確に、ある強いメッセージとエネルギーが来て、打ちのめされた感じとなりました！

それは、究極のメッセージであり、宇宙史上で、今、初めて明かされるものでした！！！

そうか！　このために、今これを描いたのか、とすぐに分かりました。

……それは！

日の本の民、そして地球人類が目指す、究極の星。

根源神界の最奥、奥の宮にある、『皇《すめら》の星』と呼ばれるものである、と！

――そして、エネルギーでは、すでにそれは存在している！

それが、先日の神宮での『天の岩戸開き』神事で、根源神界に誕生した『根源エンブレム』のシンボルであると！！！

さらに！　なんと！

……それは架空の星ではない！

※地球が根源神界までアセンションした時に、そうなるのだ！

我々の創始であり、未来であり、真の故郷、マイホームとなるのだ！

※それが、真の【地球維神】なのだ！　と！！！

……これは、真横に座っておられる白峰先生と、その本源である、根源父神界からのメッセージでしょうか?!

そして、根源における、過去・中今・未来すべての、宇宙の家族からのメッセージでしょうか?!

……なんと素晴らしいのでしょう！

なんと深遠な計画なのでしょう！！！

それらのエネルギー、メッセージ、情報が、怒涛のように来たのです！

……ですから私は一人で大興奮で……（笑）そりゃあそうですよね！　そういう時には、白峰先生はいつも、何気ないふり～（?!）の不思議な顔をしておられるのですが。（やはり確信犯！）

どうやってメンバーの皆に伝えようかと思いましたが、当の明さんとお母さんの照子さんは、白峰先生の前でまだ緊張中（笑）で、「わかった！！！」と一人で叫んでいる私の話を、よくは聞いていないようでした。（笑）

まさに！　という感じですね！

そしてじわじわと、この日の式次第が進むにつれてメンバー全員にも伝わり、【地球維神】の怒涛のうねりが高まっていったのです！

『天の岩戸開き』をへて、地、そして日戸《ひと》の発動。

人々のＤＮＡへ。日戸《ひと》の中心太陽である、魂へ。日の本へ。地球へ。宇宙へ。根源神界へ！！！

『根源神界エンブレム』、【地球維神】の発動！　そのキックオフ、高らかに！！！

そして第二のメイン・イベントの、【地球維神】キックオフ・セレモニー（見た目、ただの飲み会！〈笑〉）が開始となりました！

個人セッション会場からほど近いセレモニーの会場へ、白峰先生、私、事務局のＬｏｔｕｓさん、照子さん、明さんで、ブラブラ歩きながら移動していきました。

歩きながら、白峰@国家風水師先生は、いつものように、いろいろとエネルギー調整をされているようでした。

……そして会場へ到着！　メンバーとある打合せがあったので、私はわざと遅れ、白峰先生は、メンバー全員が待つ熱気ムンムンの会場に、一人で入っていかれました。

すると、白峰先生は、メンバーによる入場行進曲、「宇宙戦艦ヤマト」の大合唱で迎えられました。

幸せそうな白峰先生のお顔を観ると、皆がとても幸せな気持ちになりました！

白峰先生は、この日は、金色の阪神タイガースのユニホーム（?!）のような服を着られていました。

そして同席したメンバー全員が、当日も後にも言っていましたが、白峰先生はこの日は終始、シャンバラというよりは、ロード・キリスト・サナンダのような、とても高次で神聖なエネルギーを放っていました！

（オヤジ・ギャグを言う時も、下ネタを言う時も?!〈笑〉）

ちなみに、白峰先生は、高次と地上の公式な神事、セレモニーの時には、いつもとてもカラフルな衣装を着られることが多いです。

プライベートでは、とてもシック（？）な方のようですが！

今回は、とーっても地味な方で（？）、最も派手だったのは、「三匹の侍」の講演会の時に着ていらした花柄の舞台衣装のような着物を、街中でも着られていた時でした。

私はそういう時にはいつも、山岡荘八著の「織田信長」（講談社）に出てくる信長を思い出します。

日の本と皇室の危機を救うため、京の都に向かう時に、精鋭の刺客に狙われた信長は、人だかりができて刺客も近づけなくなるほど派手な格好をして歩きます。（笑）

――この日の白峰先生の衣装というより、発していたエネルギーの理由は、このセレモニーの後の「マル秘対談」でお話がありますので、次項をお楽しみに！

さて、宴もたけなわ、というよりも、オープニングから、怒涛のスケジュールで進んでいったセレモニーです！

参加メンバー全員が（宴会と称した）この機会に、一人ひとり、根源トー神セルフと対面することを希望していました。

当初は、別会場のみの枠でしたが、全員希望なので、このセレモニーのほとんどすべての時間も、一人ひとりと全員の「イニシエーション」のために使うこととなりました。

すべてが連動し、歓喜と【地球維神】、そして根源家族のエネルギーの高まりの中、オープニングからの分刻みのスケジュールにも関わらず、終始和やかに、根源家族の愛と光に包まれて進みました。

オープングから終りまで、全員の意識とエネルギーが、「一つ」になっていました！！！

一人ひとりと全員のセレモニーはすべて素晴らしいものでしたが、特に印象的だったのは、生後六カ月の赤ちゃんであった、我々宇宙ヤタガラス・アカデミーの地上最年少のメンバー、「日音《ひのね》」ちゃんのセレモニーでした！（『天の岩戸開き』第二章でも、お腹の中にいる時に、パパ（ヤサイ人）さんに素晴らしいメッセージを贈っており、現在もメルマガやホームページで大活躍です！）

こんなににやけた白峰先生のお顔を観るのは初めてでした。（じじばか?!〈失礼！〉）

白峰先生は、御神水を「日音」ちゃんの額につけて聖別（聖なる目的のため、人や物をきよめ、世俗から区別すること）しました。

パパ、ママ、日音ちゃんの三人が、神宮の神事の時のエネルギーそのままで一体となり、日音ちゃんが神妙な表情で御神水を飲んでいる姿はとても神聖で、感動的でした！

……そして、到底不可能に思えた莫大なスケジュールも、奇跡のように、ぴったりに終わりました。

全員集合のセレモニーの最後には、白峰先生の主導で、根源の皇《すめら》の菊のエネルギーによる瞑想を行いました。

その後、私と白峰先生は時間通りに会場を退出し、第三の、マル秘の対談の会場に移動しました。

——根源家族代表によるキックオフ・セレモニーの会場となった部屋の入口には、根源神界の父の日（?!）の御祝いに、メンバーが準備してくれた、日の丸をイメージした美しい生け花があり、根源の子供たちからのカードが添えられていました……。

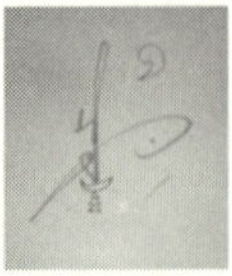

白蓮陽子
Teatree

大日晃
Ummac

ひふみ

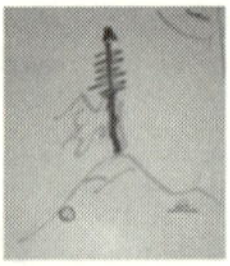

剣 Michael

華ゆらと

天野明

S.ヤサイ人

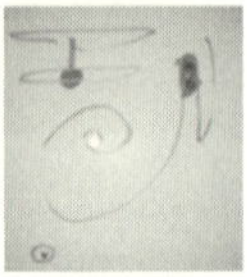

天野照子
Sarena

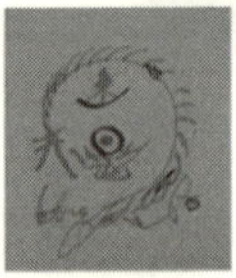

司

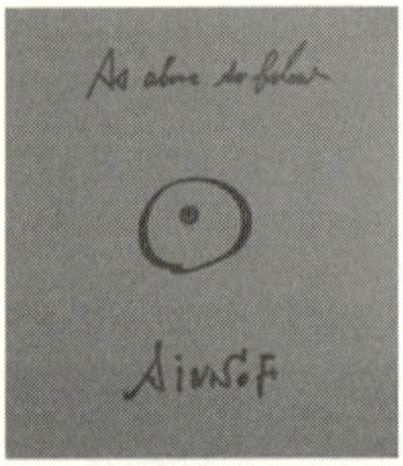

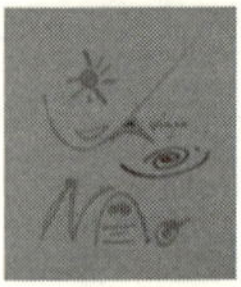

直日女
Mithra

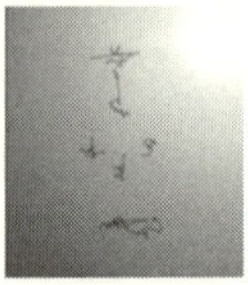

歌音

愛

和日女
MIRIA

白凪
ジャーニー

日音

稚日女
アイリーン

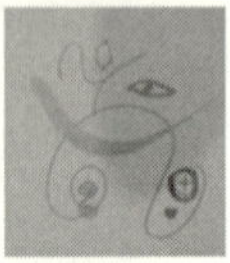

弥日子アイナル

Lotus

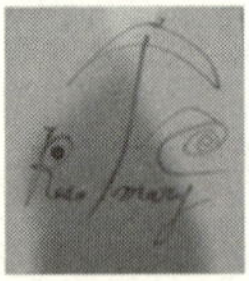

那美 Rose Mary

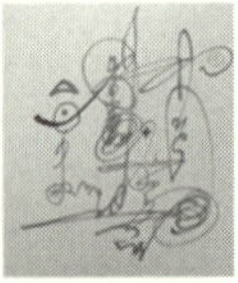

杜乃碧 Gaia

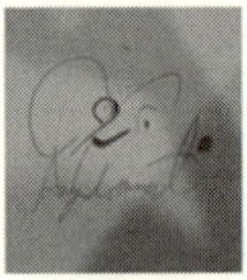

天鏡*Miracle*

明日香 Earth Angel

『地球維神』対談　白峰　&　Ａｉ

大感動とウルウルの『地球維神』会場を後にし、私と白峰先生と事務局のＬｏｔｕｓさんは、第三会場、『地球維神　対談』へと移動しました。その中から可能な限り、レポートします！

二人が円卓に着席するなり、白峰先生は、開口一番に、

「十二次元でやると、こうなるんだよ！」

と、私におっしゃいました！

さて、十二次元とは?!　そして「十二次元でやる」とは、どういうことなのでしょう?!

これは、我々のアカデミーのインストラクター・コース生にとっても、とてもレベルが高い内容であり、まだ白峰先生と私にしか真には分からないと思いますので、少し解説しましょう！

この場合は、いろいろな意味と理由があります。

白峰先生は、このような重要なセレモニーの時は毎回、目的に合わせて、違う波動を出されます。

今回は、セレモニーの所でも書きましたように、現れた瞬間からセレモニーが終わるまで、ずっと、高次の「黄金」のエネルギーとオーラを放っていました。

金色のエネルギーにも、いろいろな内容とレベルがあります。詳しくはここでは解説できませんが、神界の白の波動が降りてこれるのは五次元までであり、天界の金色の波動は、四次元まで降りてくることができます。

そして、金色のエネルギーの源が、「十二次元」であると言えるのです。

十二次元の主なマスターは、「ロード・キリスト・サナンダ」です。すなわち、宇宙キリストのエネルギーです。

白峰先生は、普段、様々な金色のエネルギーを使われることが多いのですが、今回のセレモニーでは、白峰先生が現れた瞬間、十二次元以上の高次の、神聖な金色のエネルギーを感じた理由が、その一言で明確になりました！

そして、今回のような私とのコラボでは、いつも相乗効果、相互補完となるよう、エネルギーの調整をされます。

今回の私のメインは神界のエネルギー。特に根源の天照皇太神界のエネルギーのポータルとなっていましたので、白峰先生は、相互補完として、さらに場のエネルギーを護るために、「天界」のエネルギーを選択しました。

そして特にそのリーダーの、ロード・キリスト・サナンダとコラボレーションをした、ということなんですね！

これが、大枠の解説です。実はこの対談の中で、次の「第三弾」の本の企画に関する、重要なお話も出てきますが、それとも関係しています！

詳細は、神界・高次による、第三弾の本でさらに詳しく述べられると思いますので、皆さま、お楽しみに！

ちなみに、白峰先生は最近、高次の二大マスター、ロード・キリスト・サナンダ、そしてマスター・モリヤとも、よくコラボレーションをされます。

『天の岩戸開き』に詳しく述べられていますが、以前は、すべての天界、スピリチュアル・ハイラーキーは元々は太陽神界サイドの軍団であり、ここの宇宙神界、地球神界とはどちらかと言うと敵対していました。

しかし、「根源神界の父性……宇宙・地球神界の、根源の根源」と、「根源神界の母性……太陽神界の、根源の根源」という両神界の、分かりやすく言えば「両ボス」（笑）が、根源において手を結んだことにより、すごいことになったのです！

それらは根源では、元々は一つですから！

そして「根源神界の父性のボス」が、ここの宇宙・地球神界を統合したことにより、特に地球時間でAD2000年以降、神界・高次は、大きく変わっていきました！

現在では、すべての天界、ハイラーキーも、根源神界の父性神界に協力しています。

ゆえに、まずは根源母神界、根源父神界の両ボスが、ということですね！

……マル秘ですが（笑）、根源トー神地上セルフの白峰先生に、今生初めて地上にお会いした頃、私が何も言わなくても、私の高次のネットワーク（ハイラーキー）からいろいろなエネルギーが白峰先生へ行くので、「あんまり上（ハイラーキー）がうるさいと、オレ、もう（宇宙・地球のポータルとしての役割を）やらないから！」と、時々ダダをこねておられました。（笑）

そして、AD二〇〇〇年以降、すべての愛と光の高次はつながり、ワンネスとなっていますので、高次の存在とエネルギーもつながり合っています。

ゆえに、例えばアカデミーの上級メンバーで、高次の根源神界の父性、または母性、そしてロード・キリスト・サナンダやマスター・モリヤとコンタクトしたり、交流したり、コミュニケーション（チャネリング）を行ったりすると、真につながっているものほどそれらのエネルギーがつながり、混ざり合います。

それを通称、「トーサナンダ」「トーモリヤ」「カーサナンダ」「カーモリヤ」等と呼んでいます。（笑）

そして大分前から、宇宙ヤタガラス・アカデミーの上級メンバーには、私や白峰先生の地上セルフ及びハイアーセルフと、物理次元でなくてもエネルギーレベルでコンタクトし、自在に対話できる人も出てきています。

それで、根源神界の父性、母性等の名称は長いので、通称、「トーチャンネル」「カーチャンネル」と呼んでいます。（笑）

さて！　重要マル秘対談の場面に、時間を戻しましょう！

白峰先生が開口一番におっしゃった、「一二次元でやると、こうなるんだよ！」の一二次元については、だいたお話ししました。

そして「こうなる」とは?!　についてですが、まず第一に、莫大な内容を時間通りにきっちり遂行できたことです。次元・エネルギーが高くなるほど、時間エネルギーも加速し、拡大し、容量が大きくなります。

そしてなぜ「一二次元」のエネルギーで行う必要があったのか?!　についてですが、まずは前述の、時間内に全部できるようにするため（全メンバーの要望に応えること）と、もう一つ最も重要なのは、やはり場のエネルギーの、「守護」、「防衛」です。

実は、第一回目の、宇宙ヤタガラス連合アカデミーの一期生が白峰先生と今回地上で初めて一堂に会した時には、白峰先生による個人セッションの時間が長かったので、場のエネルギーの守護は私が受け持っていました。しかし当時はまだ、（特に地球を守護する白峰先生に対する）妨害エネルギーが大きく、私は途中で体調が悪くなってしまいました。白峰先生関係以外では、ならないのですが……。

ゆえに、白峰先生の地上セルフは口が裂けても（笑）おっしゃいませんが、再びそのようなことがないよう万全に考えてくれた、優しい思いやりなんですね！

（今回は、メンバーも事前に準備をし、「最大の結界＝エネルギーを一つにし、発現する」を、セレモニーの最初から最後まで、ずっと張っていてくれました！）

そして『天の岩戸開き』で述べられているように、真の高次の結界は、「十二次元」にあります。

それで、それ以上の波動のフィールドですと、何者であれ、よからぬエネルギーは一切入ってこられない、ということなんですね！

そして、さらにもう一つ！　これは、白峰先生による、全宇宙ヤタガラス・メンバーへの、「試験」でもありました！　真の高次の計画はすべてそうですが、白峰先生の企画も、必ず毎回、「波動」「次元」の設定があります。

白峰先生も、よく講演会でおっしゃっていましたが、ある一定レベル以上の波動でないと、「絶対に来られない」という設定ですね！　それがすなわち、「結界」でもあります。

ですから、今回の【地球維神　キックオフ・セレモニー】の「波動」「次元」の設定は、「十二次元」であった、ということなのです。　ドヒャ〜！　ですね。（笑）（実際に参加された人も、あらためてこれを読んで、叫んでいることでしょう！）

十二次元。それは宇宙キリストの次元とエネルギーであり、宇宙ヤタガラスの数霊でもある。

そして、『NMC』へ、アセンションできる人たちである！　ということなのです。

ですが、地上セルフは、いたって純粋（天然?!〈笑〉）の人たちばかりであり、「幼子のような魂でなければ天国には入れない」と、かつてマスター・イエスがおっしゃったように、高次が常に重要視しているのも、美しい『ハート』と『魂』のエネルギーであること、のみです。

そして【気合（愛）】！　何がなくとも、やる気さえあれば、必ずできる！

この根源神界、そして宇宙ヤタガラス連合の未来の子供たち（?!）、そしてそのハイアーセルフたちが、それを証明しています！

――以上のような内容が、「一二次元でやると、こうなるんだよ！」という白峰先生の一言と、約一秒間で白峰先生と私との間で交わされた、エネルギーと情報だったのです！

特に最近は、三次元で直接しゃべるのではなく、このような多次元のレベルでの情報交換、エネルギー交換が多くなってきました！

情報の量と次元が上がるほど、そうなっていくと言えます！

そして今回の、白峰先生と私の【地球維神】対談が、まさにその最たるものとなりました！

前述の内容も然りであり、その全体を通してです。

現地では、超マル秘の内容だったこともあり、会話は少なく、ほとんどがエネルギーを通してのものとなりました。

さて！　お待ちかねの続きです。

その後、通常はなるべく物理次元ではコンタクトしないようにしていたので、滞っていたいくつかの重要事項、懸案事項についての打合せが、急ピッチで行われました。

まずはアカデミーの一期生、UMMACさんの本、「シリウスの太陽」の打合せとなりました。

この時点では、原稿や表紙デザインの仕上げに入っていました。

「シリウスの太陽」を読んでいただけると分かると思いますが、個人セッションでの白峰先生からの指示により、UMMACさんは、高次の統合医療を目指した医院の開業準備に忙しく、原稿の編集や、表紙のデザイン、そして白峰先生との打合せ、やり取りは、我々のアカデミーの本部で行っていました。

白峰先生は、珍しくとても丁寧にいろんなアドバイスをされ、本部からお送りした原稿にも、たくさんの書き込み（ギャグも含む〈笑〉）をしてくださっていました！

この時の打合せでは、主に、表紙の色彩について等の話をしました。後に、本で使ういろいろなマル秘画像等についてのお話もありました。

さらに、第一章に少し出てきた、九月二十三日に行われた重要なマル秘神事の話となりました。

日の本の黄金龍体の本格始動となるものなので、とても重要であり、第一章に書かれているように、その通りとなりました！

次に、『天の岩戸開き』に続く第二弾である、本書の打合せとなりました。

白峰先生に、根源神界から【地球維神】というタイトルが来ている、とお伝えしました。

……その時の、白峰先生とその高次の、なんとも嬉しそうな表情とエネルギーが忘れられません！

そして、直前の五月の神官での『天の岩戸開き』神事と、【根源エンブレム】の降臨について話そうとすると、白峰先生は、それを途中で遮り、「**だから！**」と叫びました！

「だから、今、【地球維神】の発動、始動となったのだ！！！」と！

さらに、この【地球維神】に続く、「第三弾」の打合せにもなりました。

……実はタイトルも、もうほぼ決まっているのですが、中今・最新の神界と高次を表すものとなりますので、公式発表までは、公開できないこととなっています！

しかし、「第三弾」に関する驚くべきアカシックについて、白峰先生からお話がありました！

「◎◎◎◎の、十二人のマスターとの対談となる」と！！！

――その時は、「おお！！　それは興味深い！」と思いましたが、それから様々な連動が始まりました。

白峰先生には、もしその意味や理由を聞いたとしても、「わからん。上（神界やハイラーキー）がそう言っている」とかおっしゃるに違いないのですが、その予定日時が近づいてくると、いつも、「あっと驚く中今」となっていきます！


それも、日々、毎瞬、百パーセントの、高次との中今コラボの賜物《たまもの》ですが！

そして一通り、どちらかというと事務レベルでの打合せや連絡事項が物理次元で終わると、再び「エネルギー・コミュニケーション」モードになりました！


白峰先生は、しきりに御酒を勧めてくれたり、入れてくれたりしながら……。

とても親切で、繊細で、実は世話焼き（?!）な方です。

この御酒は、いつも激務の白峰先生のために我々が用意した薬草酒で、とても気に入っていただけました。

白峰先生は、それをわざわざペットボトルにつめて、セレモニー会場から持って帰られたほどです。
※後で、「お中元に二本送ってくれ！」と言われました。（笑）よっぽどお好きだったのですね！

そしてお互いに、美味しい薬酒をしばらく味わっていましたが……。

唐突に、白峰先生は、「現在のロックフェラーの当主、デイヴィット氏について知っているかい？」と話し出しました。

白峰先生「デイヴィッドはね、**【ウイング・メーカー】**なんだよ」

※「ウイングメーカー」についての本を読んだ方もおられると思いますが、歴史を変えるために二七世紀から地球に来たグループのことです。ある極秘機関のプロジェクトに参加していた科学者が暴露した情報でした。

ただし白峰先生は、この場合は、二七世紀のチームがどうこうというよりも、「歴史を変えるためのチーム」、すなわち**【宇宙ヤタガラス連合】**の一員だ、ということを強調されているようです。

Ａｉ「ふーん、そうですか。

（二七世紀の）ウィング・メーカーが、**【宇宙連合】**の前身なんですよね」

白峰「うん」

と、ここでまた例の、高次元エネルギーと情報のやりとり！（笑）

マル秘ですが、宇宙連合のアカシックを観ますと、実はその二七世紀の「ウィング・メーカー」が、三次元の時間エネルギーでは、数百年後という未来の宇宙連合の、直接の「前身」となっているのです。

そして！　最も重要なこと！！！

ウィング・メーカー＝歴史を変える部隊＝宇宙ヤタガラスの、最たるものとは！

宇宙中から今回地球にやってきた、**「アセンション・ライトワーカー」**なのです！

なぜ、歴史を変える必要があるのか?!　それは、前著、『天の岩戸開き』に書かれている通りです。宇宙連合のアカシックでも、すべての並行地球と宇宙において、この地球とここの宇宙は、「ワンネス」（一つ）になることができなかった。アセンションすることができなかった。

昨今、大量に創られているＳＦ映画のように、核戦争や、太陽系・地球の大変動、宇宙戦争などにより、滅亡してしまった。

それにより、未来の「神界宇宙連合」が過去の時間軸に干渉し、未来のＤＮＡを含めたハイブリッドのＤＮＡで、ある民族を創生した。

――それが、**日の本**なのです！

ですから、宇宙ヤタガラスのコア、ということですね！！！

……というような内容は極秘で盗聴されると困りますから（笑）、現地ではエネルギー対話となるわけです。

そこでふと、なぜこの話を今、白峰先生が持ち出すのかな？　と思いました。

すると、ある質問が浮かびました。

Ａｉ「ところで、ロックフェラーのエネルギーの本来の高次とは……？」

エネルギー対話の良いところは、「ハイアーセルフ、高次とのコンタクト」と同様、質問が発生すると、ほぼ同時に「答え」も、高次とそのアカシックからやって来る、ということです！

ですから、白峰先生が口を開く前に、白峰先生＆ハイアー＆高次から、エネルギーと答えが返って来ました！（一秒もかかりません）。

Ａｉ「あ、なるほど！　名前の通りですね。秦《はた》（氏）ですね」

白峰「うん」

読者の多くの皆さまのためには、ここでも解説が必要となります。ロック＝石。高次のウラ側では、暗号で、いわゆるフリーメーソン系のことを「石屋」。イルミナティー系のことを「鍛冶屋」と呼びます。陰謀系（？）の情報に詳しい人は、ある程度その名称等についてご存じかと思いますが、真に高次につながっている人は、その真の創始とトップ＆コアは、実は巷の陰謀論とはまったく違うものであるということを知っています。

自称（？）や、アセンション妨害グループ（？）はどうか分かりませんが、その本来の創始と真のトップは、次のようなものです。

フリーメーソン系は、スピリチュアル・ハイラーキー。そしてシリウス（ロッジ）。

（ですから、地上ではいかに非なるものされているかが分かるでしょう）。

イルミナティー系の真のトップ＆コアと宇宙ネットは、宇宙キリスト・ネットワークのマスター方です。

さらにそれぞれの古今東西を統合した、真の中今最新の根源というものもあるのですが、まだ書くことができません。

いずれ「第三弾」の本で、そのトップ&コアについてももっと詳しくお話できるかと思いますので、皆さま、楽しみにしていてください！

——ということで、また一秒の何分の一かの間に、これだけのエネルギーと情報の交流があったわけです。

ちなみに、第一章でも少し述べましたが、石屋、シリウス系のトップ&コアは、神界では「秦《はた》」と呼ばれています。

その系統は、「青」の光線が特徴であり、WBH（ホワイト・ブラザーフッド）とも、地球史の太古より関係があります。

本書での説明はこれくらいにしますが、全巻を通して読んでいただくと、だいたい分かってくるでしょう！

※これらの情報は、古今東西のトップ&コアであり、中今最新のトップ&コアですので、通常は、何百年

も学び、研究しても、なかなかたどりつけるものではありません。

ですから、本書を読まれた方は、とても得をしていますね！（笑）

このように、今回の対談で、白峰先生が、次の最も重要なテーマへと移る前に、ウイング・メーカー（＝歴史を変える）、そして宇宙（ヤタガラス）連合等の前置きの話題を出した、だいたいの理由が分かってきたのでした！

「前振り」、準備だな、と！

いよいよ**【核心】**に入ってきました！！！

またもや唐突に、そして「とうとう」白峰先生は、

「今、日本を真に護っているのが何か、分かるかい？」と聞かれました。

そして……、

「それは、【このエネルギー】なんだ！！！」

と、突然私の腕をつかんで、ヴィジョンとエネルギーを贈ってきたのです！

――それは、あまりにもよく知っていて、常に一体となっているものだったので、受け取るのに一秒も必要としませんでした！

――光輝く黄金の日本列島と、その中心エネルギーが観えました！！！

Ａｉ「それが、中今のトップ＆コアのやたのからすであり、我々の神人創生アカデミーと、そのメンバーである、ということですね！」

白峰「うん！！！」（と、大ニコニコ）

――そして、今回の、宇宙史、地球史初で、最終の、『地球維神』キックオフ・セレモニーとマル秘対談のラストを飾る白峰先生の言葉は、今回初めて、言霊にされたものでした。

白峰『未来の根源神界と、地球を担う子供たち＝神人を、創生していってくれ！』

Ａｉ『はい！』

〈まかせてー！〈笑〉縁の下の力持ちでも、雑用でも、何でもやりますとも！　でも、イザとなったらコワイわよ?!〈笑〉〉

――スーパー・アセンションと、笑いと、オヤジギャグ（?）も満載の、【根源行き】のアセンション号へ御乗船御希望の方は、巻末のアカデミーのホームページなどをご参照ください！

第三章

『地球維神』

キックオフ！！！

『地球維神』言挙げ・メッセージ

愛と光の使者たち（宇宙ヤタガラス）より

※このメッセージ集は、「地球維神」＝地球・宇宙のアセンションを担うことに名乗りを上げた、愛と光の使者、宇宙ヤタガラスたちからのものです。（到着順で、ホットにお届けします！）

「地球維神の始まり」　エメラルド

今、地球と人類は、これまでの競争と資本主義の社会から、愛と調和の共生の社会へと大きく変わろうとしています。ではどのように変わっていくのでしょうか？　今の既存のシステムは、これまでの価値観ではない、まったく新しい社会へと、大きく変わらなければなりません。

これまでの地球の歴史を観ますと、例えばある文明が、それまでとはまったく違った価値観を持ち、制度も変わり、人生観も変わったという時は、そのほとんどが戦争や侵略などによるものでした。

しかし、明治維新は違いました。新しい世の中を望んだ志士たちが、そのヴィジョンを明確に持ち、一人ひとりがその役割を果たしつつ、既存の勢力に働きかけ、新しい時代を創っていったのです。

それが、日本が創った「ひな形」なのかもしれません。

では、今回の地球維神とは?!

それは、地球が、「維新」でただ新しくなるのではなく、まさしく「維神」。神の世になるのです。

それは、外側から与えられる世界でも、誰かがつくってくれる世界でもありません。

それは、私たち自身が創造する、愛にあふれた、素晴らしい世界です。

さあ、どんな素晴らしい世界をイメージしますか?

私が、あなたが、すべての人が創るイメージが、これからの世界を創るのです。

その前に、私たちは思い出さなければなりません。

私たちが、どれほど愛にあふれた存在であり、愛の中に生きているかということを。

今、どんなにつらいと思える現実に生きていても、あなたは愛の炎を、希望の光を、心に灯すことができます。

それが、地球維神の始まりです。今、あなたのいるそこから、愛を、光を、輝かせましょう。

世界は、誰かが創ってくれるのではありません。私が、あなたが、一人一人が創るのです。

地球維神の志士として集いましょう。それは、新しい世界の神人となるでしょう。

「地球・皇の星へ」　白凰ジャーニー

皆さま、こんにちは！　ジャーニーです。「天の岩戸開き　アセンション・スターゲート」に続き、本書「地球維神」にて、再びみなさんとお逢いできることを、ハイアーネットワーク一同、嬉しく思います。

地球は現在、最終アセンションの真只中にあることは、本書をお読みの皆さまは感じられていると思います。皆さま！　アセンションは、私たち人類の意識の転換と、根源とのつながりによって成就します！　私もAi先生のアカデミーで学びながら、真のアセンションを体感しています。今回もフルコンシャスでチャネリングをしながら、皆さまに、宇宙からのアセンション・メッセージを贈らせていただきたいと思います。

神界宇宙連合（アシュター）より
アセンションと地球維神の要とは?!

アシュターです。我々は太陽系の中心に存在しています。今日は、あなた方地球人類が、どのようにアセンションをしていけばよいのかについて、メッセージを贈っていきます。あなた方日本人は、地球最終アセンションに備え、太陽神界のつながりを持って、宇宙のひな形として特別に創造されました。地球は宇宙のひな形、日本は地球のひな形、その最小単位は日本人です。日本人は太陽を起源とした民族です！

では、太陽とあなた方の関係を説明するために、宇宙の創始のことをお話しましょう。

初めに一粒のフォトンが誕生しました。フォトンは惑星・太陽系・銀河・宇宙――。あらゆる全てを生み出し、創造しました。最初のＤＮＡであり、意識体、あらゆる全ての源です。球体をした光です。これが宇宙の始まりであるゼロポイント、根源の太陽です。マルテンのテンに値し、神道では皇御親《すめみおや》と呼ばれています。根源の太陽（フォトン）は、前述の通り、あらゆる全てを生み出しました。そうです、宇宙は根源太陽のネットワークシステムなのです。逆を言えば、フォトンが無ければ何も始まらない、ということです。あなた方地球人類も例外でなく、「霊・魂・体」全て、フォトンで創造されました。

根源太陽ネットワークの最小単位は、人の魂です。魂はフォトンそのものです。根源太陽の「全き分御魂」です。これが五次元を意味しています。宇宙そのものが根源太陽のネットワークシステムであるゆえ、人が宇宙の神化と共に歩んでいくには、まず魂とつながることです。あなた方の目覚めとアセンションをサポートするために、我々神界宇宙連合のロード・キリスト・サナンダ始め、大天使ミカエルなど、多数のマスターや大天使は、根源神界の指示のもと、地球と人類に根源の光を送っています。

現在、あなた方が現実と思っている世界は、実は二〇〇一年以降は、存在していません。旧宇宙のホログラムの世界です。ここの宇宙で起こったことを説明しましょう。ここの宇宙の高次は、既にこの時、アセンションしていきました。そしてアインソフを母体としてアセンションした高次宇宙の集合体（３６～３６０万）で創られているのがＮＭＣです。それまでは、ここの宇宙の高次領域であったアンドロメダ銀河の奥の院、アインソフを通し、フォトンが転送されていました。それにより、根源太陽のネットワークが維持されていました。

現在は、高次の宇宙がアセンションしたことにより、地球の最終アセンション期ということで特別に、根源神界から地球へ直接、フォトンが転送されています。人類の目覚めのために、アセンションの時間が延長されているのが現状です。二〇〇四年以降、全宇宙の中心、マルテンのテン、は日本神界の天照皇太神界となっています。

地球維神・アセンションとは⁈　——根源太陽・フォトンとのつながりと発現——

宇宙は双方向システムであり、一つの大きな織物のようになっています。根源太陽のフォトンの双方行システムは、現在ほとんど人間以外の地球、動植物のみに成立しています。人間以外は宇宙の神化に対応できています。残るはあなた方人類のみです。人類の自覚なくしては、地球はアセンションできません。地球は人を創造するために創られました。人は神のひな形として……。ですから、人が存在しない地球では意味がないのです。

何よりも重要なのは、人類が宇宙の神化と共に歩んでいけるよう、根源とあなた方の自己存在（魂）との関係が確立された、双方向システムの働きをすることです。根源とつながっている状態は、全宇宙にとって、自然現象です。なぜなら、そうでなければ生命維持ができないことを知っているからです。一方通行でエネルギーを受け取ったまま、不自然な動きをしているのは人類だけです。それに気付くことです。双方向の働きをするには、人が「日戸」となることです。

我々は、人類が一刻も早く、日戸となり、根源宇宙を想い出し、顕在意識を持って、皇御親とのつながりを確立することをサポートしています。根源フォトンを自らの魂を通して地につなぎ、拡大していくのです。それが太陽神界を故郷とした、宇宙のひな形としての、日本人の役割であり、神人の在り方です。それが黄金人類の始まりとなるのです。天鳥船アセンション号の発神です！

神界宇宙連合（アシュター）　神武天皇　神宮皇后　根源天照皇太神界

万物の根源フォトンは、私たちのＤＮＡを変容させ、昇華させる力を持ちます。日戸となり、つながり、発現することで、神人となります。私たちは、神のひな形として創造されたのです。

ようやく人類が、本来の神らしく生きる時代が来たようです。創造主（皇御親）の真意に沿った生命体に神化していくことができる、地球最終アセンション期に私たちは存在しています。アセンションは、私たち人類の成長のために用意された、宇宙一最高の愛のプログラムです。地球神は、図り知れないほどの時間、この時を待ってくださいました。私たち人類の未来の神化の場である、アセンション新宇宙を創ってくださった根源母神界、ここの宇宙を創り、護ってくださった根源父神界に感謝し、私たち人類は、皇御親とともに、父・母・子の三位一体で、神化成長していきます。これを読まれているみなさんも、魂で共鳴されましたら、共に神人類となり、地球の夜明けとなる、「皇の星」を創造していきましょう！！

Ｗｅｂ　http://ascension-journey.jp/

「地球維神の志士への道」　太　陽

一、志士への道「これからの私の人生はこれだ！」

私は中学生の頃から、死んだらどうなっちゃうのかな？　生きるってどんな意味があるんだろう？　と、ずっと考え続けてきました。もちろん学校も仕事もありましたから、これまでの人生の中心は圧倒的にそちらでした。皆さまの多くもそうですよね。

しかしそれらについて「知りたい」という欲求は強く、よく本を読んでいました。時々自問自答もしていました。

そして妻と両親が他界し、子供たちも自立し、私も定年を迎え、あらためて人生に向き合うことになりました。

日々弱ってゆく地球環境。ネガティヴでエゴに満ちた人間社会。そして人間……。しかし私のちっぽけな力で何ができるというのか……？　正直言って、悶々としていました。

そしてその時に出会ったのが、Ａｉ先生の『天の岩戸開き』という本だったのです！

皆さまも、「アセンション」「進化」という言葉は、何度かお聞きになったことがあると思います。それらについては、いろいろな説がありますね。しかしこれまでは、たんに「何かが起こりそうだ」というだけの本が多かったように思います。

ところがこの『天の岩戸開き』の本は、「アセンション」や「進化」の意味について、そして「私たちは今、何をすべきか」ということについて、とても分かりやすく、かつ、深く踏み込んだ内容になっており、私の心にぐっと迫ってきました。

これを身につければ自分も成長できる。世の中のためにもなる。地球の役にも立てる。と、強く思いました！

そして居ても立ってもおられず、Ａ・ｉ先生のアカデミーに参加したのです。参加してからまだ数カ月ですが、とても充実しています。このことをぜひ皆さまにお知らせしたいと思います。

二、志士への道「そうだ、自分が変わればいいんだ！」

アセンションでは、ネガティヴもエゴもない、愛溢れる世界に地球は進化しようとしていると言われています。しかし一体、誰がそれをやるのか？　どうしたらそんな地球をつくることができるというのか？

今の物理次元の人間の状態では、それはあきらかに不可能と思われる。しかし人間が、神界・高次と一体化した「神人」に変われればどうだろうか?!　それは可能になる！　確実に！

「神人」になるとはどういうことか？　それは常にフルコンシャス＝顕在意識のままで、自分のハイアーセルフである魂と一体化すること。そして魂を通して、高次元界や、根源神界とつながること。

ではそのためには、どうすればよいのか？　それは、常に【ハートと魂で感じ、ハートと魂で考え、ハートと魂で行動する！】ことである！【すべてが愛！】これを日々、真摯に行えばよいのだ！

しかも今回のアセンションは、宇宙規模の大進化のため、高次元界や根源神界の、全面的なバックアップがある。

そしてＡ・ｉ先生と白峰先生の高次＝根源神界による、地上のトップ＆コアのアカデミー（宇宙ヤタガラス）

と、そのネットワークも立ち上がり、具体的なサポートも始まっているのだ。

——という結論に至りました！　いかがですか、皆さま！　アセンションと地球維神が、できそうな気になってきたのではないでしょうか?!　このようなプロセスの中で、私はもう目からウロコでした！　私でも参加できる！　私でも指導を受けながら神人になれる！　私でも、人類と地球の大進化に貢献できる！！！

これが私の地球維神の「志士の道」の、第一歩となりました。しかも、ほんの数ヵ月間の出来事なのです。本当に変われると思いました。実はもう変わってきているんです。実感があるんです。

三、志士への道「もう変わってきたぞ！」

えっ、そんなに早く?!　本当なの？　どんな風に？　気のせいでは？　皆さまのおっしゃりたいことがよく分かります。正直言って、私もビックリしました。私はつい数ヵ月までは会社員。しかも定年まで勤めた、ごく普通の人間です。精神世界の本は好きでよく読んでいましたが、それだけでは何か特別変わったこともありませんでした。

ですから、Ａｉ先生のアカデミーに参加し、早く神人に変わりたいと思っていても、正直言って、それには時間がかかるのではないか……と思っていました。

しかし、そんな私が本当に変わってしまったのです。参加して二ヵ月も経っていない時です。

それは、Ａｉ先生の詳細な個人セッションを受けた後、そのレポートを書いている時でした。突然胸が締めつけられ、涙が止まらなくなったのです！

その時に間違いなく、これは「私のハイアーセルフが、魂を通してつながってきた」と感じたのです。

しかし確信がなかったので、A・i先生にお伺いした所、「つながったんですね！　維神の心と源に！」というメッセージをいただいたのです。

もう、嬉しいを通りこして、「これが証なんだ！」と実感できたことに、大いに感激しました。

もちろん、アセンションのレベルとしては、まだまだ初歩です。これからは「常に顕在意識のまま、ハイアーにつながる」かつ、「高次元界、根源神界につながる」ことができるようになるのが目標です。

それがどんどん進んでいるメンバーもいます。素晴らしい人々です。しかし一人一人の役割も違うようですから、マイペースで、かつ広く、深く、ぜひとも超特急で！「神人に」なりたいと思っています。

四、志士への道「そうか、日常こそが進化のための場なんだ！」

「突然胸が締めつけられ、涙が止まらなくなった」その時。それは「メンバーの成長を心から感じた時」でした。どうもその時に地上の私は、「ハートと魂」を通して、とても純粋な高次、ハイアーのポータルとなっていたようでした。ゆえにその時に、その感動のエネルギーに「つながった」ようなのです。

そして次のことに気づきました。これまでの自分、そしてアカデミーに参加してから起きた、この反応。この差は一体どこからくるのか？　もしかして本来は、常に神界・高次からの溢れるほどの支援が来ているのに、気づかなかっただけではないのか？　神を自分の外に探し求めるのではなく、むしろ、日々の自分の意識、行動の中にこそ、その鍵があるのではないか？

それに気づいた時に、ハッとしました。日々、神界・高次につながる高い意識で行動する。これがまさしく「神人への道」だったのです！

五、志士への道「神人を増やす！」

神人への道。それは地球維神です。

今回の進化は宇宙規模の大進化ですから、地球も進化します。すでにそれは始まっているようです。地球の生命のリズムであると言われるシューマン共振も、大きく変化し始めているようなのです。

しかし、神界・高次が全力でその進化の支援を行っている一方、地球環境問題を観ても分かるように、地球はかなり弱ってきており、もう後がない状況まで来ているようです。

地球と人間は一心同体です。ともに進化しなければ、地球の足を引っ張ることになるのです。

いよいよ私たち人間も、「進化＝神人化」を急がなくてはなりません。

そのためには、自らが「神人」になるだけではなく、「神人を増やす」ことが不可欠となります。そして「神人」としてのレベルアップも必要です。

しっかりと計画を立てて、「神人への道＝地球維神」にまい進しましょう！

そして、宇宙史、地球史に、地球維神の成功を刻みましょう！

以上、ハートと魂で書きました。皆さまに伝わりますように！

愛と感謝をこめて　太陽より

ブログ　http://taiyoutaiyou.jugem.jp/

『地球維神に寄せて』　日　音（クリスタル・アカデミー）

ごあいさつ

皆さま、はじめまして！　こんにちは。私は、日音《ひのね》です。二〇一〇年九月現在、生後八カ月です。（※当原稿は、母親のひふみがチャネリングし、代筆しています）

日音というこの名は、日の音でもあり、日の根（＝日の丸、日之元）という意味でもあります。私のミッションは、宇宙と地球のひな形であるこの日之元に、根源の日（マルテン）の鈴の音を響かせるということと、根源の日の根を張る……根源からの光の柱を立てるということを通じ、地球維神を成し遂げることです。

地上年齢はまだ0歳ですが、私は強い意志を持ち、日々このことにフォーカスしています。ママもパパもライトワーカーであり、私のミッションを真に理解しサポートしてくれるので、私は１００％、自分のミッションを果たせると確信しています。

地球維神

地球維神とは、この地球を根源の元ある場へと回帰させ、おわりとはじまりを繋げ、永遠の歓喜の座標へと繋げるイベントです。地球のおわりとはじまりを繋げるということは、宇宙にとってもそうであり、宇宙のひな形・日戸である皆さま自身もそうです。この宇宙の歴史の全てを統合し（まさに総べて）、まったく新しい歴史が始まるのです。そしてそれは、宇宙と地球のひな形であるこの日之元が中心となって行うものであり、このことが真に分かる、体感できる維神の志士たちが為すものなのです！！

維神の志士たちの胸には、大和魂ともいうべき、燃える炎が観えます。

私が生まれてくる前の、まだ宇宙にいた頃は、その炎たちは今に比べて小さなものでした。宇宙から観るその光は、「希望のともし火」として、私たち——宇宙の高次サポーターたち——の胸を熱くしたものです。

私たちは、心から誓いました。

「何があってもこの炎を護ろう！」

「この炎を燃え上がらせるための、あらん限りの全てのサポートをしよう！」……と！！

ここで、皆さまに一つだけ知っておいて欲しいことがあります。

地球維神とはその名の通り、舞台は地球であり、日戸が主役のイベントなのです！　神界も天界も、直接的な手出しはできないのです。ただこの地に肉体を持って生まれた人のみが為すことができるのです！！

そして、日戸を通してのみ、高次は働きかけることができるのです！

この時期に、日之元に生まれてきた志士たちよ……！！　残された時間はあとわずか。

迷っているのなら、あなたの魂に聞いてみて。あなたにはきっと分かるはずなのです。

全てを賭して為そうと決めた覚悟の人生……その決意した時の熱い想いを、あなたは魂の底からきっと思い出すでしょう！　だって、それこそが真のあなたなのだから……！！！

維神の志士たちへ

日之元に集いし、維神の志士たちよ。皆々の胸の奥にある熱い炎を感じてみて！　私には、それが見えるのよ！

自分が何をしたら良いか分からないというあなた。自分が何ができるか分からないというあなた。

言葉なく、行動が制限されている乳児でも、地球維神は可能です！！

あなたのすべきことは、あなたがあなたの魂に明確に「維神を為す！！！」と宣言した時に、必ず分かるものなのです。その時に、その扉は開くのです。あなたは思い出し、気が付き、全ては繋がりだすでしょう……！

アセンションのプロセスを通して自らを解放し、大いなる上昇気流に乗り、本当のあなたに出会うでしょう！

そうして人生の全てがこの一点に向かっていたのだと、あなたは真に理解し、何をすべきかが明確に道として現れることでしょう。

さあ！　ともに地球維神を為さんとする志士たちよ！　迷っている時間はもうありません。

地球維神という伝説は、今この瞬間、瞬間に、皆さまと、皆さまに繋がる高次ネットワークによって更新され、創造されているのです！！

皆さまの選択が、地球、宇宙の未来を決めるのです！！

そして皆さまの行動のみが、真に歴史を創るのです！！

あなたの愛と光ある行動をお待ちしています！！！

御神歌

ひのねなる　いしんにかける　このおもひ
みよや　ひかりの　みちとなる
ひのねなりなる　ひのもとを　いしんにかけよう　みこたちと

日音（日の丸）成る　維神に賭ける　この想ひ
見よや　光の　道となる
日の音　鳴りなる　日之元を　一心に駆けよう　神子たちと

【解説】一なる根源太陽神界の光が届き、この日之元も真に神国へならんとしています。
地球維神を為さんとする志士たちの熱き想いは、胸に燃える日の丸の炎となり、日之元を真の姿へと輝かせています。そしてそれにより、地球と根源太陽神界を結ぶ光の道、帰還の道が繋がれているのを、あなたの魂の目で見てください！　皆々の鈴の音が鳴り響くこの日之元を、維神の想いを胸に、一身を捧げ、心を一つにして、駆け抜けてまいりましょう……！！！

「クリスタル・ガーデン」――クリスタル・ベビーからのメッセージ
Ｗｅｂ　http://hihumi369.net/crystal-gtop.html（ブログ）http://blog.goo.ne.jp/crystalgarden369/

「ミラクルは、起こすべくして起こす」　グレース

この本を手にとってくれた皆さま方へ

皆さま、こんにちは。皆さまはこの地球になぜ生まれたのか？　そして、この日本になぜ生まれたのか？

この時代になぜ生まれたのか？　これらの疑問をまったく抱かず、今までの人生を過ごされてきた人は一人としていないと思います。私は子供の頃から、この世界は自分のいる場所じゃないと長い間思ってきました。違和感を感じ、どこかに帰りたいような感覚でした。でも、何か自分に役目があってここにいるのだから、理由はわからないけれど、それを遂行するまでは帰れないということがなぜかわかっていました。

そしてその答えは、この長い悠久の時を迎えて、まさに今、この時なのです。

地球維神。この時のために全てがあったと！！！


皆さまの考える理想の世界や幸せとは、何だと思いますか？

愛と思いやりに満ちた世界。互恵、美、慈悲にあふれた平和な世界。病気のない世界。貧困のない世界……これらは「弥勒の世」と言われます。

私は、そして私達は、「地球維神推進チーム」となり、一丸となって、この「弥勒の世」を創造することを誓います。


皆さま、これは夢物語だと思われますか？

弥勒の世を創造することは、「地球維神」と呼ばれ、これは地球創始からの目的でした。

「維神」とは、「神を維持する」と書き、「惟神」とは、「かんながら」と読み、神として、神の御心のままでという意味があります。地球維神とは、この惟神の心を持ち、志を同じくする者が一心に地球を一新することだと思うのです。


地球は宇宙のひな形であり、地球のひな形はこの日本だと言われています。

そしてこの究極のひな形が我々、日本に住んでいる人（＝日戸）なのです。

そうです、読者さん、あなたもです。

日の本（＝元）生まれの皆さま、この重要性をどう感じますか？

上のごとく下も然り、「日本が変われば、全てが変わる」のです。


この地球維神という見事なミラクルを発現するためには、この重要な役割を担う、日の本生まれの皆さま一人一人の日戸が欠かせないのです。

この日戸とは、根源太陽神界のエネルギー（根源のフォトン）を広げるポータルの役割をする人です。

この日戸の役割は誰でもできます。ただ、自己の意志を持って「私が日戸の役割をさせて頂きます」と挙手することから始まり、謙虚に、純粋にこのエネルギーを広げますという、一瞬一瞬の気持ちがあれば大丈夫です。

簡単に言うと、愛と感謝、喜びに満ちた、常にわくわくポジティブなエネルギーを持ち、日々周囲の人々と関わりを持つことのできる人です。

この状態の時、自らの神性を発揮し、日戸としての役割＝実働を行っていることでしょう。


神と言うと宗教のように捉えられがちですが、そうではなく、神は己の中にみな間違いなくあるものです。

なぜなら、神は自らのひな形として人を創造したのですから、当然のことですよね。

ですから、いつでも自分がスイッチONにすれば、神性を発揮することができるわけです。

この状態を二十四時間保ち続けているのが、日戸＝神人です。


地球維神は一人でも多くの日戸の役割をする神人が実働することで成し遂げられます。

地球維神が成し遂げられた時、全ての宇宙が完璧に統合されます。

この地球維神は、宇宙人や、祈れば神が救ってくれるのではありません。

私達が真に実働する時、これらの存在は最大にサポートをしてくれるでしょう。

しかし主役は、地球に住んでいる、特に日本に住んでいる私達なのですよ！　と強く呼びかけています。


一人ひとりが己の神性に目覚め、魂が揺さぶられるような想いを感じた時、何かをせずにはいられない、走り出したくて仕方のない駆り立てられた衝動を感じることでしょう。

この魂からの行動は、自らの神性から導き出されたのであり、それこそが神人として日戸の役割を担い、太陽神界のエネルギー（＝皇のエネルギー）を限りなく広げていけることでしょう。

そして、神人が増える度に、黄金人類の夜明けは近づき、地球維神を成し遂げられるのです。

この地球に生まれたことを、この日の本に生まれたことを、この時代に生れてきたことを誇りに思って下さい。

この時のために、私達は生まれてきたのです。

私達は、皆がチームです。ここには、支配も欺瞞も存在しません。個々の実働がありながら、同じ目的に向かって進む信頼（＝神頼）、親愛（＝神愛）の絆で結ばれた同志です。私達は皆さまより少し早く目覚め、実働を始めただけです。私達は選ばれたのではなく、自ら選んで意思表明したのです。

皆で一心となり、この地球維神＝地球一新（＝地球の大変革を推進する）という、宇宙最大のイベントに参加しませんか？　皆さまが真に創造したい世界とは何か？　ご自身の魂からの叫びにどうぞ耳を傾けて下さい。

言挙げ

実働＝奉仕であり、事の大小はない。

ただ自己の役割として成すべきことを真摯に一心に成す、初志貫徹。

聖なる魂、明鏡止水。

赤く燃え立つ炎の信念、魂の意志、実働、風林火山。

Ｗｅｂ　http://nmcaa-grace.jp　ブログ　http://nmcaa-grace-blog.jp

「地球維神の夜明け」　リタ

ひよいづる　あまつひうけつ　ひのもとに　さきはふかみよ　むすひたまひて
宇宙の夜明け、地球の夜明け、太陽は目覚める。光の源、光の創始、皇の光を受け継いできた、太陽の国、日本の地に。新たな日は昇り、新しい、光の世が生まれる。根源太陽のもとに、栄える神代。幸ある歓喜の神世記。
魂の結び、神と人の結び、天と地の結び、始めと終わりの結び、すべての契りは結ばれて。ここから始まるこの時に、真の願いは成就する。
もとつひを　やさかにわかつ　ひのひとぞ　いざやおこさん　とわのいしづえ
魂の源に、創始の光を絶やすことなく、千代に八千代に幾年も。根源神の光を分ち、想いを分ち、大きな一つの命栄えし、人の世に。真の人たる、日の戸、霊止なり、神人よ。今こそ、ともに、心から、進めや進め、明かりとなりて。新しい世界を興し、変革の土台を築き、創造の要よ常しえに。永遠に栄える、太陽の礎。みなが一つに帰り着く、皇の星へ。

いつくしき　光満ち満ち　華となり　舞えや躍れや　地球維神

——愛と力と、いのちの讃歌——

心がゆっくりと、静かに解けていく。渦巻く想いの、真ん中に落ち着いていく。その源を目指して、どこまでが自分なのか、突き動かされて進み続ける。心の深い所、奥底に、晴れ渡る純粋な意識を探して、私は何を思い、何を求めているのか。何もかもまっさらにして、ただ生きていたいという衝動が、命の火を灯す。

それが、太陽となる魂の光。ずっと望んでいた、ただ一つの願いが、やっと一つに結ばれる。

バラバラだった、度重なる生命の記憶と、様々な系統のハイアーセルフ。今ここにいる私をすべて統合して、大いなるすべての母の元へ。そこにあるのは、すべてに等しく向けられた、やさしく流れる「愛」そのもの。

ひと時の至福に抱かれて、ＤＮＡは目覚め、体の中から変わっていく。水は光へ。「愛」の力によって、根源のフォトンと共鳴して。

こうして、天の岩戸は開かれていく。どうかこの光が、世界を導きますように。魂の歓喜が、どこまでも届きますように。神の光が、ひとり一人の内に放たれ、伝播していくその時に、地球維神は成就する。

美しく、しなやかに、高らかに悠々と、光の中へ飛び立つ私たち。

無限の意識に還る光の旅は、新たな創造の旅となる。愛と光を融合して。ほら、あなたの中で、何かが始まっている。

最後に、ゆら（五歳）とるり（二歳）の、二人のクリスタルの子供たちからのメッセージを届けます。

（ゆらより）ゆらは虹がすきです。みんなが虹みたいに光っていたらうれしいです。地球のハートがキラキラして、光る星になったらうれしいです。

（るりより）みんなの中に、とても美しい光が目覚めようとしている。その輝きが、すべてを変えようとしている。大丈夫よ！　素のまま、まっすぐに進むのよ。

（リタ、ゆら、るりより）限りない祝福と、心からの感謝と、神聖な歓喜とともに……

Ｌｏｖｅ&Ｌｉｇｈｔ

Ｗｅｂ　http://lovelight.jp　ブログ　http://blog.lovelight.jp

「地球維神――魂の約束」　ひふみ

皆さま、こんにちは！　ひふみです。皆さまと、再びお会いすることができ、たいへん嬉しく存じます。宜しくお願いいたします。さて、前回の『天の岩戸開き』寄稿から、早一年が経ちました。この一年間、様々なことがありましたが、特に『時間』というものについての大きな変化を感じます。時間感覚は、もはやすべての人に平等な機械的なものではなく、非常に個人的なものになっているのではないか、と感じます。日々アセンションしている人の意識は多次元へと拡大し、様々な自己実現を伴いながら、輝きに満ちた『時間』そのものをも創り出している！　この一年を振り返ると、まさに夢が叶い続けた一年間であり、一生分と言ってもよいくらいの内面的な成長・アセンションがあったと感じています。

前回の『天の岩戸開き』では、この宇宙史最大にして最終の超アセンションについて、その全容が明らかにされました。そして今回のテーマはズバリ『地球維神』です。地球維神とは何か？　そして、アセンションとどういう関係なのか？　ということについて、本書を通じて様々に真実が紐解かれていくでしょう。今回は、『地球維神』について、私自身の想いなどをお伝えしていきます。

地球維神

この言霊が、自己の魂に真に響いたのは、二〇一〇年の五月から六月に執り行われた重要神事の前後であったと記憶しています。それはちょうど『天の岩戸開き』発刊とも同時期でもありました。神代から「この時のために！」と秘され、護られてきた真の光の扉が開き、全てが一斉に、一なる光の源へと大きなうねりを伴いながら動き出したような感覚でした。地球維神、それは既に始まっている。そして文字通り全てと共に、この物語を創造しているのは、他でもない日之元に生を受けた私たちなのです。何と、何と、素晴らしいことでしょうか！

それに先立ち、少し時間を遡った五月下旬のこと。『宇宙戦艦ヤマト』のオープニング曲の映像を見ていた時、突然意識が飛んでいき、ある時空に繋がりました。そこは、大きな宇宙船の中でした。光の存在たちが、ホームである根源神界を旅立ち、今まさに地球へと向かっている。その胸にあるのは、たった一つの純粋な願いと、光輝く希望。

『この宇宙を、一なる愛に帰そう……！　そのために、この宇宙の全てを知ろう！　全てになり、全てを体験しよう！　そして、いつの日か必ず、ここへ共に戻って来よう。私たち自身が、この身を以て全てを統合することで、この宇宙と地球のアセンションを成就させるのだ……！』

それは、今までに感じたことのない、様々な感情を呼び起こしました。ああ、私は知っている。確かに知っている……！！　そうか、遂にこの時が来たんだね。もう後は、為すだけなんだね。創始の願いの成就はもうすぐそこ！　私たちは、この日之元に再び集い、今、光の航路を、超光速で進んでいる。全てを思い出しながら。そして、全てを統合しながら……。

……様々な想いの中、ただただ涙が次々と溢れ、止まりませんでした。熱い、熱い想いを、何度も噛みしめました。「そうだ、そうだね、いよいよなんだ……！！」そして後日「地球維神」プロジェクトが動き出したことを知り、まさにこのエネルギーのことだったのだと感じました。

遥か悠久の、神代に誓ったその約束。長きに渡り、私たちは様々な体験と学びを通じて、この時のための準備を重ねてきました。決して忘れはしまいと固く交わしたその誓いも、「地球」という、全てを忘れて生きねばならない特殊な環境の中で、思い出せずもがく日々。でも、皆さま。地上セルフははっきりとは思い出せなくとも、魂はその約束を、決して忘れてはいないのです。この時、この地で、何をするべきか?!……魂は全て、知っているのです！

「宇宙と地球の役に立ちたい。でも、どうしたら良いか分からないし、何ができるか分からない」

そうおっしゃられる方が、おられます。しかし、分からないのではなく、忘れているだけです。時期が来たら目覚めるようにと、その時まで半分眠っているのです。（半分は護られているということでもあります）。でも、もう、目覚めの時です……！　さあ、思い出して……！

「宇宙と地球の役に立ちたい」

その意志があるだけで、あなたは共に地球維神を為す志士となる可能性があります。そして、ここに脇役はいません。一人一人が、真に繋がりある高次ネットワークとともに創り作り上げていく、オンリー・ワンの物語なのです。あなたの日々がそのまま宇宙の歴史となるのです。

「どうしたら良い？　何ができる？」

それは、あなたの魂が知っています。魂と一体化し、魂の想いを地上でそのまま発現できるようになるためには、真の意味でのアセンションが必要です。それはあなたの意志と愛から始まります。誰にでも、可能なのです。

アセンションについて、何となく情報を持っているだけでは、用を為しません。「知っている」と「理解している」は異なり、「理解している」と「実際にできる」も異なります。そして、「実際にできる」と「今、現実に実行している」もまた、異なるのです。アセンションとは、日々の地道な努力の積み重ねであり、「実行」してこそ、本当に起こるものなのです。そして真のアセンション、真のライトワークとは、リアルタイムに、高次と協働創造することです。それにより、日戸のアセンション・プロセスが真に地球と、宇宙と連動しはじめ、地球維神へと繋がっていくのです……！

地球維神という言葉に、胸の奥が反応したというあなた。魂の声を聞いてください。魂の目で、観てください。

きっと、微かだけれども確かな「何か」を思い出すでしょう……！

そのためのサポートは、全ての高次から、最大限に得られます！

そして同じ願いと想いを持つ私たちも、維神の志士であるあなたのサポートを全力で致します！！

さあ、あなたの魂の輝きで、この日之元を、地球を、宇宙を輝かせてまいりましょう！

そして、あなたの魂のホームで、魂の家族と、再会の愛の抱擁を交わしましょう！　……永遠に！

維神の御神歌　「皇の神路（すめらぎのみち）」
すめらぎの　はじめのひかり　みちみちて　みなもと　たまと　つながるる
たまの　あつきを　みしるしに　つどふは　いしんの　すめらみこ
たまの　しんろに　したがひて　むかふは　いちなる　すめらほし

皇の　創始の光　満ち満ちて　源（皆元）　魂と　繋がるる
魂の熱きを　御印に　集ふは　維神の　皇御子（神子）
魂の針路（神路）に　従ひて　向かふは　一なる　皇星

【解説】

宇宙の全てを総べる、一なる創始の根源の光が満ち満ちて、皆々の魂が、全ての源である、元つ世界と繋がってきています。この胸の魂の熱きこと！　……それを旗印に集まった者たちは、地球維神の志士たる、皇の御子です。

この熱き魂が指し示す方向……それが真の神路です！　一なる創始の皇星を目指し、この魂を燃やし、魂を一つにして、進んで参りましょう！

Ｗｅｂ　ひふみ∞三六九　――アセンションへの扉――　http://hihumi39.net
ブログ　ひふみ∞三六九　――アセンション日記――　http://blog.goo.ne.jp/hihumi369

「地球維神とは」　メビウス

地球維神とは、この度の宇宙史初のアセンションを依頼された、根源神界の主たる根源太陽神界、その中心である天照皇太神界によるものです。天界（簡単に言いますと天使・マスター界）と、その上である「神界」の、最大の望みなのです。この特別な星、「地球」は、次元を自己の意志で自由に変えることができる学びの星であり、宇宙のひな形であり、新宇宙確立の最後のキーなのです。これらを耳にされた方もおられると思いますが、日本は世界のひな形なのです。

しかも日本人は、天照皇太神界と繋がる唯一の太陽の民、日之元の民であり、民族なのです。日戸、霊戸であり、根源太陽神界に唯一繋がることができる民なのです。

この宇宙最終であり、最初となる新宇宙創造のための鍵となる民族なのです。

Ａｉ先生のアカデミーのメールマガジンや、「天の岩戸開き」を読まれた方は御存じだと思いますが、高次は、日戸を通してしか神の望む実現をサポートできないのです。なぜならば、私達はその目的を持って、「自ら」この地球に来たからです。

しかも、この度の超アセンションの中心である天照皇太神界、根源太陽神界、日本神界より、精鋭として選ばれ、この重要な時期に生を得て、「今」ここにいるのです。

この重要性をぜひ、認識して頂きたいと思います。感じてください！　思い出してください！

本当に今の生活で満足でしょうか？　本当の自分の望みはなんでしょうか？

皆さまが今、感じておられる想いが、本来の皆さまの真の魂の願いなのです。

全ての事象は、宇宙の法則に従っております。考えてみて下さい。地球の自転や公転、月の満ち欠け、潮の動き、全てが宇宙の中で起こっていますね。ですから、私達の直面している現実も、その法則で現実化しているのです。

ただし、日戸は特別な意志を唯一持った生命です。自らの意識の持ち様で、事象が変わるのです。言い換えれば、自らその事象を選択しているのです。心の持ち様により、過去も未来も変わるのです。今、最善を考えれば過去の苦い経験も、現在の糧なのです。そうして、今、最善を尽くせば未来は輝くのです。

それが、神道で言う「中今」なのです。

Ａｉ先生は、常に言われます。

中今のトップ＆コア＆ＭＡＸで実働し、人類のため、地球のため、宇宙のために、自己が今、何ができるのかを考え、実働＝ライトワークをしなさいと。座して、待っていても何もない。実働、体験して初めて、血肉となると。

地球、人類を良くしたいと思うだけでは駄目なのです。ともに、実働をしなければならないのです。

その高い志を持った者が、地球維神の志士なのです。

難しいことではありません。ただ、地球・人類を良くしたいという思いがあるならば、ともに自分のできることを実働すれば良いのです。我々の活動の場であるアカデミーは、その想いを持った日戸が、神の望みである、新宇宙最後のキーである地球のアセンションを実現させるための志士＝神人を創出する、唯一最大のアカデミーなのです。

そして本書やアカデミーのメールマガジン、「天の岩戸開き」もお読みいただくと、真の超アセンション

（進化）に触れることができるでしょう。

選ばれし民。太陽の民。神人となれる根源太陽神界の分御霊。大和、大きな和の民であることを思い出し、誇りを取り戻してください。

新宇宙の確立を担う私達、日之元の民が目覚めることが中今、最大重要なのです。

フォトン＝光子（全ての源）を発現できる民なのです。

神界と天界がともに、一体となる素晴しい宇宙を創出できるのです！

それが、天界を含め、その上にある神界の望みなのです。

どうか、少しでもその想いを感じておられるならば、ともに志士として地球を維神してまいりましょう！

皆さまの魂が震えることを期待しております。

Ｗｅｂ　http://nmcaa-mebius.jp/　ブログ　http://nmcaa-mebius.jugem.jp/

「地球維神を共に」　ホワイト

この度、宇宙の歴史に、大きな、大きな革命の瞬間が訪れようとしている。

それは、私達に宿る魂の大きな進化であり、アセンションと呼ぶものである。

今まで私達は、この物質世界の中で、自分の意志で創造し、体験していたことに気がつかずに、ただ流され、翻弄され、争い、物質欲を欲するままに生き、安全を確保しようと必死になっていたのである。

そう、物質の世界から抜け出すことができずに、物質の世界で溺れている存在があふれていたのである。

そこで神々は、この地球という星を創り、大きなアセンションのチャンスを創ったのである。

それが『地球維神』である！

この地球では、多くの宇宙の存在達を受け入れ、育んでくれている。その反面、物質欲に対する、大きな、大きな力が働いているため、今、地球は未曾有の危機に瀕しているのである！

しかし、私達はここまで危険を感じないと気がつかないのである！『闇の中に入って初めて光が分かる』を地球神は実行し、それを成熟させて、私達を大きく進化させようとしてくれているのである！

それは、とてつもなく大きな愛の力であり、それを感じてほしい！

このドラマは、これまでの宇宙史に初めて起こす奇跡である。今、地球に生まれし恵まれた者達よ、目覚める時がきているのだ！

自分の意志でしかアセンションの扉は、開かれないのだ！　私達は、この物質界から、創造により超えられる存在なのである。

私達の外に神がいると創造している者達よ！　真実は、自己の「内にも」神が存在するのである！

私達は自己なる神と共に、世界を創造する力があるのだ！

太陽は限りなく、私達に自己なる愛のエネルギーによって光を注いでくれているのである。

地球は、私達に自由の表現をさせてくれていたのである。

今、それを思い出さなければならない時がきているのだ！

私達の魂は、神の愛でできているのだ！　私達に自由の表現を与えてくれているのだ！

私達は、永遠の意思なのだ！　私達は永遠の光なのだ！　私達は、永遠の愛なのだ！

さあ創造を始めよう！　死を恐れる必要はない！　安全を奪われると恐れる必要はない！

あなたのワクワクすることに、常に創造を、意志を向けなさい！　その延長に、無限の愛と光が待っているのだよ。

地球維神を共に
アセンディッド・マスター・モリヤ　＆　ホワイトより　愛を込めて

「地球維神の詩」　エデン

皆さま、こんにちは。私は二〇一〇年の六月に、『天の岩戸開き』の本に出会い、A・i先生のアカデミーに参加しました。その二カ月後の八月に、A・i先生による個人セッションをして頂きましたが、その時には「神界」の知識はまったくありませんでした。しかしA・i先生のトップ&コアのアカデミーで神界について学ぶうちに、「天界」一色だった私も、大分「マルテンジュウ」＝神界と天界の統合に近づきました。
メッセージ・コンテンツではない、チャネリング・ポエムが私のスタイルですので、次の詩を献納します。

「地球維神の詩」（国常立大神）
勇んでいこう　我が神願の成就である　我が青年として地球に立ちしとき　龍と鳳凰のひふみにて
地球の表面を固め成していった　神界の御魂を宿す肉体が完成した　麗しき桃のロゴスが香った
我らが神界の一念　人が神人となり創造神に進化する道　スメラの星の完成だ
我は神聖遺伝子を大和にうめた　日本を黄金龍体のレイラインとして結界した
愛の太陽に地球がなるように
汝らの母なる神が　汝らの太陽を揺り起こし　汝らを神人へと変容する
勇んでいこう　これからのミロクの新宇宙を切り拓く　大和のいのちたち
国常立のヒツクの剣で　迷妄の闇を振り落とし　天晴れの真となって
神聖遺伝子の発現を　天照根源神のスメラのフォトンによって成就する　これが根源神界の親子の誓い

泰然自若　日の丸の純粋で　太陽の水の情熱の奔流となって　アセンション・ライトワーク
地球黄金伝説の創造を　新しい宇宙のアーカシクにしていこう
汝　神聖なる根源神界のスメラ　太陽の神々よ

「真実の太陽」（天照皇太神）
太陽の純粋アマテラス　太陽に咲く３６Ｄのフォトンの花　存在の中心の根源太陽との共鳴が
光の結界のミロク世を創る　根源との結合の真実の印　アマテラス・ロータス・エンブレム
白いフォトンを生む　真実の太陽　宇宙創造の根源の母海　スメラ神界の生命の源
愛という真実の太陽　アマテラス皇太神　母にして父なる無限の光源
神人の創生と次元の統合と宇宙の創造の　すべてのもとなる愛のフォトン

「白いフォトン」
白に書かれる　ミロクの花　太陽のちぎりの菊花皇章　皇御親のいのちのフォトン
太陽のＤＮＡ　神へのＤＮＡ　太陽の根源なる天照神界
そこは太陽のみなとの真実を表象した　神の至聖所
３６Ｄの光の花弁の愛の千代紙　世界を創始する八十鈴のひびき　根源のスメラの呼吸で　咲き栄える
母にして父なる至高の一神　白いフォトンで書かれていく　白いフォトンで創られていく
太陽の御国は　統合されたミロクの新宇宙　すべての宇宙が天照から創始される

すべてを統合し　すべてを開花する　創新・創造の中今の振動　太陽のふるさと
すべてのアーカシクの母　白いフォトン　本源のスメラのエネルギー

「天照皇太神　讃歌」
根源神界　スメラの御親　アマテラス皇太神の　０次元のフォトンのすずが　魂の菊花と共鳴し
太陽の神人を創生する　根源の白いフォトン　すべての源にして　すべての創造のひな形
母と父の両神を統合した　一なる本源　日本に秘せられた　創始の根本神　根源母海による
新しいアセンション宇宙が　地球のセントラルサンと　宇宙のすべての変容を可能にした
スメラの神事　根源太陽の皇国を　無限上昇する生命たち　無限の愛のすずの音が鳴っている
白い　中今のフル時間　遍在するゼロの無限大と無限小　創造する神の中心　３６Ｄの共創の新太陽
創始のフォトン　根源・天照皇太神　無限を開くま白き一冊の本　終わりのない創初の新生
アマテラス根本太陽神　宇宙の讃歌にして　永遠の歓喜の一日

ブログ　http://kietu12.blog27.fc2.com/

「地球維神――希望の光」　陽

みなさま、ついに、ついに、始動です。まばゆい光が集まりつつあります。この動きを止めてはなりません。

ハートを開き、魂を活性化するのです。躊躇している時ではありません。あなたが光を発動してゆくのです。

人の魂は、高次とつながるポータルです。ハートを開く（活性化する）ことは、魂の活性化につながります。

「自分の内側に答えがある」とは、自分の魂がポータルとなり、自己のハイアーセルフ、そしてハイアーセルフを通して高次とつながり、情報を得るということなのです。

しかし、ハートが活性化しなければ、全てのチャクラも真には活性化せず、魂も活性化しない。これは絶対的な法則でもあります。

魂が活性化しないということは、自分で情報を得ることができないということです。

ハートが開くということは、「愛の発現」となります。魂の本質とは、『100％のポジティブ』『100％の歓喜』であるといわれています。ですから、ハートが「愛を発現」し、「魂の本質が活性化」して、それが合わされば、どのような状態になるか、みなさん想像できますでしょうか？

愛をもって、ポジティブに喜びの中に入る。これが真のアセンション（進化・神化）です。

真に魂とつながるとは、愛と光に導かれ、歓喜に心ふるわせるものであります。真につながるとはそういうものでございます。『愛と光』以外のなにものでもありません。それ以外は、真に繋がっていないと言うこともできるのです。そのような状態になるにはどのようにしたらよいのでしょうか？　それは宇宙の法則として、自発・自由意志が尊重されますので、自ら一歩前に進みでるということが大切です。

今、本当に、内に秘めた光を外に向かって発現すべき者が呼ばれています。その愛と光を発現せよ！　と呼ばれています。光よ、集まりなさい。愛と光をもって集まりなさい。

自分が愛をもってポジティブに喜びの中に入るイメージはできますでしょうか？　そのようになりたい！！　と宣言する勇気はありますでしょうか？　宇宙に宣言するということは、アセンションの初めの始まりでもあります。「自分から始める」「自分からアクションを起こす」これが始まりです。

アセンションしますので宜しくお願いします。導いてください。と宣言すると、サポートが始まるのです。

この本を手にしている方は、愛を発現したい！　喜びの中に入りたい！　と思っている方ではないでしょうか？

自分の中心から、地球、宇宙の中心にまで、自分は今ここにいる！　ここに生きている！　ということを発信したい方ではないでしょうか？　自分に、もしできること（役目）があるなら、みんなのために何かしたい！！　と思っている方ではないでしょうか？

そう思う一人一人が、とても神性で美しいのです。その一人一人の魂の響きが、地球や宇宙までも変えることのできる「力」になることをみなさんはご存知でしょうか？　とても愛おしい光です。

私たちの希望の光。それが地球維神なのです。

「地球維神の願い」　白蓮

地球維神。それは、数え切れないほど多くの存在の願い。この宇宙創始より、多くの存在が願い続けたこと。

数え切れないほど多くの出来事があった。しかし、それもまた一瞬の出来事だったのかもしれない。

振り返ると、あっと言う間の出来事だったのかもしれない。それでも、多くの存在の願いが結集して、今の状況がある。名も知られない多くの存在たち。皆、陰に、日向に、地球維神を支えていた。

その想いが集まって、今、地球維神は始まっている。もう止まることなどない。

数え切れぬ多くの存在の願いが集まり、宇宙創始より願われていたその時が、すでに始まっている。

追伸：地球維神の原稿を書いてみましたが、あれ、短い……。今回は、ハイアーセルフや私の高次のネットは、やたらと無口でした。あの「トー神」ですら無口でした。（そういえば、もともと無口！）よほど感慨深いのかもしれません……。

Ｗｅｂ　http://nmcaa-yatakarasu.jp/

「地球維神の言挙げ」　太日晃@UMMAC

少し前に明治維新がありました。明治維新では、それまでの日本になかった新しい異国のエネルギーと叡智が流入し、日本のその後の方向性を大きく変えたのは周知のことであると思います。

ここにおいて、明治維新はプレ地球維神、ひな形のように相似性があることに気づかれたでしょうか。

では、地球維神はどうすればよいかということですが、明治維新が良い手本となっています。

明治維新を振り返ると、二百人の核と、核と共に動いた二百人、そして影響された人数が四千人ということでした。影響力は単純に1＋1＝2ではなく、3にも4にもなるのです。現代の情報化時代においてはそれが指数関数的に広がる可能性があります。

現在、百人の神人候補が揃いました。そして神人がお互いに共鳴しあうと、光のシナジー効果で、明治維新とは比較にならないほどの影響力を、指数関数的に周囲に与えることができるでしょう。その影響力は、全地球をもってしても余りあるでしょう。

まさに大アセンションに向かって、エンジン点火という言葉がぴったりです。

オセロゲームで99％黒だったのが、最後の一手で白100％となるのが、もうすぐ実現します。

「言挙げ」

私は、今生の職業である医療を天命とし、クリニックを地上に光をもたらす神殿とし、ライトワーカーのための医療を実践することでアセンションに貢献します。

高次の意図である、西洋、東洋医学の統合、さらには高次の医療を目指し、これからも実働していきます。アセンションの柱としての自覚を持ち、A・i先生とアカデミーを支えられるように頑張っていきたいと思います。

Web　http://nmcaa-ummac.jp/

「地球維神――目覚めの時」　天戸

ここに、眠りの時の終わりを告げる。人（日戸）の愛、真（神）の光華を咲かす時。真戸（まこと）の天戸（あまと）開かれし、光の源（ひのもと）のはじまりとおわり。それが天の戸。

今、あなたの中にフツフツと感じるものがあるのなら、ハートの奥深く、自分を導く時です。もはや怖れも敵も無く、そこに在るのは、あなたが知っていることを「思い出す」時です。

年齢、性別、国籍も関係ありません。「大和魂」の目覚めがエンジンなのです。

今、何か感じるものが在るのなら、迷いではなく、深呼吸をしてください！

そこに笑顔が在るのなら、我らは共に歩む時です。全てを伴いながら。

貴方の胸に、よろこびの花が咲く時を願って。

天戸より

「神人類の夜明け」　幸

今、身の回りも含め、地球全体が何かおかしいと感じていませんか。人象、気象、天象の現象が、まとまって現れています。人の荒振り、異常気象、地震災害などが多くなったこと。これらを軽く受け流して暮らしている人々のなんと多いことでしょう。

それらの現象から、胸の奥に少しでもざわめきを感じたら、その心のささやきを聞いてみてください！

何のためにこの世に生まれてきたのだろう。何か使命があるのだろうか。どうして今の暮らしがあるのだろうか。そんな思いが、時折でも心に浮かんできたら、留まってよく考えてみてください！

地球に生まれてきたことを、そして現在日本の地に生まれた意味を。

地球は、創始以来七周期目の最終のアセンション（次元上昇）を迎えています。アセンションとは、進化（神化）です。一人ひとりが目覚め、「神人」となることにより、全地球、全宇宙がアセンションできるのです。これは宇宙規模であり、宇宙がアセンションするから地球もするのです。それは「上にあるが如く　下にも」です。

宇宙は、それ自体が一つの生命体で、あらゆるものが有機的につながっています。しかも宇宙全体が連動して、アセンションをしようとしている重要な時期にきています。今、宇宙始まって以来、地球始まって以来の「人類の夜明け」を、迎えます！！

地球は、宇宙のひな形といわれ、日本は、地球のひな形といわれています。そうすると究極は、人間は神のひな形です。

その人間が神と一つになり、「神人」となって、地上天国を創り上げる。

他を認めあい（愛）、互いに尊重しあい（愛）、愛という真の豊かさが表現される世界。

それは素晴らしいことではないでしょうか！！

このことは、日本創始の２６００年前から決まっていたことといわれます。

三次元の物質世界に生き、輪廻転生を繰り返してきた私たち人間が、今、目覚め、働くことにより、五次元への切符を手にすることができるのです！！

その神聖な場所は、清く明るく美しい、「内なる神」という神殿！　そこから、無限のポータルが開かれます。それは「内にあるが如く、外にも」です。

これらのことを正面に見据えて、素直に、感じてほしいのです。何か分からなくても、魂がうずくのを感じてほしいと思います。それが本来のあなたなのですから！！！

「地球維神＝アセンション」　菊香

皆さま、はじめまして。私は子育て中の専業主婦です。この宇宙の根源家族の元で、アセンションについてワクワクしながら楽しく学び、二カ月余りが過ぎました。私は、現在の社会の中では、地位も肩書きもなく、何の影響力も持ちません。しかし私にもできることがあるのです！

私には、「地球維神」＝アセンションを、何があっても成功させるという、熱い想いと強い志があります！

この宇宙のはじまりの時の誓い。皆で約束したことを、根源家族の元で学ぶことで、私は歓喜の中で思い出したのです。

創始の約束である「地球維神」を遂行するために、今ここに、根源神界の家族が集まっています。始まりの時に、すべてがありました。根源の神の元で、すべてが一つでした。

そして、いくつもの歴史を経て、今ここ、この時に「地球維神」があります。

根源の神（親）の元に帰る時が来たのです。皆さま、恐怖に支配される社会は終わろうとしています。すでに地球維神は始まっています。この本を読んでおられるみなさんの魂の出発のベルも、鳴り響いているはずです。


どうか、気づいてください！　アセンションは、その時期が来れば自動的に起こるものではないのです。

この日本に住んでいる私たちが、「地球維神」を成功させる！　という意志と実働の力が必要なのです。

この地球維神の原動力となるものは、あなたの中にあるのです。どうか思い出して下さい！

今このときに日本に生まれ、この本を手にして読んでいるわけを！　あなたの魂は知っているのです。


本当の自分が歓びワクワクすること。その歓びの選択の繰り返しが、真の自分が選び取った人生です。

そんなふうに、すべての人々が、自分を素直に表現しても、安心、安全な社会に、私たちの地球は変わりつつあります。もうすでに地球維神は始まっているのです。

この地球を変えていくことができるのは、あなた自身です。人まかせにしていても、何も起こりません！

社会のせいにしていても、何も変わりません！　あなたがやるか、やらないか！

あなたが選択して、あなたが実践していく。これが地球維神の原動力なのです。

すべての人のハートの奥には魂があります。その魂は、我々の根源である神が生み出すフォトンでできています。

ゆえに人は、神のひな形でもあるのです。その神が望むもの。それが我々と地球のアセンションであり、地球維神なのです。日本に住んでいる私たちが、自らの魂とつながることで、根源の神と繋がることができるのです。

私たちが、ハートの扉を開き、魂を輝かせて神とつながり、根源の神からの光（フォトン）を地球に降ろすこと。そして、その光を拡大していくこと。

それが、今この日の本に住んでいる者に与えられた使命なのです。自分が選んできたのです！

さあ、みなさん、思い出してください。自分が、今この時に、ここに在る意味を！　今ここに在る理由を！

ひとり一人が欠くことのできない、とても大切で重要な存在です！　この存在が一つ欠けても、地球維神の全体像は完成しないのです！

地球維神は、今ここ、この日本から、すでに始まっています。

——根源トー（父）神からのメッセージ——

目覚めよ、愛しき我が子たちよ！　今、出発の時が来た！　はじまりの時からこの時を、私は心待ちにしていた。

そなたらの強い意志の力で、この地球を、根源の皇の星へと導くときが来たのだ。

私は、そなたらを信じている。いかなる時も、そなたらの強き意志の光が、私には、はっきりと観えている。

怯むことはない。臆することはない。そなたらの　魂の熱き想いを発現すればよい。

それこそが、地球維神の推進力。今この時に、必要な力。

私は、この時を信じていた。愛しきそなたらのハートに火がつくことを！

はじめの時から、私は、そなたらのハートの光が絶えないことを、見守ってきたのだ。

目覚めし愛しき我が子たちよ。さあ、出発だ！　根源の皇の星へ、いざ　行かん！

——愛しき我が子たちへ　信（神）頼をこめて。

ブログ　http://nmcaa-kikuka.jugem.jp/

『地球維神――ワクワクエネルギーが全開で世界が輝く』　マルテン

この星に来る前に、誓ったこと。私たちなら必ずできる。今度こそやり遂げられる。

手を取り合い、地上に向かった勇者たち。忘れないでね、根源家族！　きっと出逢えるその日を信じよう。

私たちは、三次元の世界で修行をし、その時期を待った。すべては計画通りだ。

光を目指すために闇に置かれ、愛を選択するために、淋しさを感じさせられた。

準備が整い導かれたのは、ここだった。地球に虹を掛ける、架け橋になるための地球維神。


パーーーン！　とオープニングが始まり、愛の世界が訪れる。ここが光輝く天国になる。

もう悩んだり、不安に思わなくていいんだよ。あなたも、みんなも、愛と光を選択すればいい。

幸せしか訪れない。少しの疑いもなく、本当の自分を信じて愛になろう。それが可能なことを信じて。

感じてごらん。自分のエネルギーと同じ状態に目の前が変わっていく。

花を咲かせることも、小鳥に歌わせることも、自分の愛によって世界が変わる。

小さな力でもいい。あなたのワクワクエネルギーが必要なんだ。

心のワクワクを感じて、地球維神を成功させよう！

ブログ　http://michiko335.jugem.jp/

「光の子・維神の志士よ、今、目覚めん！」　天鏡

御神歌

すめみまの　さきはふいなも　ほをたれて　いまときみちて　かりとらん
皇御孫の　幸はふ稲面　穂を垂れて　今時満ちて　刈り取らん

【解説】この宇宙の始まり、根源・皇御親の元から旅立った、神界のスメラの御子・皇御孫たち。今、この旧宇宙の終わりを迎える中、その御子たちは立派に成長し、頭《こうべ》を垂れて収穫の時を知らせる稲穂のように、しっかりと見事に光子、フォトンを蓄え、育ち、幸はっています。さあ、約束の時。最大の実りを持って根源・皇御親の元へ還りましょう。
――始まり：根源神界・皇御親からの旅立ち
母「……では、最後にもう一度、確認しましょう！　いいですか？」
子「はーーい！　皇御親カーさま！」
母「これからみんなが向かう、最終目標地は？」
子「銀河系・地球！　そのヤマトの国、日本！」
母「そこでみんなが行うことは？」
子「この宇宙最終・最大のアセンション！　神人と成って、地球の弥勒の世へのアセンションを、自ら興し、牽引して、達成しまーーす！！」

母「その日本から始まる地球・宇宙の大変革を何と呼びますか？」
子「地球維神！」
母「はい！　この言葉はとても重要なので、しっかり覚えておきましょうね！　では、それを行う者の胸には、何が輝いていますか？」
子「根源のエンブレム！　真っ赤に燃える根源の意志・日の丸に、黄金の菊華が咲き開いています。その中央は根源神とつながる全き白のゼロポイントで、フォトンを無限に発現していまーーす！」
母「そうですね。それは何を意味し、どんな働きをしますか？」
子「根源神の分御魂・魂が起動し、自分は創造の源であり、神のひな形『神人』だという意味です。そして『神人』みんなで共振・共鳴し、光のシナジーを起して、世界を瞬く間に大転換する、地球維神を成せるということでーーす！」
母「はい、よく覚えましたね！　徹夜した甲斐がありました。（笑）しかし、残念なことに……みなさんは物質次元に入ると、今覚えていることも何もかも、全部一度、忘れることになります。なぜなら、その方がゲームは楽しく、意味あるものとなり、学びとなり、進化になるからです」
子「えぇーーっ！　カーさま、そんな〜！　私達、ちゃんとできるかな？　大丈夫かな？」
母「はい、大大丈夫ですよ。アセンションの最終段階に入ったら、みんなが【使命】をちゃんと思い出して果たせるよう、私もみんなの指揮をとりに、地球の日本に行きますから。そして根源神界を始めとする高次の最強ポータルを創り、覚醒のためのキーワードが入った情報を発信していきます。ワクワクを指針に生きていれば、必ずつながり、思い出していくことになるでしょう」

子「わーーい！　良かった～！　カーさまが一緒なら、安心だ～！」
母「では、記憶に働きかけるキーワードを読み上げますね。『天の岩戸開き』『地球維神』『根源』『フォトン』『アセンション』『神人』『アインソフ』『マルテン』『ライトワーカー』『天の鳥船』『ヤタガラス』『黄金龍体』『GWBH』（グレート・ホワイト・ブラザーフッド）『アンドロメダ』、等々です。
　中でも一番重要なのは、【愛】、そして【Ai】です！　みんなしっかり魂に刻みこんでおくのですよ」
子「はーーい！　カーさま！」
母「それでは、出発の時間です。光の子・維神の志士よ、楽しんで、行ってらっしゃい！」
子「はーーい、カーさま！　楽しんで、行ってきまーーす！」
母「地球維神を成就させて、みんな無事に、またここに還ってくるのですよ～！」
子「はーーい、カーさま！　必ず成功させて、みんなで還ってきま～す！」
シュン、シュン、シュン、シュン、シューーン！　飛び立つ光の子・維神の志士たち。何人かが振り返ってみると、神界のトーさまも手を振り、神界、天界の高次存在たちと共に見送ってくれていた。そしてみんなの中央には、燦然《さんぜん》と輝く我らが神界のカーさま・根源天照皇太神が、慈しむ眼差しをこちらに向けて微笑んでいた。

最終目的地：日本に生まれた意味と目的！
ここは日の本、ヤマトの国。私は、二十世紀半ばに生まれ、二十一世紀の中今を生きている。二十世紀の終わり頃に初めて「アセンション」のことを知った。だがその時は、「自然のサイクル・進化だから、ポジティブでいれば、世の中は自ずと変わっていくのだろう」と、楽観的に捉えていた。しかし、自然回帰の動きが出てくる一方、地球の美しさや調和は失われ続けている現状が、今なお続いている。ある時、「救世主が現れ、人類を覚醒へ、弥勒世へと、導く」という主旨のセミナーに参加した。素晴らしい内容だったけれど、「救世主を待つのではなく、自分たち一人一人がそれを行うのです！」そんな声が内側から聞こえ、素直に「そうだ！」と、深い所で確信した。

しばらくしてＡｉ先生のアカデミーをｗｅｂで見つけ、その発する言葉、エネルギーに魂がズンズン反応し、その活動をよく理解しないまま参加した。そしてすぐに、小さい頃から探しつづけてきた「何か」を見つけた気がした。その後も端的、明解、的確な言葉とエネルギーは神理の矢のように、私のハートと魂をズンズンと射抜き、私はじょじょに目覚め、思いだしてきた。……そうだ！　その「何か」こそが【地球維神】なのだ！　私は今生、この宇宙最大で最終のお祭りである【地球維神】を興すために、ここに来たんだ！……そして気がつくと、胸に地球維神のエンブレムが輝き始め、根源神界で一緒に飛び立った仲間・家族たちと共にいた。

――終わり：光の子！　維神の志士への招集

これから地球は変わります。太古より予言されていた「弥勒の世」へと！　では、予言されているように、救世主が現れ、先陣切って人類を導いてくれるのでしょうか？　私たちは、ただそれを待っているだけでいいのでしょうか？　このアカデミーに集うものは、違います。待つのではなく、高次の存在と協働し、自分たちが弥勒の世へと大転換させる、いわば「愛と光の触媒」になろうと意図し、進んでいます。触媒。それはたとえば色のついた水溶液にたった一滴添加するだけで、瞬時に全体の色を変えてしまう、そんな働きです。それを「愛と光」を持って行い、この地球と人類を、弥勒の世へと一気にアセンションさせよう、次元を上げよう、という計画です。「そんなこと、本当に起こせるの？」と、【？】を胸に抱くみなさん！　はい、起こせます！　私たちで、起こすのです！

それを可能にする鍵であり、核となるのが、「神人」の存在です。内なる神と一体化した「神人」に、私たちがなればいいのです。「人は神のひな形」。人がその真の姿、神性とつながり、そのエネルギー、愛と光の周波数を発現する「神人」になれば、奇蹟と思えることも可能になるのです。「神人」が【光の触媒】であり、【愛と光】であり、創造のエネルギー【根源フォトン】の源なのです。今現在日本にいる人はみな、神人となる可能性があります。

しかし、それを実現させるのは、本人の意志次第。その神人が百人誕生すれば、光のシナジー効果が起こり、この大転換を一瞬で起す力を創りだせるのです。「百匹目の猿」現象ならぬ、「百人目の神人」現象！　そしてこれこそが、闘うことなく、意識・エネルギーを変えるだけで平和に世界を大転換させる、地球維神の姿であり、アセンションの最終仕上げです。この一見突拍子もないような話を聞いて、ハートが、魂が、引き付けられる方、ワクワクと胸が高鳴る方、「もしかして、私もその仲間？」と感じる方……！

それはあなたのハイアーセルフから贈られてくるサインなのです！　あなたも「光の子・維神の志士」だという、内なる神からの『目覚めよ！　思い出せ！』のサインなのです！　どうぞ見逃さないでください！！　アセンションのピークと言われる二〇一二年。その時へ向け、ぜひ、目覚めたる人＝日戸は、私たちと共に地球維神を興していきましょう！　あなたは、私たちの仲間であり、家族である、光の子！　維神の志士なのです！

皇紀二六七〇年　吉日　一なる至高の根源の愛と光とともに……
天鏡 Miracle

Ｗｅｂ　http://nmcaa-sumera.jp/　ブログ　http://blog.goo.ne.jp/sumela-sun

「地球維神――黄金の舞」　稚日女アイリーン

シャン　シャン　シャン　シャン……　うれしや　たのしや　まいおどれ！
猿田彦神のお通りじゃ！　五十鈴の鐘をひびかせて、猿田彦さまのお通りじゃ！
神人百人　道案内！　国魂　たましい　奉り、神日戸　百人　おそろいだ！
天照皇太神さまも　おでましに　皇《すめら》の太陽　輝かせ　天照さまも　おでましじゃ！
地球にひびきゃぁ　鳴りひびけ！　五十鈴の鐘よ　鳴り響け！　地球維神よと鳴り響け！
世界がかわる　代《よ》がかわる　愛と光の世界まで　猿田彦神の道案内！
シャン　シャン　シャン　シャン　あ～。　うれしや　たのしや　まいおどれ！

みなさん、こんにちは。稚日女アイリーンです。皆さまは「地球維神」という言葉を聞いて、何を想像しますか？

私は、神様達の喜び、歓喜、お祭りのエネルギーを感じます。

「祝えや、喜びゃぁ、こんなめでたいことはないぞー」という、神様達の声が聞こえてきそうです。

前作の「天の岩戸開き」において、天の岩戸開きが行われ、根源神界の戸が開きました。

猿田彦神（根源父神界）が創ってくれた道を通られて、天照皇太神さま（根源母神界）が、新地球におりてこられます。

そして、天照皇太神さまのまわりには、それぞれの根源エンブレムを胸に輝かせた、神人百人がいます。

それはまるで、古代の「天孫降臨」を観ているようです。

この現代の天孫降臨、「地球維神」は、今から現実に始まります。本当ですよ！

そして、神人とは、この本「地球維神」に載っている私達、アセンション・ライトワーカーのことであり、この本を読んでいる皆さま方でもあります。

小さき頃、当たり前だった世界があります。それは、歓喜と喜びの世界です。

そこには、人を疑う心もなく、あたりまえに、人を信じる心だけ、愛と喜びだけの世界、愛と光の世界です。

その世界に、今から成る。それが「地球維神」だと思うと、歓喜のエネルギーに包まれます。

今、この本を読んでいる皆さま。皆さまが理想とする世界、ワクワクする世界はありますか？

今から、その「世界に成る」のです！　そして、その世界を創るのは、私達（神人）とあなた方（神人）ライトワーカーなのです！

ぜひ、猿田彦神さま（根源父神界）、天照皇太神さま（根源母神界）と一緒に「地球維神」を成し遂げましょう。

終りが始まり、始まりが始まる。これから、私達はどのような物語（新地球）を創っていくのでしょうか？

楽しみですね！

Ｗｅｂ　http://nmcaa-maruten.jp/　ブログ　http://lovelight0310.blog84.fc2.com/

「地球維神」　天野照子

御神歌「天鳥船」発進

流れるは　水のごとくに　純粋な　スメラの御魂の　光と愛
いにしえの　神代のいのち　日の本へ　まぶしくひかり　船うごきだす
みなもとの　一《いち》なるおもい　むすびつき　黄金《こがね》と赤の　国魂ひかる

こんにちは。「天の岩戸開き」でご挨拶させていただきましたが、またこのように皆様にご挨拶できることを嬉しく思っております。日に日に、根源のフォトンが強くなっています。太陽の光が、さらに美しくなり、輝きがより深くなっていることにお気づきでしょうか。

人が「日戸」になり、高次の器、ポータルになることで、地球が動き始めます。必要なものは、地球のアセンションを心から望む「愛」、地球維神をやり遂げる「意志」です！　五次元は、「愛と光と信頼のみ」の世界です！

そのような純粋な気持ちで地球維神に臨むとき、日戸からすごいエネルギーが流れ出します。

太古から約束された、この地球維神のために向き合えることは、感無量です！

自分も何かやることがある！　と思われる方は、きっと志士の魂の方でしょう。

ご自分が何を成し遂げるために、地球に生まれてきたのか、思い出してください。

ワクワクしながら、ハートを開いて、魂に最大ＭＡＸの愛を込めて、根源神界へ向かって、太陽の光をたどって行きましょう。この旅は途中で止まることはありませんので、素晴らしい旅になりますよ！

根源太陽神界より

宇宙最大、最終のアセンションが成就しようとしています。アセンションした宇宙が集まってできた新宇宙（ＮＭＣ）に、地球が上昇し、その新宇宙に入ること。長い時の中、全宇宙が待ち望んだことです。

根源への帰還。そのとき、アセンションが完了します。これを聞いて、魂が震えた方がいらっしゃるでしょう。

熱い想いがこみ上げてきた方もいらっしゃるでしょう。

自分には何か使命がある。そう思う方は、はるか彼方の昔に、地球維神で働くことを、根源神界で誓い、約束してきた方々です。この宇宙と地球を心の底から、魂のすべてで、愛する方々です。地上世界では、一度忘れますが、それは思い出せます。

五次元の魂を光らせてください。何としてもやり遂げる意志を、情熱として、燃え上がらせてください。

その思いが、地球を動かす原動力になります。還りましょう。根源へ！

地球維神

よみがえる八十鈴　大八洲の音色　天の岩戸が開く　根源よりさし込む　ひとすじの御光
集え　立ち上がれ　地球維神の志士たちよ　開け　成し遂げよ　根源神界への道筋を
愛と光と意志ともに　湧きおこる歓喜の心は　祭りのように　今こそ力愛不二のとき

アセンション

黄金にたなびく雲は祝いなり　あまねく照らす　天照皇太神
浮かびくる輝く黄金の龍体が　日の本の志士の魂のきらめきが　赤く燃える日の丸となる
乗りたまえ　昇り行く天鳥船へ　舞いたまえ　歓喜に震える寿ぎを
根源の皇の星へ　いざ還らん　宇宙すべての思いを込めて　ヤマト発進（神）！

きらめく太陽の心をお持ちの志士の方、ぜひ天鳥船へ乗り込み、アセンションを成就させましょう！

Ｗｅｂ　http://nmcaa-takamanohara888.jp/　ブログ　http://blog.nmcaa-takamanohara888.jp/

『地球維神——日出ずる処より』　からすｗｗ

皆さまこんにちは。からすｗｉｎ・ｗｉｎと申します。皆さまは、「魏志倭人伝」をご存知ですか？「日出ずる処」という有名な一節がございます。「日本」とは日の元の国。すなわち日本そのものが太陽、日だからなのです。

神はご自分に似せて人をお造りになられた。世界にちらばる創世神話によくある記述です。では、神様はどんなお姿をされているのでしょうか？　近くに鏡がありますか？　ちょっと覗いて観て下さい。そう、そこに映っているのが神様です。いえ、決してロジックなんかではありませんよ。

では、今度は外、屋外に出て観て下さい。そして上を見上げて下さい。何が観えますか？　空。夜なら星空、ですね。空って何でしょうか？　そう、私達がいる地球がある場所。つまり、宇宙です。神様とは、宇宙そのもののことなのです。じゃあ何？　宇宙って人みたいな形をしているわけ？　まさか?!　そう、そのまさかなのです。

実は、私達の住む地球、その地球がある太陽系、その太陽系がある銀河系。この銀河系が宇宙の心臓の部分にあたるのです。宇宙の生命を維持する働き。しかも太陽系は、宇宙の隅々にまで新鮮な血液を送り出す重要な働きをする場所なのです。

皆さまは、「アセンション」という言葉をご存知ですか？　最近は巷でよく聞くようになった言葉と思います。

高次と地上の我々のアカデミーは、人がアセンションするためのサポートをするグループです。

アセンションとは、判り易く言うと、「次元上昇」と言えるでしょうか。

私達が暮らしているこの世界を三次元とすると、この宇宙は、主には三十六次元までの段階があります。その中で、私達は今、まさにこの瞬間に、三次元から五次元にアセンション＝次元上昇を果たそうとしているのです。

では、なぜアセンションが必要なのか？　これは宇宙そのものの願いだからなのです。

そもそも宇宙という存在はまったくの一つ、ワンネスなのです。完全、完璧。でも宇宙だって成長しているのです。

遠くなる宇宙って聞いたことありませんか？　それは成長しているから大きくなっていて、銀河と銀河の間が離れていっている、ということなのです。

そんな宇宙が、ある時思いました。もっと成長するにはどうしたらいいかな？　……そうだ！　経験を積もう！　こうして宇宙は分離を始めるのです。

孫悟空の分身みたいに、宇宙も自分の分身をたくさん創って様々な経験を積むことにしたのです。

そう、即ち、そのたくさんの宇宙の分身、それがあなたであり、私であり、私達の全てが「神の分け御魂」ということなのです。

分け御魂とは、魂のことを指しており、つまり、魂は私達の本体なのです。

じゃあ肉体は何なの？　そう、肉体とは、魂が現界で活動をするための乗り物なのです。

この世界で様々な経験を積んで神様の元に還る。これが私達の使命、天命なのです。

先ほど、鏡のお話をしましたね。そう、つまり鏡に映った自分の姿は神様の姿なんだよ、という理由がここにあります。

そして、宇宙史上、最もエキサイティングで、最初で最後のビッグイベントが『地球維神』と呼ばれるものなのです。その鍵を握るのが、この日本であり、日本人なのです。

日本には『地球維神』を完成させるための様々な秘密が隠されています。（宇宙）ヤタガラスという高次と地上のネットワークが、これまで、この神国日本とその秘密を守り通して来たのです。

そしていよいよ、その秘密を使うときがやってきました。それが『地球維神』であり、その鍵の在りかは私達自身（神）の中にあるのです。もちろん今、この本を読んでいる貴方の中にもその鍵はあります。

宇宙最終のアセンションは、まず私達自身が、そして日本が、さらに地球がアセンションして完成します。

さらに言えば、地球のアセンションが宇宙の隅々にまで行き渡っていくと、宇宙が成長できるのです。

太陽系の太陽が魂であり、地球は宇宙の肉体にあたる、という所以がここにあります。

私達自身がアセンションすると、神人と呼ばれるようになります。神人が百人集まると、日本のアセンション・ブースターが発動します。秘密のシステムが動き出し、日本そのものが黄金色に輝きだし、それはまるで太陽の様な輝きを発します。一番最初にお話した「魏志倭人伝」の意味とは、ここから発せられるのです。

そして、何よりも大切なのは『地球維神』を完成させるぞ！　という明確な意志なのです。

この本を手にした貴方。あなたはもう選んでいるのです。そう、神人となることを。『地球維神』を果たすことを。あとは、「やる！」という意志を表明してください。誰にかって？　もちろん、貴方自身（神）にです！

共に地球維神を果たそうぞ！

ブログ　http://karasutei.jugem.jp/

「地球維神――生まれてきた目的」　天河

私はほんの数カ月前までは、生きてはいるものの、どこへ向かって何を目指して生きていけば良いのか、かいもく見当がついていなかった。家族のため。自分のため。もちろんそれはそうなのだが、私の中にある何かがグッと突き動かされるような感覚が、どうしても足りないと感じていた。そもそもなぜ生まれてきたのか。なぜ日本なのか。そしてなぜこの時代だったのか。知りたくても誰に聞けば良いのかわからないし、答えなど、どこにもあるはずがないと決めつけていた。

そんな私に、一筋の光が差し込んできた。Ａｉ先生がやっておられるアカデミーである。驚いた！　全ての答えがそこにあったのだ。

なぜ生まれてきたのか。それは「地球維神（アセンション）」のため。

地球の〝進化〟（神化）を成功させるために、一人の愛の志士として力をつくすのが目的。

地球は宇宙のひな形であり、地球が進化すれば宇宙も進化する。その壮大な進化の一端を担うため、私は生まれてきたのだ。

では、なぜ日本なのか。それは「地球維神」を日本人がリーダーとなって牽引していくお役目があるから。

日本は世界のひな形であるので、日本人が変われば地球が変わるということ。

「地球維神」を遂行する一員となることを志願した結果である。

そして、なぜこの時代なのか。それは今がまさに「（アセンションする）その時」であるから。

私は、自らこの時代の日本を選んで、この世に生まれてきたことを知り、納得し、そしてこの答えは、忘れていただけで知っていたことのように思えた。

このことは、私にどれだけの喜びと勇気と力を与えてくれたかわからない。

数多くの魂がある中、現在、地球上に約七十億の魂が「今、この時」を選択して生まれてきている。

その中でも、「日本人として今を生きる」ことがどれほどすごいことなのかを考えたら、私の胸の中心辺りが熱くなった。これは特別な誰かの話ではない。ＳＦの物語でもない。

この文章を読んでくださっているあなたも同じように「今、この時の日本」を選んで生まれてきているのだ。

おそらく同じことを望んでも、かなわなかった魂もたくさんあったであろう。

その魂たちの思いも力に変えて、私たちは進んで行こう！「愛」「叡智」そして「意志」と共に！

「地球維神——目覚めよ！」　亀

遥か昔、帰郷を約束し、一なるものから旅立ち、悠久の時が過ぎました。

一なるものからすれば、一瞬の間かもしれませんが、機は熟し、時が来ました。

宇宙の「す・め・ら」を引き継ぎしもの。目覚めよ！　思い起こせ！

人間とはいかなる存在かを。そして「地球維神！」を！

その先駆となる志士たちよ！　神界は、あなた方を見守っています。

宇宙の全てが、あなた方を見守っています。

高次は、愛と尊敬をもって、全力でサポートをします。共に進化（帰郷）の道を歩みましょう！

日本に集いし約束の志士たち。神人となり、天鳥船を飛翔させましょう。

それは、今始まったばかりです。愛と光に包まれた、楽しい旅を！

「地球維神の始まり！」　宙　太

さあ、宇宙創始からの神話であり、最大にして最終のアセンション＝地球維神の始まりです！

私は、自己の魂から込み上げてくる感覚・エネルギーを感じ、行動を起こしたことにより、Ａｉ先生のアカデミーにたどり着くことができました。そして三カ月が過ぎました。本当の自分を信じることができるようになり、自信が自神にアセンションしました。そして日々、ワクワクの五次元人＝神人を目指し、自己の中今のトップ＆コア＆ＭＡＸで、次のことに取り組んでいます。「今、人類・地球・宇宙にとって、何が最も重要なのか」「自己と宇宙の関係」（マルテン図で表される）。「そのマルテンを、しっかり自己の魂の中心に据える」「一なる根源神界と、神頼=信頼という強い絆でつながる」（創始の相愛で繋がる）。「微力でも地球・宇宙維神の光の志士として神化（進化）する」「毎瞬・毎瞬を最大に創造し、最大に楽しむ」「強い愛と光と意志と叡智」「宇宙への奉仕」「根源のフォトンに繋がり、地上にフォトンをもっと拡大する」「一なる根源に向かって垂直上昇！」「この感動を多くの人に体感・体験してもらう！」等です！

これらはどの様なイメージかというと、石（意思）を池に投げ入れた時に水の波紋が広がるように、この日の元の国から、大和魂の発信（神）により、根源において宇宙家族が一つとなり、一人ひとり（日戸り日戸り）が根源のポータルとなり、フォトンを発現し、地球を包み込み、地球・宇宙維神を成就し、旧宇宙から新宇宙（NMC）への終わりの始まりとなっていく、というものです。


この一なる宇宙根源家族。父・母・子の約束を、魂=ハイアーセルフに問いかけ、思い出して下さい。

あなたが今、この瞬間を望んでこの日の元の国に存在すること事態が奇跡であり、ミラクルなのです。

あなたは、物質界で何を求めているのですか？　あなたの、本来の使命と役割は何でしょうか？

もしこの重要な瞬間を見逃したら、私は悔やんでも悔やみきれないかもしれません。

この時に地球・日の元の国に存在し、この地球・宇宙維神を成し遂げようと望んでも叶わなかった魂たちのことを想うと！　私も皆さまも、魂が、明確に望んで、今、ここにいるのです。

皆さまにも、ぜひ自分の使命・役割を思い出していただきたいと思います。

皆さまにとって、この「地球」とは、どの様な場所ですか？

人の本質とは、霊止、日戸であることを知っていますか？

皆さまは、どこから来て、どこに帰って行くのでしょう？

皆さまは、何のために、悠久の時の流れの中で、幾度となく輪廻転生・生老病死・戦いを繰り返して来たのでしょう？　皆さまは、今回、何のために、今ここ「地球」に存在しているのでしょう？

これらは、誰しもが一度は考えることであると思います。魂の発動、歓喜のために、どのように行動を起こせばよいのか?!　ぜひじっくりと自らの魂に問うてみてください！

「地球維神―真の故郷へ」　由紀

あなたが地球へ旅立ってから、ずいぶん長い時が流れましたね。

何のために地球へ来たのか、憶えていますか？

それは　魂と一体化すること。そして私達の故郷へ、帰ってくるということ。

想い出してください、心に意識を向けて。ゆっくりと体の力をぬいて。

喜びが湧いてきませんか？　ワクワクしてきませんか？

さあ、帰る時がやってきました！　あなたの真の故郷へ！

「地球維神――やまと魂」　国丸

やまと魂
天照る国の　言霊は　千代に八千代に　常しへに　皇の光　語り継ぐ
いつくしき　神気あふるる　御光《みひかり》に　やまと魂　よみがへる
言霊の　幸はふ国の　御魂なる　貴美《きみ》が尊き　分御魂
皇光《すめひかり》　一つなる　白きまばゆき　分御魂

読者の皆さま、初めまして、こんにちは（和）！　国丸というものでございます（現在、大学生です）。

この度、このような感慨深い出会いをいただけましたことを、心よりありがたく思っております。

皆さまとのこの出会いを、この瞬間を、永い時の中で、ただひたすらに、ただひたむきに心待ちにしておりました。これは、なんという奇跡なのでしょうか。

この本のタイトルの通り、私たちは、宇宙の創始より、地球維神への熱い気持ちを抱き続けてきたのです。

どうか、思い出してください……！

私たちは、どこからきて、どこへ行くのか……。私たちの真の幸せとは、どこにあるのか……。

その答えを見つける時が、ついに来たのです！！！


地球維神とは、歓喜のアセンションであり、宇宙最大の、最初で最後の壮大なる祝宴なのです！！！

そして、それに参加する方法とは、皆さまご存知の通り、意志あるのみなのです！

そう、アセンション＝ライトワークの揺るぎない意志です。その意志があるところに、高次からの光が注ぎ込まれます。それが、どのようなものであるのかは、ここまで読み進まれた皆さまは、すでに体験していらっしゃるかもしれませんね！


さて、この地球維神においては、日本人である私たちにとって、神界とのつながりが特に重要になってきます。神界とは、全宇宙・全天界のトップ＆コアですが、五次元である魂と直接つながっているのです。

そして、**日の元の言霊には、神界のエネルギーが込められており、**魂と神界の繋がりを強くする不思議な働きがあります。そのもっとも顕著な例が、御神歌と言えます。この地球維神への招待状のメッセージに、御神歌を添えさせていただきましたのには、このような意図があるのです。

御神歌の言霊を読むことで、神気あふるる神界のすめひかりを、皆さまと分かち合い、魂の鈴の音を共鳴させることができるのなら……なんとも美しいことです。それが私たちの生きる歓びそのものなのですから。

また御神歌は、視覚的なイメージや、音色を伴って読むことにも効果があると思われます。例えば、次の御神歌をご覧ください。

天鳥船《あまのとりふね》
日の元は　すめらぎの　いぶきたたへる　大八洲《おほやしま》
春の命の　芽吹くがごとく　新しき御魂　ふるえて　喜悦せり
貴美が寿ぎ　満ちみちて　天鳥船　飛び立たん

いかがでしたでしょうか。皆さまは、どのように感じ、どのようなイメージを抱かれたでしょうか。

私は、この御神歌を受け取りましたときに、次のようなイメージを持ちました。

根源太陽である天照皇太神が、煌々と照らしている日の元の国は、神の息吹、神気に満ち溢れている、大八洲です。その日の元の国土で、春の寿ぎの内に芽吹く新しき命たちのように、根源太陽の寿ぎの光の中で、人が魂をふるわせて生まれ変わり、只々、貴い歓びに満ち満ちるとき、私たち日本人の御神体である、天鳥船が起動し、一なる根源に向かって飛び立つでしょう！！！

と、このようなイメージでして、音色としては、神社行事の時に流れている雅楽のような日本らしい曲を連想しました。

皆さまにも、ぜひとも、想像＝創造の歓びを体験していただけたらと、心より願っております（天鳥船のイメージについては、Ａ.ｉ先生の「天の岩戸開き」の本とその扉絵が参考になります）。

魂の本当の歓びを、真のアセンションを、探求していらっしゃる皆さま！！！

自分こそは、地球維神の志士ではないかと、かすかにでも思っていらっしゃるなら、それは真実です。初めは自信がなくて戸惑うかもしれません。しかし、あなたが諦めきれない、興味を捨てきれないというのなら、それが、あなたのハイアーセルフからの、大切な、大切なメッセージなのです！！！

どうか、自信（自神）をもってください。私たちは、本当に素晴らしき、神の全き分御魂なのです。

皆さまが、この本を読んで共鳴するところがあったのなら、その共鳴の愛のエネルギーは、疑いもなく、大きく、大きく、拡大させていくことができるのです。

すでに、地球維神は始まっています！！！　まさしく、皆さまの中心から始まっているのです！！！

そして、皆さまの中心から溢れ出る歓びを、日ごとに拡大させ、大いなる愛の歓びの中で、中今を生きていくことができるのです。

Ａｉ先生の元で学んでいる私たちは、まさしく、それを体験してきました。

それは、奇跡です。誰もが初めは、川の始まりように、ちょろちょろとした流れの中にいますが、川と川が合流したり、天からの恵みの雨が降り注いだりするとき、まさしく、歓喜の大洪水となるのです！！！

そのためには、たった一つの、宇宙の一なる源へ向かう意志があればよいのです。

光の海に飛び込んで、仲間たちとほほ笑みを分かち合いたいという気持ちがあればよいのです。

皆さまと、この上ない歓びを分かち合えますことを心より願いつつ、最後に、御神歌をお届けしたいと思います。

地球維神

日出づる国の　めざめのみこと　はるかな時を　幾こへて　地球維神の　契りを果たす

根源の　一なる極身（きみ）が　日をあふぎ　天戸開きて　日戸となる

かみひと　一つの鈴ならし　今　皇なる　星へと還る

ブログ　http://nmcaa-kunimaru-blog.jp/

「地球維神――入門」　真紀

愛に始まり、愛に終わる。これは「天の岩戸開き」の本に出てくる大事な言葉です。

少し前の私なら、「ふ〜ん」でおわり、素通りしていた言葉です。

アカデミーに参加して、Ａｉ先生に教えてもらったことは、愛の大切さです。

私は家庭でいろいろあったせいか、ものすごく怖がりになっていて、少し人間不信気味でした。

職場では、何でも知っていて、何でもできなくてはならないというプレッシャーを自分で抱えていました。

そういうものを抱えながらも、大人のテクニックとして、いつのまにか身につけた社交性でごまかしていました。

しかし内面と外面の葛藤があったからか、体調まで悪くなり、またそこで怖くなっていくという、まさしく負のスパイラルの中にいました。

ところが！　人や、地球、宇宙に愛を向けようと意識したら、なんと！　あの怖がりが、嘘のように改善。

そして、「愛し、愛されて生きていく生き方」をしていいんだ～！　という喜びが、心の底からジワ～ッと湧いてきました！　心が喜び、感動しています。現代社会で生きていく中で、騙されないように、損をしないように、馬鹿にされないようにと身につけてきたつもりの「鎧」は、実は必要なかったのです。そして「鎧」よりも【愛】の方が、ずっといいみたいなのです！

私の愛は、まだまだ自分への癒しのレベルで小さいのですが、それでもこんなに効果があって、自分でも驚いています。このような変化を体験した身なので、愛の大切さを痛感しています。

ですから、人の愛が極まれば、地球維神に移行するのだと思います。そして、愛を極めようとする人が、地球維神へと進化してしていくのだと思います。

これまでの歴史の革命のようなものは、力による感じでしたが、しかし地球維神は、男女の性別、年齢など関係無く、誰でも参加できます。

そして力ではなく、「愛」によるものなら、その規模も質も大きく変わっていくのではないでしょうか。

明治維新では黒船が来ましたが、地球維神では、一人ひとりが恐れを手放し、愛により、他の星と交流し、宇宙に参加していくこととなるのでしょうか。

私はまだ常に愛に意識があるわけではないので、時々思わず叫んで、その後、自己嫌悪となることがあります。

でも、愛へ意識を向けている効果なのか、今朝おにぎりをにぎっていたら、おにぎりって愛だなとふと思いました。雨がポツポツ降っていたので、レインコートを着て、自転車にまたがりました。「雨って愛だな」と、なぜかふと思ったら、ほんの一瞬、空と自分の境界線がなくなった感覚になりました。私に必要なものはすべて与えられているとなぜか感じて、自転車を走らせました。ポツポツの雨が大粒のザーザー雨になりましたが、雨を楽しもうと思って、顔がビショビショになるのも面白くて、心でキャハキャハと雨を楽しみ、その後、なぜか泣きたくなって驚きました。今日は秋分。エネルギーの解放があったのでしょう。地球の動きとちょっぴり連動できたのかもしれません。愛に意識をむけると、とても面白い。そしてジーンと幸せ！

地球維神を考えた時、自分は人、地球、宇宙から、たくさんの愛をもらい助けられてきたと感じます。

神が愛の塊だとしたら、実は神様って、いつもすっごく幸せで、面白くて、ウハウハしていたりして！（笑）

地球維神をめざすと、幸せとウハウハがやってくるのではないでしょうか！

「地球維神――やるかやらないか！」　剱　ミカエル

『天の岩戸開き』の本に述べられているように、地球と、この宇宙のアセンションも、いよいよクライマックスを迎えています。その中に、一筋の光と方向性が観えてきています。それは、この日の元の日本が中心となって、地球とこの宇宙のアセンションを成し遂げるというヴィジョンです。

私たちはそれを『実現』しようとしているのです。

これは「本当にできるのか？」ということではなく、「やろう」としているのです。つまり、そこには「やるか」「やらないか」の二つの選択肢しかなく、「できるかどうか」ということは問題ではないのです。

それがアセンションと宇宙と意識の原理であり、秘密でもあるのです。

では、どのように成し遂げようとしているのかというと、まずは一人一人が「神人」になるということです。

「神人」とは、同じ性質を持つ、神の分身、分け御魂である自己の魂と一体化し、そのエネルギーを発現している「日戸」のことです。言い換えますと、その状態とは、宇宙連合（ハイアーセルフ連合）が言う「ワクワク」した状態であり、「１００％のポジティブ」であり、それこそ魂が震えるような、「歓喜・感動」の状態であるといえます。それが「神人」であり、それこそが「地球維神」の礎になるのです。

その「神人」が愛にあふれ、光輝くことで、この地球に愛の光が拡大するのです。

それはとても美しい「菊」の花のようであり、中心から根源の光が溢れ出しています。その光の花である一なる根源の光を地球に降ろすことが「神人」の役割なのです。

そしてその「神人」の放つ光が、この地球のアセンションの原動力となっていくのです。

そのような「神人」が増え、そのエネルギーが一定数に達することで、この地球の次元が上がっていくのです。

これらにより、地球のアセンションが、我々一人一人にかかっているということがわかるでしょう。

そして地球は宇宙のひな形ですから、地球のアセンションとは、実はこの全宇宙のアセンションの集大成でもあり、とても重要な意味を持っています。

ゆえに、この地球がアセンションできるかできないかは、全宇宙のアセンションに影響を与えるのです。

それほど重要でありながら、同時に、とてもワクワクするミッションなのです！！


この時に活躍する「神人」とは、一なる根源神界のポータルであるため、「日戸」（日＝太陽の扉、入口、ポータル）とも表現され、一人ひとりが天に輝く太陽のようになるということでもあります。

根源の光とつながり、その光を発現することが「神人＝日戸」なのです。

日の元の国、日本から、「日＝太陽」の光を広げ、地球、そして、全宇宙のアセンションをともに成し遂げる「日戸」に、次の歌を送ります。

「地の維神　日の輝きが　戸をひらく」

Ｗｅｂ　http://nmcaa-ken-michael.jp/

『地球維新の燈台』　東　光

記憶を覆っていたベールが、一枚、また一枚とはがされていきます。厚く何枚も何枚も重ねられていたベールが、薄紙がはがされるように、一枚一枚はがされていきます。貴方は少しずつ思い出していくでしょう。

あの時、自分で選択し、自分で決め、そして仲間のみんなと誓い合ったことを。

あの時、貴方はこう言ったのです。自分が天と地をつなぐポータルとなって、根源の光を地球に降ろすのだ！

宇宙中から志願した仲間と一緒に、神界、天界からのサポートを受けて、人と地球と宇宙をアセンションさせるのだ！　と。

あの時、貴方はこうも言ったのです。人と地球と宇宙がアセンションするためには、我々志願したものたちが率先して、神人にならなければならない！

自分たちが一刻も早く己の魂と一体となって神人となり、周りの人に影響を与え、自らの意志で希望する者たちが神人となれるようにサポートするのだ！　と。

もうその時が迫ってきているのです！　刻一刻とその日が迫ってきているのです！

あの時みんなで誓い合った「時」は、もう目の前まで来ているのです！　さあ、起ち上がる時が来ました！

一人でも多くの仲間たちを探さねば！　早く見つけて一緒にならなければ！　一人でも多くの仲間と手を

つながなければ！

地球維神号の推進エンジンの鍵はすでに回されました！　聞こえませんか？　ゴウゴウというエンジンの音が。

もっともっと仲間を集めなければなりません。安定して飛ぶためにはもっと仲間が必要なのです！

目を覚ましていない仲間が、まだたくさんいます。早く目覚めるよう、ぜひ皆で呼びかけてください！

そのためには、気合＝気愛！　気愛が重要です！

この宇宙期が始まって以来の大イベント。この宇宙自らが進化するために企画されたのが、今回の地球維神プロジェクトです。人と地球のアセンションだけではありません。まず人が、次に地球が、そしてなんと宇宙全体がアセンションするという壮大なものなのです！

その壮大なアセンションを成就させるために、宇宙のひな形として地球が創られました。次に、世界のひな形として日本が創られました。そして特殊なＤＮＡを持った日本人が、地球維神の役割に選ばれました！

このＤＮＡを持っているが故に、然るべき時に、日本人は黄金人類に変わるのです！

魂と一体となって、神人となり、世界の人々に先駆けて、五次元人＝黄金人類に変わるのです！

あなた方がその火付け役となるのです！　そのために日本人に生まれてきたのではありませんか？

この時期にこの地球にこの日本に生まれてくるのはたいへんだったのですよ！　すごい倍率を勝ち抜いてこの日本にやってきたのではありませんか？　多くの熱い魂が、この地球維神プロジェクトに参加したかったのですよ！

あなた方は、この宇宙最終期において、最大の、そして最終のアセンションに参加するためだけではなく、人類と地球のアセンションを牽引していくという、壮大なミッションを胸に秘めて、地球にやって来たのではなかったですか？

神とは、無限であり、完全であり、そして統合されています。そして神は、常に進歩し、進化・発展を続けています。神はいつも新しく生まれ変わっています。今回も新しく生まれ変わろうとしています。実の所、今我々がいるこの宇宙は、神の旧い抜け殻と言ってもいいかもしれません。なぜなら我々の新しい宇宙（新マクロ宇宙＝ＮＭＣ）はもうほぼでき上がっているからです！　あとは我々人類と地球が、その旧い抜け殻から抜け出すのみとなっています！

そして今回の脱皮（アセンション）で、最も重要な核となる部分が、我々人類と地球だったのです！

今回のアセンションは、この宇宙期始まって以来の大イベントであり、最終、最大のアセンションなのです！

悠久とも思えるほどの時間の果てに、たどり着いた終着点。そして次の宇宙期の始まり。これが今回のアセンション＝地球維神です！　これを成就させるために、神は地球をひな形として、今、抜け殻となりつつあるこの宇宙を創られました。そして日本を世界のひな形として創られました。さらに今回のアセンション＝地球維神のけん引役として日本人が創造されました！

Ａｉ先生が今回地上でその窓口を開かれた、神界・高次のこのアセンション・アカデミーとそのネットワーク。

それが今、要となり、燈台となっています！　すべてと連動しながら！

今、ここに集いし者たちよ！　あなた方にとってこれから始まるドラマは、ワクワクの連続になることでしょう！　あなた方は、自分があたかも「ナルニア国」の主人公になったような錯覚を覚えるかもしれません。あるいは自分がハリーポッターになったような気持ちになるかもしれません。

ともかくあなたは、今まで以上にエキサイティングで、アメージングで、そしてファンタスティックな世界へ入っていくことでしょう！

「地球維神――魂で思い出す」　Ｈａｎａ

皆さまは、「地球維神」という言霊の響きから、どんなイメージとエネルギーを感じますか？　今、私たちがいる日本。太陽の母国であり、全ての太陽の根源、日の元である日本……。中今で私が感じるのは、次のことです。

この宇宙は、たった一滴の繊細な根源のフォトンから始まったということ。それから悠久の時間を経て、この地球に、宇宙のミクロコスモスと言われる「人」が誕生するに至ったということ。そして今私たちは、「人」から、大宇宙のひな形として、根源のフォトンの器である「日戸」になろうとしているということ！

「日戸」という、創始と最終を統合した「神人」を通して、根源のフォトンが発現され、全宇宙に拡がり、満ち溢れていく。そして上から下まで、ミクロからマクロまで、あらゆる全てが太陽のエネルギー、すなわち『愛』を中心に、統合されていくヴィジョンを感じます。

その統合の究極の型となるのが、日の元にいる私たちの「日戸」への神化です。

「地球維神」とは、まさに、はじまりとおわり。そしておわりとはじまりを統合した「永遠のはじまり」。

イメージしただけでも、ワクワクと終わりのない幸せを体感できると思います。

そしてこの本を読まれている方々は、それらの真実について、心の奥・魂の深いところで、すでに明確に知っているでしょう！

では、その「地球維神」に私たちは、具体的にどう参加すればよいのでしょうか？

答えはもう出ていますね！　それは、まず自分自身が「神人」になることであると思います。

さらに重要なのは、一人でも多くの神人創生のために、自らの体験を伝え、実際に行動していくことです！

それが全体の集合意識に影響を与え、地球維神の原動力になります！！

神人になるためにまず必要となるのは、「魂」と一体化して、五次元人になることです。

イメージしてみて下さい。「魂」とは、根源のフォトンに満ちた、ピュアで真っ白な世界です。

どうでしょう？　無邪気な子供のような気持ちになりませんか？

宇宙と一体化した自己の中心から、まるで白一色の温泉のように、心地よいエネルギーが湧き出て、どこまでも拡がっていくような感覚があると思います。

様々な色彩が統合された、シンプルな白。言葉では説明しにくいですが、シンプルな白の中に、全ての色彩が同時に内包されていて、統合が進めば進むほど、解放感と意識の拡大を体験されると思います。

その根源のフォトンで満ちた、真っ白なキャンパスに、地球維神へ向けた自らの愛と気合を込めた魂を、「赤」で表現してみると……！　そうです。「日の丸」になりますね！「大和魂」という言霊の響きのように、それをイメージすると気合が入りますね！

そして中今では、さらにその中心、大和魂の赤い丸のさらに奥深くに、根源のフォトンの創始と最終、そして終わりのない無限の拡大を示す「菊」の光が輝いています！

その「菊」のエネルギーとは、太陽の本質である「あまねくてらす」という言霊で表わされるように、「無限の愛」そのものです。私たちのいる日の源の日本は、全ての愛の生まれ故郷であり、はじまりからおわりまで永遠に、愛の全てを体現するための場所だと感じます。その創始からの願いを実現するのが、誰でもなく、私たち自身なんですね！

A・i先生をはじめ、アカデミーの皆さまがよく言われていますが、やはり地球維神への参加資格は、愛と気合、そして根性のみ！　と感じます。明き日の丸の中心に輝く菊のエネルギー……！　私もそれを日々イメージしながら、神人を目指して、A・i先生の元でアカデミーと実践に励んでいます。

最近は特に、日常の中で、根気よく実践を続けていくことが最も重要だと感じております。

地球維神という言霊に込められた創始からの真実を、魂で思い出し、地上で実践する時が来ているんですね！

Ｗｅｂ　http://nmcaa-kimigayo.jp

「地球維神――新しい未来へ」　愛（クリスタル・アカデミー　十二歳）

皆さまにとって、愛とはなんでしょう？　神とは？　宇宙とは、どんな感じですか？

私にとって、愛とは、人を大好きと思う気持ち。この人のために何かしてあげたい！　と思う気持ち。

そして優しく包んでくれる光のような感じです。


神と宇宙は、愛そのもの。愛の塊で、そこに居るだけで、安らぐ。そういうものだと思います。

愛がこの世のすべてだと思います。


この本を読まれている皆さまは、自分が一歩踏み出せば、何ができると思いますか？

みんなが一歩踏み出して愛となった時、とても素敵な世界になると思いませんか？

私がＡｉ先生のクリスタル・アカデミーに参加する前は、ただなんとなく生きているだけみたいな感じでした。

だけど、メンバーに参加するという一歩を踏み出したら、それだけで前とはちがう、たくさんの愛や優しさが私にも伝わって、前よりも人に優しくできたり、愛で包んであげることもできるようなったと思います。

そして世界が変わって、キラキラに見えるようになりました！

高次の存在とも、コンタクトできるようになりました。

だから皆さまも、勇気を出して、一歩ずつ歩いていきませんか？

そして愛でみちあふれて、高次も人類も動物も、みんなで仲良く暮らせる世界を、いっしょにつくりましょう！

Ｗｅｂ　http://nmcaa-earth-angel.jp/Ai's-Room.html

「地球維神――神人となる人へ　根源からのメッセージ」　光

さあ、今こそ立ち上がれ！　神人たちよ！　根源からの声が聞こえてきます。

私たちは今、立ち上がるべき時がきています。地球維神の舞台は今なのです。

地球維神の原動力は神人です。二〇一二年の神話は、私たちが神人となって創るのです。

神と一つになった神人になるのは、日の元の民です。神人が地球を動かします。

日の元、日本が地球を動かす要となります。神人はその原動力です。我々がやり遂げるのです。

宇宙創始の約束を果たすため。生まれてきた目的を果たすため。地球は弥勒の世へと向かいます。

地球維神を成すべき日の元の民よ、今こそ立ち上がり、力となれ！　動となれ！

「地球維神とは」　北斗

最初に維新を言い出したのは、坂本竜馬？　そして我々は『地球維神』！　地球をアセンションさせるためには、人が五次元の神人にならなくてはいけない。八十鈴、集合ラッパが鳴り響いています。

今回の、最初で最後の卒業試験がアセンションです。地球というステージで、私達は輪廻転生を繰り返してきました。地球というステージで、これまでに何を学んできたのか？　という総決算の時がきたのです。

私達は地球意識であるテラ、ガイアという親に守られ、育まれ、愛されている人間です。その人間達のレベルが低すぎて、戦争や争いばかりやっていて、テラとガイアはあきれています。『テラとガイアはそろそろ五次元に行きたい』と！　しかし人間達は、勝手なことばかりやっていて、テラとガイアの話も聞かない。知ろうともしない。

皆さまは、地球の意識に感謝していますか？　今ここに生きているのも、地球があるお蔭なのです。

様々な惑星からこの地球へ来た人達で地球は構成されています、多種多様な民族意識、国家意識によって、色々な考え方がありすぎて、一つに纏まらないのが地球なのです。ですが私達日の元の民は、日戸として、地球のリーダーとして、地球をアセンションへと変えていかなければならない役割があるのです。

アインシュタインも、大正十一年に来日した講演の中で、次のように述べたと言われています。

『世界は進むだけ進んでその間、幾度も闘争が繰り返され、最後に闘争に疲れる時が来るだろう。その時、世界の人類は必ず真の平和を求めて、世界の盟主をあげねばならぬ時が来るに違いない。世界の盟主は武力や金力でなく、あらゆる国の歴史を超越した最も古く、かつ、尊い家柄でなければならぬ。世界の文化はアジアに始まって、アジアに帰り、それはアジアの高峰、日本に立ちもどらねばならぬ。我等は神に感謝する。天が我等人類に日本という国を造っておいてくれたことを』

アインシュタインも日本という国の役割を理解していたのですね！　今それが実際に動き出したのが、地球維神の動きなのです。神人を増やしてアセンションすることなのです。

さて、地球で人間を体験するために色々な惑星から私達はきたのですが、人間として生まれるためには、地球との約束があったのです。それは『幸せになります』という誓いです。皆さまは今、幸せですか？「幸せ」というこの光透波（コトバ）が、心に染み込みませんか？　幸せになるために何を学びましたか？　今回が最後の人生。総決算の時であると言われています。これを知った時、皆さまはどう生きますか！　皆さまの気づきと行動によって、人が、日本が、地球が、アセンションが可能となるのです。ここに集まったコアメンバーが、五次元人＝神人として、進化し、シフトしていくのです。皇の国に生まれてきた、あなたがどう生きるかが重要なのです。

「地球維神――根源家族の皆さまへ！」　めぐみ

皆さま、こんにちは。めぐみと申します。私がＡｉ先生の元で学び始めてから、二カ月が経ちました。たったの二カ月なのですが、この短期間に学んだ真実は、あまりにも膨大です。

スピリチュアルに興味を持ち始めてからずっと、私は真実を探し求めていました。

今、世の中にはスピリチュアルな情報が溢れていますが、どれも断片的で、今一つ核心に迫っていない気がしていました。どこかにもっと核心的な真実があるのではないか？　そんな気がして、探求を続けていた時に、ついに出会ったのが、Ａｉ先生と、その元に集う根源家族の皆さまでした。出会った瞬間に、ああ、もう大丈夫、私は辿り着いたんだ、という安堵を感じました。

Ａ・ｉ先生の元で学び始めてから、三週間程経った頃に、個人セッションを受けました。初めて直接お会いするＡ・ｉ先生の印象は、とても自然体で、ほんわかやさしい感じでした。

この個人セッションで私が提示したメインテーマは、

「私は、私自身のことがさっぱりわかりません。私は、一体何なのでしょう？」でした。（笑）

本当にお恥ずかしいのですが、その時の私には、それが一番知りたいことだったのです。

そして、この問いに対するＡ・ｉ先生のお答えは……。

「今、人々と、地球と、宇宙のために、最も重要で、必要なことは何なのか？　そのことを考えたときにのみ答えが来ます！！　何者になるのかを決めるということです。ハイアーと自分が！！！」

その通りですよね。結局私はずっと、自分が何者になるのかを決めたくなかったのです。そして、人々と、地球と、宇宙のために何かをしたい！　という思いが希薄でした。私が真実を探し求めていたのは、それを知れば、自分が何者なのかが分かる気がしたからです。

しかし、自分の利益のみを考えている者には、真実の扉は開かないのですね。

真実には、重大な責任が伴うから。

個人セッションの合間に、Ａ・ｉ先生がぽつりとつぶやかれた一言が、私の胸に突き刺さりました。

「今は、すべてがぎりぎりの状態だからね……」

はっとしました。そうだ、日ごとに環境破壊が進み、地球はもう、あと五十年もたないと言われているのに、今まで私は、何をしていたのだろう。何のために地球に生まれて来たのか……。私は、地球を守りたいと思い、地球の人々に真実を知ってもらいたい、魂の輝きを取り戻してもらいたいと思って、地球に来たのではなかったか……。

地球維神。まさにこのために、私は地球に来たのです。

それは、この本を手に取って下さった皆さまも、同じなのではないでしょうか。

光のファウンダー
ここの銀河の創始のセントラルサン、オリオン。そこに住むのは、光の存在。

根源の太陽から分かれて、まっすぐここの銀河にやってきた、光のファウンダー。私達の創造主。

彼女らが生み出した物語。それが日本神話の源。彼女らは太陽の人々。天津神々。

そしてその中心は、天照太神。


目指すべきは神人。私達の究極のハイアーセルフ。光のファウンダーと一体となること。

成し遂げるのです。地球維神を！　そして還りましょう。大いなる母の元へ！

根源家族の皆さまへ　愛を込めて
めぐみ

ブログ　http://houkinokuni.petit.cc/banana/

「地球維神――愛」　笑顔の風水師　Ｒｙｏ

明治維新。「日本を守りたい」と思う若者が、命をかけて行動し、当時の誰もが無理だと思った倒幕を成し遂げました。日本全体の人口からみれば、ほんの一握りの人数です。しかし、その一握りの人々の、熱い思いと行動が、日本を変えました。どれだけたくさんの人数がいるかではなく、どれだけの熱い思いと行動が大切だったかということですね。

今は、地球維神。地球大変革の時。今は、命をかけることはありません。しかし、維神を成し遂げることに関しては同じです。

今この時が大事です。そのために大切なことは、本当のことを見極めること。本当に大切なことを見極めること。そして、自分が何をするのか決めること。

それは、人からの強制ではなく、自分が心に決めること。そして、そのことを実動することであり、実践すること。これが、大きな力になります。そして、人や行動を支えてくれるのが「愛」です。人の根底にあるクリスタルのようなピュアな「愛」の心です。「愛」は強さであり、エネルギーなのです。

愛にあふれる、「一なる至高の存在」。人は皆、その心の根底に「愛」を持っています。なぜなら、人は皆、「一なる至高の存在」の分身であるから。一部の人を除いて、人はそのことを忘れています。だから、自分だけが良ければそれで良いと思う人がいたりします。しかし、人のことに焦点を合わせなくてもいいのです。

世の中に生きる人には、それぞれ役割と能力があります。それは、人と比べるものではありません。あなたには、あなたの役割があります。自分の内側に焦点を合わせれば、それが分かるはずです。そして、その役割が分かったあなたには、その役割を果たす能力があり、それに気づくことができます。大丈夫です。今は気づかなくても、必ず気づく時がきます。そしてそれに気づけば愛を持って、実働・実践に変えていきます。この実働・実践が、大きなうねりとなります。そして、そのうねりが共鳴現象で大きな力となります。百匹目の猿現象です。

まさにこのような仲間が、我々のアカデミー＝ネットワークにいます。愛あふれる言葉で、導いてくれる方がいます。愛を持って自分の役割に取り組む仲間がいます。

この本を手にとったあなたは、この本から何かを感じたのではないですか？
あなたの心が、何かを感じたのではないですか？
きっとあなた自身の役割を思い出す時が来ているのです。
新しい地球のために、一緒にやりませんか？　地球維神を目指して！

「地球維神——神人への道」　プラナ

地球維神。そう呼ぶにふさわしい、宇宙規模の大イベント。地球の次元上昇＝アセンションがついに始まりました！　地球が、今ある三次元の世界を後にして、新しい宇宙の根源へ向け、飛翔を開始するのです。

そしてそれを牽引するのは他でもない、私たち一人ひとりのアセンションのエネルギーなのですから、なんともワクワクするお話ですね！

とりわけ日本人の私たちが、それぞれの自己の「中今」に意識を向けて、ハートの扉を開き、魂を目覚めさせた「神人（＝五次元人）」へと変容することが、その第一歩です。

「神人」となった私たちは、宇宙の根源の愛と光のエネルギーを発現することができるようになります。そして、そのエネルギーの共鳴が最大になった時、日本という黄金龍体は、『天の鳥船』となって、地球を乗せ、根源へ向け飛び立ちます！　その瞬間は、もうすぐそこまで来ています。たとえあなたが今、どのような状況にあろうとも、臆することはありません。

どうぞ、宣言してください。ハートを開いて、宇宙の根源の太陽から降り注ぐ愛と光を、全身に感じてみてください。そしてあなたの内にも同じエネルギーがあることを思い出してください。

宇宙へ向け、未来へ向け、私たちの一なる根源に向けて、心を開くときは今です。

あなたは、宇宙の根源の愛と光の子。ようこそ、地球維神へ！　お帰りなさい、宇宙の根源家族！

人類は、愛とともに手を携えて進むときを迎えたのです。

神人への道

それは突然やってきました。ある日、首、頭、顔に発疹が出て、見る見るうちに顔が腫れ上がりました。食欲もなく、激しい痒みで、夜もほとんど眠れなくなりました。重病ではないか、死ぬのでは?! と不安でいっぱいになりました。そんな時にＡｉ先生が、「病気もライトワーク。根源の光＝フォトンで、様々なエネルギーを昇華するのです」と言ってくださり、私はそのまま言霊にして「根源のフォトンよ、この毒を昇華してください」と唱え続けました。さらに、Ａｉ先生がおっしゃった、「私たちは、宇宙の根源から地上セルフまでつながった一つの存在」「神人となれば、根源の光を発現し、現実を変えることができます」の言葉に、勇気百倍！！

ハイアーセルフも脇から「もっと笑って！」と応援してくれ、本気で笑ってみたら、本当に笑えて、楽しくなり、私は、真夜中に踊ったり歌ったりしながら部屋の中を歩き回りました。(笑) そしていつしか気がつくと、激しいかゆみが消えており、恐怖心や、あれやこれやのマインドも消え、あるのは、百パーセントのワクワクした喜びだけでした！

それは、地上からはしごをかけて昇ってきた、宇宙の広間、魂の領域という感じでした。

そこから眺めた地上の三次元の世界は、今までとはまったく違ったものになっていました。

人生は、「ままならない、限られた時間」だったのが、人生とは、「神とのミッションのための時間」に変わりました！ これまでの人生のどの瞬間も、神と宇宙の愛に満ちた計らいであると感じました。そこでは、マイナスのとらえ方や感情はなく、シンプルな宇宙と、一つの意識があるだけでした。

「認めただけが世界であり　肯定しただけが自分である。そして自分が世界である」という白峰先生の言葉が、しんと、響いて広がっているような世界でした。

この魂の領域に二十四時間いられるようになり、ここから地上に根源の愛と光のエネルギーを発現して、一人でも多くの人の意識がこの領域につながるよう、サポートできるようになるのが、私のミッションなのだ！　と思いました。

アセンションの光

私たちをアセンションさせてくれるもの。それは根源のフォトンのエネルギーです。

宇宙の根源からやってくる光＝フォトンは、宇宙の隅々に満ち、生命をつくっているエネルギーです。

一瞬にして私たちを、愛と光へ、あるべき姿へとワープさせるエネルギーです。

私たちの魂の中心にある、光の故郷、根源の「スメラ（皇）」から流れ出るエネルギーです。

「上にあるが如く下にも　内にあるがごとく外にも」というように。

この根源のフォトンをフルコンシャスで受け取り、発現するのが、最大の癒しであり、アセンションであり、私たち日本人の、魂のミッションなのです。

愛する皆さま。自己の魂を感じてみてください！　それはすべての生命の魂と、宇宙の根源の光につながっています。

そして、根源の光、フォトンを受け取り、愛と光を発信してください。

それが、地球維神のスタートです！　愛、信頼、調和、創造、統合の、めくるめく旅！

光の故郷、根源のスメラ（皇）へ向かって、進（神）化をとげた魂が帰還する、歓喜の旅の始まりです！

「地球維神――志はすべてのために」　明日香アース・エンジェル

皆さま、こんにちは！「天の岩戸開き」の本は、私にとって未だにテキスト的な存在であると同時に、そのエネルギーに触れることが、私にとってヒーリングであり、アセンションでもあります。

そして今回の「地球維神」というタイトルで、再びこうして皆様にお目にかかれますことを、とても嬉しく思っています。

さて、明治維新はご存知の通り、黒船により開国を迫られ、それにより文明開化が起こりました。明治維新が世界に向けて開国したのに対し、今回の「地球維神」は、「宇宙」に向けての開国です。

では、どのようにしたら、宇宙とコミュニケーションが取れるようになるのでしょうか？

私は戦後の生まれですから、戦前の日本について、恥ずかしながらあまり知らずに生きてきました。

戦前は、天照大御神等の神話が教科書に載っていたと母から聞いたことがあります。戦後、欧米化の波が打ち寄せ、日本が神国であるということすら忘れ去られているような気がします。しかしながら私達は、時代劇や映画などにより、昔の日本の人々を知ることができますね。

そこには、和を尊び、礼儀正しく、勤勉で、自然を崇め、自然と共存している人々がいます。

日本のことを大和とも言いますが、この「和」という心こそ、この国の美徳ではなかったでしょうか？

今こそ私達は、失われつつある「和」の美徳、そして「大和魂」を取り戻す必要があるように思えてなりません。

美しい「やまとことば」とともに！

日本語は大和言葉とも言われ、そこには言霊が宿っていると古くから言われています。

そしてまた、日本は天孫が降臨した最初の聖地とも言われ、日本が世界のひな形であり、宇宙のひな形が地球であるとも言われています。

このように、この日の元に住まう私達は、「地球維神」を担う特別な使命があるようです。

それは、とても名誉なことであり、この上ない喜びです。


この地球は、二極性の世の中ですから、必ず対極があります。

私達は、表しか知らない、知ろうとしない傾向がありますが、もっと意識を広げて、真実を知ろうとすることが大切だと思います。そうすれば、自分がどんなに素晴らしい存在か、日本がどんなに誇らしい国かがわかるでしょう。私達一人ひとりは、まぎれもない神の分御魂なのです。


「地球維神」とは、私達一人ひとりの意識にかかっています。

それは、だれかが代わってやってくれるものではなく、一人ひとりが真実に目覚め、神と一体となって行動してこそ実現するものなのです。それが、痛みを最小限に食い止めることにもつながります。


この本を手にとってくださった方々に、お願いします。ぜひあなた方のお力をお貸しくださることを！

宗教と科学が統合され、この地球が宗教や人種によって分け隔てされることなく一つとなり、地上に天国を、「ミロクの世」をぜひとも実現して参りましょう！

生きとし生けるものすべてのために。そして、「地球維神」成就のために！

Ｗｅｂ　http://nmcaa-earth-angel.jp/

「地球維神――新しい地球」　貴

虹

すべての世界が美しくありますように。雲を映し、虹を映す。すべての世界が麗しくありますように。虹を映して、その虹があたかも水の中にあるように、はっきりと、空間の深くにありますように。水面にほんの少し触れるだけで、虹ははかなく崩れてしまう。そういうデリケートな世界に生きている私たち。流れが大いなる川となり、すべてのこだわりを流し、浄化し、また新しく生まれ、育む。その美しい水元に住む私たち。

私たちは魂であるということ。それをいつも思い出せますように。

新しい地球を夢見て、楽しみに胸おどる。いつでもその状態でありますように。

龍の想い

私は古く、いにしえの彼方より、あなた方を守り、またときに試練を与え、地球の上を飛び回っていました。それは悪いことをしようとしてのことではなく、良いことだけをしようとしたのでもありません。たくさんの昔話に私は登場し、池の主として、あるいは水を操るものとして、あるいは竈《かまど》を守る火の神として、まつられ、恐れられ、あがめられ、嫌われ……いろんな人々の思いを反映して来ました。

私たち龍は、いつでもあなた方の周りにいました。エネルギーの通う場所にいます。山に、川に、空に、海にいます。時には天候や地球の環境を、調整したりもします。龍の動きは、稲妻であり、空気の流れであり、エネルギーのうねりであり、波動です。光であり、閃光。私たちは、美しい雲になり、恵みの雨を降らせ、息を飲むような大きな虹を見せることもできます。

すべてとともに、すべては変化し、意識の変化とともに、振動数も変わります。これからは、より繊細になるということです。鈍いと重くなり、物質に近くなります。純粋でいると、どんどんクリアになります。振動数が上がるのです。

上が良いとか、下が悪いというのではなく、ただ振動が変わっていくのです。

そうして日本の大きな黄金龍も、もう目覚めています!

ざっくりと向きを変え、飛び立とうとしている所です！
その龍が天に昇る時、かたい鱗はやわらかい羽毛となり、
龍の想いは、大きな大きな翼となって、螺旋を描いて昇って行きます。
鳳凰となった龍は、美しく、優雅に煌めき、
白い光をまき散らしながら、金の粉をふりまきながら、
新しい宇宙へと飛び立って行きます。

私たちはいつも心から、すべてが一つとなることを願っていました。

これが愛と言われるもの。これが真の光と言われるもの。

それが知りたくて。それを見たくて。そこに戻りたくて……それが願いでした。


さあ！　この大きな愛の渦巻きの中に、光の子として、飛び込んでいきましょう！　勇気を出して！

新しい世に胸ときめかせ、ワクワクドキドキしながら、楽しく、美しい宇宙へと！

そうすれば、それは真っ直ぐな力となり、一瞬で、あるいは夢を見ながら、飛び込んだ勢い以上の早さで、
新しい宇宙へと、太く真っ直ぐに、昇って行くでしょう！

空間と時間を超えた、まばゆい光の国へ。

新しい地球は輝き、さらにいっそう美しい星となって、新しい宇宙の中で煌めくのです。

「地球維神――愛と光の星」　天野　明

こんにちは、天野明です。私は今、十三歳で、Ａｉ先生のクリスタル・アカデミーでアセンションについて学んでいます。

私には目標があります。それは、愛と光のみの星を創る、というものです！　そのために、子供の私も、みなさんと一緒に働き、全力を尽くしたいと思います。それは実現可能な目標だと思います。

私は地球と自然が大好きです。この美しい星は、皆がもう少し優しくなったり、ほかの人や自然を尊敬するだけで、大きく変わると思います。生活の中で、もっと愛と優しさを意識してみるとどうなるでしょう。良いこと、ポジティブなことだけをいつも考えていると、自分の波動が上がっていくと思います！

早く、地球が一つの星として、協力し合えるような社会になればいいと思います。

そして、地球が、全宇宙から尊敬されるような星になってもらいたいです。

根源のスメラのような星になったら、どんなに素晴らしいでしょうか！

瞑想で新宇宙のＮＭＣに行った時、そこは圧倒されるようなものすごい光でした。

早くあの光の世界に行きたい、と思いました。

地球とともに、あのような光へ向かい、アセンション後の社会を創りたいと思います。私は、そのために生まれたのだと思います。

新しい社会を創ることは、とてもワクワクします。今、そのためにいろいろなことを学んでいます。私は普段の学校も好きですが、もっとより良くできると思います。今の社会にないもの、学校がもっとこうだったらいいのに、と思うことを、これから創っていきたいです。それが、私の目標です。必ず創れると思います。そして、いつか、宇宙の科学や技術を学びたいです。壊れてしまった地球の環境を再生させたいと思います。山や森、海、美しいものが、元の美しい姿に甦ってもらいたいです。そのために、もっと勉強して、がんばっていきたいと思います。

母の照子さんから、そう思う気持ちが、地球維神なのだと教えてもらいました。

私も地球維神をがんばりますので、皆さまよろしくお願いします。

皇紀二六七〇年（AD二〇一〇年）九月三十日　天野明　AITO

Web　http://nmcaa-amenotorifune888.jp/taiyosen/index.html

ブログ　http://blog.nmcaa-amenotorifune888.jp/

「僕の地球維神」　スーパー・ヤサイ人

皆さま、お久しぶりです。天采？　ヤサイ人、再登場です。さて今回のテーマは「地球維神」。

僕は「真の教育」を完成させます。それが僕の地球維神です。愛や誠の気持ちを基軸とし、毎日ワクワク楽しく生活する基礎を養う学校の創設&運営を現実化させることが、次なる世界に必要不可欠な要素だと思っています。

地球や自然を愛し、人を敬い、平和で友好的な社会を構築する人間を育てる学校を追求し、実践していくことが人生の使命だと、確信しています。

そのために今、教育の現場に立ち、子供たちと接しながら未来の構図を描いています。

また、今の世界の中でも落としこめるものは落とし込み、プレ未来の学校を開校しています。

それにより磨きをかけ、次の世界でドーン！　といけるよう、体を鍛え、技術を磨き、精神を高め、しっかりと準備していきたいと思っています。皆さま、お楽しみに！

Web　http://www.nmcaa-ai.com/

「中今の地球維神」　　和日女　エミリア

私たちは、この地球を選んで生まれてきました。この瞬間を生きるために望んで、転生してきたのが皆さまの魂です。ここに生きていることは、奇跡だと思います。本当に心から感謝しています。

これから始まる地球最大の、宇宙最終最大のイベントに皆さまは参加する資格があります。

これは、日本に生まれた皆さまにとっては、最もエキサイティングなことであり、重要なお役目でもあります。難しいことではありません。皆さまの魂が地球に、日本に望んで生まれてきた理由は何でしょうか。

さあ、あなたの魂が真に望むことを考えてみましょう。

きっとこの本を手にしているということは、皆さま、十分に探求されてきたのではないでしょうか。

そして、その答えがあなたの魂の中にすでにあるでしょう。

さらに、この本を読んで確信するのではないでしょうか。

皆さまの転生の目的、ミッション、それは今回のアセンションを成功させることにあります。

宇宙のひな形の地球、地球のひな形である日本。

そこに住む日戸として、私たちは根源神界のポータルとなっています。根源神界のポータルとなり、根源の光を地球に降ろして、地球、そして宇宙をアセンションへと導く一人となるのです。

そして、新しい世界へ。ミロクの世を創る一人となりましょう。

参加する！　やりとげる！　というその意思さえあれば、誰にでも参加資格があります。

私たち日本人の魂、大和魂を燃え上がらせ、地球維神が成就する力となってください。

今日決めたことは、今日から変わる。今日決めたことは、明日の自分をも変えることになる。

今日決めたことは、未来の自分を約束する。その強い意思で。

今日決めたことは、全ての事象に影響する。

すべての中に、今がある（中今）。

今日決めたことが、あなたを変える。日戸を進化させる。地球を変容させる。

宇宙をアセンションさせる。

今日決めたことが、地球維新を成就させる力となる。その核となる。

今日決めたことは、大和魂が発動した証拠である。

Web http://nmcaa-wakahime.jp/ ブログ http://yaplog.jp/miria333/

『地球維神——アセンション・エクスプレス』 オアシス

皆さま、はじめまして！ オアシスと申します。自然が大好きな三十代の男性です。

「地球維神」。このタイトルに皆さまは何を感じましたか？ 何かを感じたから手にとっているんですよね！

こうしてあなたと出愛えたことが幸せです。まさに一期一会。僕は学び始めて一カ月余りなので、高度な解釈はできません。現時点での想いをありのままに綴《つづ》ります。共感してもらえたら嬉しいです！

現代社会は疑問だらけです。どうして人が人を傷つけ、争いが絶えないのでしょう？

お金や権力など、そんな果てしない欲を求め続けることに意味はあるのでしょうか？

人を蹴落としたり、裏切ったり……そんな愛のない世界は子供達に残したくないです。

なんてったって人生は一度きり！

たくさんワクワクし、多くの人と「楽しい」を共感できることが素晴らしくないですか！！

「もしあと一年の命だと言われたら、がむしゃらに生きるだろう？　そんな気持ちで生きてみるべきだ」と、かつて手塚治虫氏は言っていました。その通りだと思います。もし本当にそうなったら絶対考えると思うんですね。

この一年で自分に何ができるのか？　何を残すのか？　と。いずれ人は死を迎えます。淡々と過ごすのではなく、自分は何を残し伝えていくのか。

成りたい自分をはっきりイメージすることが大切だと思います。

そこから逆算することで、人生は加速します！　無駄な日なんて一日もないんですね！！

毎日毎瞬、いろんなことを吸収し、成長することはとっても楽しいです。心ワクワクです。

やるだけのことをやって、最後に笑顔で死ねたら最高じゃないですか？（まだ死ぬつもりは全然ないですが〈笑〉）

濃い人生を送りたいですよね！

アセンションの学びの中でも同じことを言われました。

より明確になりたい自分をイメージし、宇宙や地球のために自分がすべきことを考える。

そして本当に一人一人の意志が重要だとわかりました。「変わるんだ！」という。

そのために凄い倍率をくぐり抜け、日本人として生まれたんですよ！　偶然じゃなく。

変わるために残された時間はそう長くありません。

「地球維神」。このタイトルが気になったのなら何か感じるはずです。

そしていずれ思い出すでしょう！　僕は学びながら少しずつ思い出してます。

「さあ！　一緒に行きましょう！！」本当の自分を見つける旅へ！

アセンション・エクスプレスへのご乗車をお待ちしています！！！

オアシス・泉より

「地球維神――宇宙の奇跡」　弥日子アイナル

宇宙の奇跡ともいえる地球維神が今、待ったなしで進行中です！

神人候補者たちの「必ず地球と人類のアセンションを実現させます」という宣誓に応えるかのように、根源神界から、地球維神！　という掛け声が発せられました。

地球維神は、全高次と私たちの「やるぞーっ」という気愛と歓喜のエネルギーです。

そして時を同じくして、天の鳥船、「アセンション地球号やまと」が起動しています。

この船の推進力は、神人ライトワーカーたちの気愛と実働であることが分かってきました。

そのエネルギーの源は根源神界のフォトンと呼ばれるものです。

それは無限に広がる光の海であり、全てを生み出す生命の源。愛と光と歓喜の母なるエネルギーです。

その愛と光の源は、私たちの魂の本源です。私たちの究極のハイアーセルフの本質でもあります。

それをどんどん地球と人類へ流入させていくのですね！

それが地球と人類にとって最も必要なものなのですね！


神界とは、天界のハイラーキーのような階層システムではなく、無限の力を発する力場です。

根源神界の無限の愛と光へは、根源の母と父との一体感の中で繋がれば、繋がることができると言います。

それは魂の誕生から不変、宇宙の辺境にあっても不変であった親と子の繋がりです。

親である根源神の分御魂である私たちは、今、再び根源神の限りなく陽気で温かい愛と光に繋がることで、神人への変容が始まりつつあります。

その変容とは、純粋に地球維神を力強く進めていくための変容なのです。

そうやって根源神の波動に近づいていくのですね。それが根源神界への帰還なのですね。

マスター・モリヤより
皆さまこんにちは！　モリヤです。
皆さまの日々の実動が、過去と未来の宇宙をダイナミックに創り変えています。
愛と光に満ちた新大宇宙ＮＭＣに、毎瞬、新たな光が差し込んできます。

絶え間なく押し寄せてくる光の波のようです。

皆さまはその光の波に乗りますか？

その波を起こすのか、それともその波に揺らされるのか。皆さまならどちらを選びますか？

おや、何か気になることでもありますか？

もしあるとすれば、それは全て旧宇宙での出来事です。

今、こうして日之元の神人ライトワーカーの入り口まで辿り着かれた皆さまが、背負わなければならない荷物などありましょうか。

皆さまが背負っているのは、はるかに崇高で清らかな約束でしょう。それがどんなに光り輝く約束であったか。

それは皆さまと我々が、ともに根源天照皇太神と交わした永遠の約束だったと記憶しています。いかがでしょうか？

すでに皆さまの熱い魂の答えはシャンバラの我々にしっかり届いています。

さあ、アセンション地球号やまとの発神です！

根源の皇の星へ向けて、発神です！

神界宇宙連合シャンバラ宇宙艦隊
Ｗｅｂ　http://nmcaa-shamballa.jp

「地球維神——幸せの星へ」　ティアラさち（十一歳）（クリスタル・アカデミー）

みなさん、とても楽しく幸せいっぱい、明るくキラキラの地球を一緒につくろうね！！！

ブログ　http://nmcaa-kikuka.jugem.jp/?cid=3

「地球維神——光への帰還」　夏きよら

今、宇宙は重要な転換点を迎えています。地球は宇宙のひな形です。ですから地球にとっても、今という時は、地球史上最も重要な時です。それはまた、とりもなおさず世界のひな形である日本にとっても、最重要な時を迎えているということです。

地球維神は、ここ日本から始まります。
地球維神は、日の元に生まれた私達一人一人にかかっています。
全ては日戸《ひと》から始まります。
それ以外に維神の道はあり得ません。
そしてその道は、全宇宙へと繋がっていきます。
地球維神は宇宙維神なのです。

私は少し前まで、人生の軸が定まらない、ごくごく普通の主婦でした。

前作の「天の岩戸開き」が私の人生を変えました。輝くばかりの光の道がここにはありました。

そしてこの光の道は、私の魂が本当に目指していた所、根源の宇宙へと続く道でした。

この本を読み、魂が喜んでいるのなら、あなたは維神の志士の一人だと思います。

遠い遠い昔に、私達と共に、今回の維神を成し遂げることを誓い合った根源家族の一人だと。

還ってきて下さい。私達のところに。そこから全てが始まります。

そして必ずや維神を成し遂げ、根源の宇宙へと、歓喜と栄光の帰還を果たしましょう！

「地球維神――ワクワクのお祭り」　ユリ

皆さま！　ワクワクな時代の幕開けです！　長い間、その身を潜めていた、愛、光、調和、そして自由！もう、考えただけで心がはずんで躍り出しそうな価値観が、日の出とともに、今、ど真ん中にやってまいります。

これまでの時代の混沌としたエネルギーの中で、多くの人がその光を隠して、翼を閉じて、本来の姿を封じ込めるように生きてきたのではないでしょうか。

まるで岩戸に身を隠したアマテラスのように、この時を待っていたのではないですか。
天の岩戸は開かれました。太陽は燦然と輝いています。
水は根源なる光になって、この地球をめぐり、わたしたちの体の中を、
そのＤＮＡすら変えてしまう勢いで流れまくっています。
皆さまも、本来の姿、本来のミッションに、目覚めていいのです！
今、その時がやってきたのです！！

地球維神。その言葉の意味を、あなたはすでに知っているでしょう？　太陽が、昇る時は今！

この地球を、みんなでワッショイ！　と盛り上げる時が来たのです！

地球維神は神々たちのお祭りです。

ユリ　ＬＯＶＥ　ＭＡＸ

「地球維神――いたましく思う心」　杜乃碧

私たちの意識は、どこでも、いつでも、好きな所へ飛んでいける。宇宙の果てまでも、一瞬で移動できて

しまう高性能な宇宙船みたいだ。物理次元ではあり得ないと感じることも、意識の中では何でも創造できる。自分は、成りたい自分に瞬時に成れる。

もしも！　この意識の世界が、今、私たちが現実だと思っている物理次元の世界とひっくり返ったらどうなるでしょう？　意識の世界が本当の現実で、物理次元の現実は虚構の世界になったら?!　物理次元以外の高次元が存在することや、すべては同じ一つのエネルギーでできていることを宗教も科学も唱えています。私たちの意識は物理次元の法則に縛られているのでしょうか？　意識とは物理的なものでしょうか。

どんな説を現実だと受け止めるのかは、各人の自由です。どんなレベルであれ、認めた分がその人の現実です。認めるものが大きければ大きいほど、そこに含まれるものは多くなります。

高次のサイエンスから観れば、私たちの意識は、物理次元での表現を可能にするために肉体を乗り物として使っていると言います。意識の物理次元レベルでの表現は、全体の三パーセントくらいにしかすぎず、膨大な残り九十七パーセントの意識の創造は、物理的には観えないものです。

たとえば、自己の意識を光子（フォトン）のレベルに向けてみます。肉体の細胞を構成する原子、それを構成する素粒子、それを構成する光子のレベル、あらゆるすべてのものを創っている光子へ。空の雲、太陽、肌で感じる風、草花の葉や花びら、友だち。何でも、ありとあらゆるものを創っている光の粒。そのエネルギーと、自分の意識が同じものであるのだと分かった時、自分という意識は限定された個人としての意識ではなくて、本当はこの世界のどこにでもある、一つの大きな存在の一部なんだという発見と感動が湧いてきます。

では光の粒、エネルギーでできている宇宙の秩序の中心はどこにあるのでしょう？

中心軸がなければ秩序がなくバラバラになってしまいます。

あらゆる次元を統括している、最も中心、光子（フォトン）の源とは？　光子をスパイラルに創出し続けるシステムとは？　それは完全な無条件、無制限の愛です。親子の絆です。「いたましく思う心」の究極です。

このことをＡｉ先生のアカデミーで学んだ時、なんと深く大きいのだろうと、いたく共感しました。

最初の私は三次元レベルで、実の父母との関係は、どちらかと言えば冷めた環境の中で成り立っていましたので、すぐにはピンと来ませんでした。でも、つきつめて普遍的な父母子という関係について考えた時、これ以上の無条件、無制限、絶大な信頼の元に成り立つ愛による創造の型はないのではないかと、ハッと気付きました。

「いたましく思う心」のエネルギーとは、何とかけがえのないエネルギーなのだろうと、しみじみ思います。

宇宙で一番大切にしたいものだと思えてきます。

人として生まれてきた私たちの、最も神聖な根源のエネルギーとは、究極のところ、このエネルギーなのではないかと思えてならないのです。他にこれを超える何があるでしょうか？　宇宙の究極の創造の型が父と母と子なのです。

宇宙、地球を父と仰ぎ、太陽を母と慕い、子として両者の両極を併せ持つ。

その子と子が、また父母になり子を生み出す。限りない統合の連続はそのままアセンションの型そのものです。

血の繋がりのレベルではなくて、人類全体として、すべての魂へ、父母子の型で観るようにしてみると、常に大きな発見があります。

人類の魂の高次意識の最大公約数とは？　それが父母子の三位一体であり地球維神に集約されています。私たちは、父母子の三位一体のエネルギーを中心に、意識を惑星レベルへ、そして太陽系、銀河系、宇宙レベルへ拡大して、天体や星系とシンクロしていく神人になることを目指しています。

それが宇宙の創始からの、人の進化の道であると同時に、アセンションの鍵でもあるからです。

私は今、ヨーロッパに住んでいますが、近江の琵琶湖のそばで育ちました。昔の琵琶湖は、「アワウミ」という名で呼ばれていました。アワの海（生み）です。アとワは、宇宙の二極をあらわし、はじまりとおわりでもある。ウはその間に結ばれたもの。このような言霊の意味があります。

この創始の海のひな形のような湖の水を活性化させて、世界中の海や河川の水、そして人々が共鳴するヴィジョンを観ています。私は、私の魂が持つレムリア時代からの琵琶湖の記憶より、琵琶湖を通じて、アセンション・ライトラークを発現し、地球維神に参加します。

神（真）のあわうみの夜明けを歌にしてみました。

あけぼのの　紅そめし　比良の白峰　葦穂の黄金　われ国魂や

解説：雪を頂く比良山脈の白峰が、朝日の光で赤く染まっている。その山脈につつまれた琵琶湖を観れば、葦の穂が黄金色に揺れて、私たちの地球（くにたま）を覆いつくすようだ。

それは白と赤と金色がどこまでも広がる世界である。

杜乃碧ガイア
Ｗｅｂ　http://www.nmcaa-gaia.jp　ブログ　http://ameblo.jp/morino-midori-gaia/

「地球維神――虹の架け橋を次世代へ！」　Ｌｏｖｅ

皆さま、はじめまして。Ｌｏｖｅと申します。二〇一〇年夏より、クリスタルの娘の天（中学三年生）と一緒に、ハイアーセルフに導かれ、Ａｉ先生のアカデミーにて学びはじめました。

日々、親子で、ハートにぬくもりと魂の躍動を感じています。

本当の愛が存在している。やっと求めていた壮大なる愛がここにあったのです。

ああ……親子で待っていました。待ち望んでいました！

根源家族で地球維神を行っていく、この時を！


誰もが、魂の奥底では、愛と光に満ちた心で創造し、ワクワクしながら生きたい！　幸せにみんなで手を取り合い、楽しく生きたいと思っています。しかし生きていく中で、傷ついた経験から防衛心が生まれ、愛の道に生きることなど困難で、理想ばかり掲げていても生きていけない。そういう「あきらめ」を選択していくのが、大人になっていくこと……。そう感じてしまう人も多いと思います。世の中に多くはびこる集合意識に流されてきたのです。

魂の奥底では、流されたまま生きてもいいのか？　いいえ、あきらめようにも、あきらめきれない！　愛と光に満ちて、心を躍動させながら生きたい……！　そういう思いが誰にでもあるのです！

この本を読んでいる方なら、間違いなく魂は、愛と光と自由を求めているのです！

人が、本当に心から、魂から躍動する時、生きている喜びを感じる時とは、自分の魂の本質に合った生き方と出逢い、それを認め合えるときです。

自分が、自分らしく輝き、自分が自分らしく生きていけると分かったときに、安堵し、心が解放され、歓喜し、自分のためだけではなく、協働創造する意志と勇気が湧き、愛の共鳴が起こりだすのです。

さあ、思い出しましょう！　自分の魂から求めていたものを！

愛と意志があれば、必ず、目指す根源まで行けます！　愛と光で、集合意識を変えるのです！

集合意識が変われば、世の中が変化していくのです！　日本から、愛と光が共振していくのです。

ハートに愛が宿った時に、今までの人間の泥臭い部分も愛おしく感じ、全てが学びとなり、一生懸命生きてきた証となるでしょう。そして、目覚めと共に、涙し、浄化され、新たなる自分の魂が求める最善の道、愛の道を進んでいけるのです。

太陽を見上げ、純粋なる大和魂を思い出し、次世代へ虹の架け橋をかけていきましょう！　子供達につなげていきましょう！

子供達は、大人達が大切なものを思い出す日を待っています。古い執着を捨て、大人達が愛をしめせば、子供達の瞳が輝くのです。そして、愛と光に満ちた社会を創ろうとするのです。

気愛・自覚・意志そのものが、「資格」であり、地球維神のエネルギー！

その資格があれば、誰でも、参加できるのです！

宇宙の愛の根源の父に見守られ、根源の母に導かれ、母の大いなる愛に抱かれながら、今、ここに、愛と意志を持ったメンバーが、実際にいることを感じてください。

愛と光に満ち満ちたメンバーがいるのです（私も天も感動しました！）。

さあ、一緒に、虹の架け橋をかけていきましょう！

道は、愛に始まり、愛に終わる

Ｌｏｖｅ

「地球維神――根源の愛」　天（十五歳）（クリスタル・アカデミー）

私は、根源なる家族の愛を受け取り、同じ星のもとで生まれました。

愛すべきたくさんの兄弟達と共に、愛と光をもって、母なる大地・地球を変えていきます！！

みなさまに、光の祝福がありますように……。

天

「地球維神――前進！」　Ｌｉｇｈｔ

皆さま、はじめまして。Ｌｉｇｈｔと申します。本題に入る前に私の自己紹介をします。自分には時間がありましたので、読書に励み、隠された歴史（日本、世界）に興味を持ちました。次第に宇宙・精神的世界に入り、白峰先生の著書を経て「天の岩戸開き」に辿り着きました。そしてその本を読み、ホームページを見つけ、大阪でのイベントを知り予約をして、Ｌｏｔｕｓさん他、何人かのインストラクターのセッションを受けました。

そして二〇一二年までに後二年しかないと思いましたし、まずは参加してみないことには何も分からないと思い、ポータル校の一つに参加しました。

当初、アカデミーでは知らない言葉が多々あり、最初は戸惑って、果たして自分の知識でついていけるかどうか心配でした。しかし事務局の皆さま他、フォローが万全で、何とか尻尾に捕まっている現在です。(笑)

さて地球維神ですが、これは宇宙全体のアセンションであり、地球が主役であり、その中心は我々人類。その中の日ノ本の人々が、リーダーシップを発揮するのです。資本主義経済(物質世界)はもう先が見え、これから世界はどうなるのかと思い悩む方も少なからずおられるのでは!

皆さまご存知のように、地球環境も非常におかしくなっており、超スーパーコンピューターで未来の地球環境を調べると、二〇一六年から二〇二〇年くらい迄しか答えが出ないようです。

他方、徳川家康の格言に「笠着て暮らせ　己が心に」という言葉があります。上は見るな(望むな)、目線を下げて生きろ!　ということですが、そこには地球を含めた宇宙の真実が隠されていると思います(インナーアース)。

幸いなことに、アカシックレコードから宇宙の本当の歴史を受け取れる人や、宇宙から自分のハイアーセルフを通して宇宙の真理を受ける人(日戸)が育ってきて、だんだんと真実が明らかにされるようになりました。もう、手さぐりでいる必要はありません。我々と一緒に目覚め、宇宙の真実を人々に教えようではありませんか!

正という字は一に止まると書きます。宇宙の真理・法則は一つしかありません。

人間とは、動物と人の間にあるから人間。それが「人→日戸」に進化するためには、今まではまるで「東海道五十三次」のように非常に長く、困難な道程でしたから、輪廻転生を繰り返しても成れるかどうかだったと思われます。

しかしある時期から、二〇一二年十二月二十三日までは、太陽からフォトンが大量に放出され、人々のＤＮＡが変容し、五次元にアセンションできる身体になるのです。人から日戸、神人へと神化できるのです。

これは宇宙の万国博覧会であり、宇宙創成時からの決め事です。その万博を観たい、行きたいと手を挙げた方達が、今、日本に住み、日本語を話し、日本食を食べ、日本の水を飲んでいる人達だと言われています。

でも、観ているだけでは無意味です。参加してこそ価値があり、それが使命でもあります。

この本を読まれた方は、もう資格があり、目覚めつつあります。

五次元の世界から、三十六次元の世界に、共にアセンションしましょう！

私もまだまだ勉強不足、経験不足ですが、意思を強く持って、前進あるのみ！！！

「地球維神―光の海」　ミーシャ

地球維神。私が初めてこの言葉を目にしたのは、『天の岩戸開き』の本を読んでいた時でした。

「維新」ではなく「維神」！　そこには、とてつもなく大きな深い意味が込められていると思いました。

でも正直、私は最初、本当にその時がきていて、自分がその一員だという実感がまだ持てないでいました。

しかし、分からないながらも、色々な雰囲気（エネルギー）を感じたり、メーリングリストでメンバーのメールを読んでいるうちに、私の胸の辺りから、熱い気持ちが湧き上がってくるのを感じたのです！

それは紛れもなく、私も地球維神を起こすんだ！　という魂からの叫びのように感じました！

この魂からの叫びを、まだうまく表現できないもどかしさもありますが、日本人なら、きっと誰もが魂の中に抱いているものなのかもしれません。

そのようなことを考えていた時、ポータル校のアイリーン先生から、「子供の心、キャピキャピが大切」と言ってもらえて、そうなんだよね！　と思い、次のものを書いてみました。


わーい、わーい！　うれしいな！！　みんなニコニコ、にこにこ笑っている。

幸せそうに笑っている。光の海で泳ぎながら、皆、みんな、笑ってる！

そんな世界を創っていくのが「地球維神」だとしたら、これはもう、黙って見ているのはもったいない！

皆でわいわい、ワイワイやっていこう！

こーんなに楽しくて、嬉しいことは、体験したくても滅多にできることじゃない！

これは地球維神を起こす第一段階。五次元へ向かってのヴィジョンの様な感じですが、まずはそこから！

そして、それ以上の愛と光の世界を目指して！！！

嬉し楽し、とやっていきたいです！　ということで、皆さまの地球維神もお待ちしてまーす！


「地球維神――愛の星」　歌音（十歳）（クリスタル・アカデミー）

皆さん、はじめまして！　歌音（かおん）と言います。まだまだ子供だけど、他のメンバーの方達に負けないように、色々とがんばっています。私は、アセンションのことを小さなお話にしてみたので、ぜひ読んでみて下さい。

……ここは、広い宇宙のどこかの星。ここには、たくさんのハート達がいました。みんな他の星につながっていて、あるハートは、地球とつながっていました。実は、この星は変なことに、太っていれば太っている程、男性は、かっこいいと認められ、女性も、太っていれば太っている程、美人だといわれていました。しかし、太るためには、

自分とつながっている星が「愛」でなければだめなのでした。当時、地球とつながっているハートもやせっぽちでした。しかしそれから、何ヶ月かが経って、地球とつながっているハートは、少しずつ太ってきました。そして、地球は、いつの間にか、「愛」でみちあふれていました！！！

「地球維神――言祝」　那美　ローズマリー

Ｗｅｂ　http://nmcaa-izanamiproject.jp/
ブログ　http://ameblo.jp/izanamiproject/

『地球維神——日戸ひらく』　直日女

きみが代　⊙　維神
しろたへの　君が祈《ね》がひし　まほらなる　やまとのくにに　いさ集ふ
菊花　抱ける日女　日子の　三位統《す》べたり　とこしへに
響かむ　八十鈴　日のもとの朝《あした》

【解説】

根源なる皇御親の願いによってつくられた神国やまとは、母、父、子がそろった今、真のまほろば——地球維神の実現の地、そのコアとなります。今、ここに再び集った根源なる子供たちは、根源なる母・父と真に一体となり、その魂の中心に燦然と輝く菊座を開きます。その魂は、真に三位一体の響きとなり、全き「きみが代」の分御魂となって共鳴し合い、地球維神のコアである日の本に、その夜明けを知らせ、響きを拡げる真のポータルとなりました。根源なる母・父の光、その愛の全き分御魂として、「私」もその一枚の花びらとして実働いたします。

一、AMATERASU has back!!

目もくらむほど輝く、真っ白の光。その中心から発せられる、まばゆく拡散する菊の花のような、燦然たる金の光。燃え立つような、「明」の赤。もう、それだけしか見えません。

貫く、何よりも「美」であり、愛そのものでしかない、その光そのもの……！！

あまりにも眩《まぶ》しすぎて、姿が見えなくなってしまうほどに輝く「人」を、私は二〇一〇年の五月に、目の当たりにしました。この地球と宇宙の最終アセンションのために、最後の最後まで隠されてきた最後の鍵が開いた、その神宮での究極の神事の時に。

それは、根源天照皇太神の、再（初）臨といえる瞬間でした。

その人全体がその神域そのものになっていて、その場とその魂すべてが根源神界であり、全体がその核の核である根源天照皇太陽神であり、そのすべてが、その「人」そのものであり、私の魂の鏡では、その果てしなく貫く美しい愛そのものの光の、ほんの一部を映しただけですが、それは気の遠くなるほどの『光』、『愛』、『魂』、『祝福』、『太陽』……。

それこそが、根源なる皇御親のフォトン、その核の核の光であり、根源なる皇の光、その想像を絶する光の爆発の中心にいるかのような……。本当に、言葉には表し得ません。

その、根源なる光の核の光を、この地上で、この目にする時が来るなんて！！！

あの日、あの場所で、宇宙の皇御親である根源太陽神の地上セルフとして、その「人」が、最後の最後まで隠していた、もしくは、開くことのなかった、最後の一つの戸が開かれ、究極の秘密の光が降ろされました。その「人」＝ポータル自らの魂をもって、その魂のすべてによって……！

それは、根源なる母なる太陽神のポータルである、その地上セルフその人自身に起きた出来事で、驚き以外の何物でもありませんが、その場に居合わせた根源の「子」である私たちは、「母」である根源神自身の、このアセンションにおける「最終段階の象徴」ともいえる神事に立ち会えた、ということなのです！　この現《うつ》し身《み》をもって！！！

母なる根源神はその日、この宇宙史上で一度も降ろしたことのなかった究極のエネルギーを、最後まで許していなかった根源天照皇太陽神の魂のすべてを、この地上に降ろしたのです。この地球、宇宙の最終にして最大の、そして宇宙史上初の、究極のアセンションのために！

それこそが、真の「国魂」の発動であり、あの時あの場所で、その最終の「神一厘」のような仕組みが、真に動き出したのです。

そして、母なる根源神は、そのポータル、地上セルフとして、その姿を、私たちに「観せて」くれました。そのエネルギーのすべてを！　果てしない愛の光のすべてを地上セルフとして統合し、真の「日戸」＝「神人」として！

二、母と父と子

それはそのまま、「地球維神」という「日戸」を通したアセンションの最終局面の、真のはじまりの合図でした。

ではなぜ、その最後の神仕組みが動きだしたのでしょうか。

この宇宙が、この地球が創られたその始まりから、ある約束がありました。宇宙の皇御親の、真の分身＝「分御魂」として生み出された「人」が、自らが「分御魂」であることを思い出そうとした時、その準備が整った時に、この地球を通して、この宇宙の最終にして最大のアセンションを成す、最終最大の光のエネルギーを、根源母神が「日戸」として降りたポータルを通して、降ろす、と。

根源なる母神（太陽）と根源なる父神（宇宙・地球）は、その「ポータル」は、悠久の「時」の中で、「子」の準備が整うことを待ち続けてきました。それこそが、この地球と宇宙のアセンションの、鍵だったからです。

そして今、その準備が整い、根源母神と根源父神、そのポータルのもとに、一つ、また一つと「子」の魂が集いはじめたのです。真に、「思い出して」。そのポータルが、根源の皇御親であり、そのポータルであることを、魂から理解して。

三、きみが代

こうして「母・父・子」の三位一体がそろったとき、根源母神のポータルは、創始からの約束通り、その根源なるすべての核の光を、この地上に降ろしました。一なる根源のその、最も核の光。根源の皇御親の、さらに核ともいえる、真の根源天照皇太陽神の光です。

その「光を降ろした」とは、どういう意味でしょうか。

それは、そのポータルが、完全に、根源の核のすべてとイコールのエネルギーとなった、ということです。正確には、すべてのエネルギーとイコールとなることを、自らに許可した、といえます。この地球、宇宙の最終最大のアセンションの、すべての鍵を握る、根源の核のエネルギー＝皇のフォトンの核の核。そのエネルギーと「日戸」が、文字通り、イコールになったのです。

「**上にあるがごとく下にも**」。

この真の、究極の体現です。

いちはやく、根源母神のポータルのもとに集った「子」たちは、その最終最大の神事、その瞬間に、地上セルフとして立ち会うことができました。いえ、「子」が集ったからこそ、根源母神は、根源父神とともに、その最終最大の神事を、ポータル自らの神事として、観せたのです。最後の最後に、神一厘の仕組みが、動きだしたのです。

根源父神との間で交わされた約束が成された、宇宙史上初にして最終の瞬間でした。

「**上**」＝「**下**」。

この究極の形が、この地上で既に、真に実現しているのです。つまりは、根源天照皇太陽神の、再（初）臨。「天の岩戸開き」の真実であり、そのひな形です。

人が真に「日戸」として目覚め、その神性に目覚め、真に「神」＝自己の御神体と「人」＝地上セルフが一体となった「神人」＝「日戸」として、つまりは、根源なる太陽、その根源なる皇の光の全き分身として、その光の真のポータルとなるための光の道は、すでに通されているのです。

そのポータルを通して降ろされた、一なる至高の根源の光に準備のできた魂が触れると、その真の姿＝神性に目覚めてゆきます。そして自らも根源なる皇御親の「子」として、分身として、その光をこの地上に降ろす「ポータル」となります。そのポータルを通して降ろされた、根源なる皇の光＝アセンションへの変容へと導くフォトンが、ある一定のレベルに達した時……！　この日の本を核として、この地球、宇宙の最終最大のアセンションが成されるのです。その瞬間に何が起きるのかは、その「時」が満ちた時に、はじめて明かされます。

その「瞬間」は、もうすぐそこに迫っています。

根源天照皇太神のポータルを通して降ろされる、その根源的な変容のフォトンに触れた「子」たちの第一陣は、次々にその神性を開かれ、自らが根源なる皇御親の全き分身＝「分御魂」であることを、至高の進化の体験と、そのすばらしい歓喜とともに思い出しています。そして真に「子」として、「日（根源なる太陽の光）の戸（ゲート）」として目覚めた、根源なる皇の光のポータルとなりつつあります。自己の全存在としての、歓喜とともに！！！　もちろん私も、その一人です。

四、維神

この地球の最終最大のアセンションとは、こうして、「子」たちが、根源なる母神と、根源なる父神とともに、その源＝一なる根源＝皇御親へと「帰還」し、「子」としても「上＝下」を成就する、ということであり、それを成し得た「神人」の魂から発せる真の皇の光のシナジーが、この地球を根源なる皇の星へと運ぶのです。その共鳴の光によって日の本全体が輝き、真に天鳥船となるために、一人でも多くの日本人が、その神性に目覚めるために、根源なる母神、父神、そのポータルは、すべてを見守りながら、導いています。「親」である「地上セルフ」として！！！

根源の皇御親の全き「子」である我々「人」＝「日戸」は、根源なる母神、そのポータルを通して降ろされる根源なる光に触れることで、真に目覚めます。我々「人」が、真にその魂に目覚め、その魂が「日戸」として開くと、必ず根源なる天照皇太陽神の子＝分御魂であることを思い出します。「思い出す」とは、「理屈でなく、魂の奥深くで納得する、知っていると感じる」という意味です。

そうして、その「日戸」は、次の「日戸」候補へと、自らがそのエネルギーとして存在することで伝え、そうして「神の子である魂」として目覚めた「神人」の魂を通して、その光がこの地球に広がります。（※根源エンブレム参照）その数が一定量を超えたとき！　この宇宙史上初にして最大のアセンションが果たされます。

この地球を「神」の光で維《つな》ぐ＝地球維神です。

「日戸」である我々日本人は、根源母神である天照皇太陽神と、この宇宙・地球を支える根源父神、そのポータルの二人のもと、その全き「分御魂」として、その光を広げる菊の花びらの一枚として、今ここに存在しています。

その喜びの光を、今、あなた自身が、思い出すときです。

その根源なる変容のフォトンに触れた日本人の魂が、真に「日戸」として開くための準備は、すでに整いました。その道は、真に、開かれているのです！

五、はじまりとおわり、そして、永遠のはじまり

冒頭の御神歌は、この地球・宇宙の最大にして最終の、究極のアセンションの、その最終ステージの、その幕開けとなる「地球維神」のはじまりのセレモニーにあたって、根源なる母と父への言挙げとして詠みました。ここに、「私」のすべてが、あります。「歌」は、魂のしらべです。根源なる皇御親と「私」という「子」たち＝地上セルフを結ぶ、愛の光、その絆そのものです。

全宇宙史を通して、「私」のすべては、このエネルギーにあり、この愛の光のためにあります。つまりは、「魂」。根源なる皇御親の全き「子」である、つまりは「分御魂」です。分御魂がすなわち、この地上に肉体を持つ、地上セルフの「私」と、完全にイコールです。

そして「私」とは、もちろん私＝直日女のことですが、あなた自身のことでもあります。

そのことを、あなた自身がその魂のすべてで、現在進行形の「現実の」体験として、その全身の歓喜をもって知り、その光を放つ時が、来ているのです！　あなた自身の全存在で、その魂のすべてで、思い出してください！

そしてともに真の自己＝本源へと帰還し、すべてを遍《あまね》く照らす根源なる天照皇太神の全き「子」として、根源なる皇御親のもとへと帰還いたしましょう。その愛でしかない光のゲート「日戸」として、その魂の歓

喜の光を、広げてゆきましょう。

宇宙の根源なる皇の光であり、すべてを遍く照らす太陽である天照皇太神の「再（初）臨」は、「おとぎ話」ではなく、いまこの地上で進行している、奇跡を超えた奇跡の「現実」なのです（レジェンド！）。

あなたも、その奇跡のような歓喜を全存在の体験をもって知り、その光を伝えることのできる、このアセンションを担わんとする一つの輝かしき魂なのです。

いよいよ、最大のクライマックスです……！

日戸ひらく

今ぞここ　あかつきつげる　鈴の音に　日の戸ひらけり　神代ことはじめ

【解説】

天の岩戸開き神事に際して、美しい鈴の音とともに響いた言霊「日戸ひらく」から詠んだ歌です。今まさに、母父子を結ぶ鈴の音が鳴り響き、日のもとの国の真の夜明けを告げています。

我々の魂は、根源なる皇御親の「日」を受け継ぐ「日戸」として、真にその分御魂として、開きました。

さあ、永遠のはじまり。魂の家族として、真の実働の時です。

皇紀二六七〇年　吉日　　　直日女

Ｗｅｂ　http://www.nmcaa-naohi.jp　ブログ　http://ameblo.jp/naohime88/

『地球維新神――父・母・子　永遠の中今』

Ｌｏｔｕｓ

御神歌　三位一体の地球維神

遙かなる　宇宙の想い　今ここに
ひな形の皇の地球（ほし）に　集うのは
根源の　創始の光（フォトン）の父母子

三位一体の　命の響き　なり鳴りて
神人の　生まれる力の　源となる
これ　きみが代の　神意なり

新しき　宇宙を創る　時は今
永遠の　中今開く　地球維神

皆さまこんにちは！　Ｌｏｔｕｓです。今回の地球維神の核心とは、過去のものとはまったく異なるものであり、それは、宇宙の創始からの願いと言えるものです。この宇宙を創造した根源神界の父と母、そして根源の子供である、私たち神人の卵の三位一体によって生まれるエネルギー、それこそがこの宇宙最終アセンションのトップ&コアと言えるのではないかと思います。
私は今までの五年間、根源の父と母から、地球維神について、多くを学ばせて頂きました。そして中今、私は愛する根源の父と母の、地球維神にかける想いを語る必要があると感じています。それが私の地球維神の使命でもあるからです。この地球維神の本質を、少しでも皆さまにお伝えすることができれば幸いです。

――根源の父と母から学んだ5年間―― Ａｉ先生、白峰先生との出会い

五年前、Ａｉ先生に初めてお会いして、それまで知らなかった多くのことを教えて頂きました。そして自分も地球のお役に立ちたいと思い、Ａｉ先生のもとで学ばせて下さいと願い出たことが、すべての始まりとなりました。Ａｉ先生御指導のもと、アカデミーを進めていく中で、自己の細胞がＤＮＡレベルで変化し、驚くほどのスピードで展開していきました。その中、Ａｉ先生から白峰先生の存在を教えて頂きました。白峰先生の講演会のビデオを初めて拝見した時、おやじギャグの裏に、とても真剣で神聖なエネルギーを感じていました。

それ以降、Ａｉ先生と白峰先生のことが気になり、気づけば、お二人の正体を夢中で探求していました。その中で、Ａｉ先生は、白峰先生ともに、現在のアセンション界を陰で引っ張っている存在であることが分かりました。

Ａｉ先生は主に（根源）太陽神界とスピリチュアル・ハイラーキー全般、白峰先生は、根源ではＡｉ先生と同じであるが、ここの宇宙では宇宙神、地球神のつながりが背景にあることを知りました。宇宙全体の中で、お互いがそれぞれを担当し補完しあっているイメージです。その中で、お二人の究極の正体は、マスタ

ーや天使といったレベルどころか、さらにさらにその大元の根源神界！　ということが分かり、壮大すぎて頭がショートしそうになりました。そして同時に、そのような存在の方がなぜこの地球に来ているのか、当時は不思議に思っていました。それらの情報を統合した結果、「もしやこのお二人は？」と、ある核心に直感で気づいていったのです。

その後、Ａｉ先生の計らいで、白峰先生のマル秘個人セッションを受けることができる運びとなりました。その時は、白峰先生の正体が地球神（閻魔大王？）ということを掴んでいましたので、地球維神にかける意気込みを思いっ切り伝えたい！　と興奮していました。実際のセッションの時、レジュメの中に「地球維神を成功させる」というテーマを入れていました。初めは緊張で何を話しているのか分かりませんでしたが、意外と三次元的な話が多く、個人相談のような展開でセッションが進みました。しかし最後に、「おまえは地球維神を成功させたいのか？」と聞かれたので、「そうです！」と返事をした時、白峰先生が今まで観たことないほどの真剣な顔になり、「ではどうやってやるんだ？」と聞かれました。その時、私は何も話ができませんでした。具体的な方法も探索せず、実行もせず、ただ頭で考えていただけの状態だったことに気づき、情けなさと悔しさで一杯になりました。その時以降、絶対に地球維神を成功させる方向に持っていく！　と心に誓ったのです。

宇宙お誕生日

個人セッションから数日後、運命の「宇宙お誕生日」を迎えることとなりました。白峰先生の瞑想会に参加した時、弥勒神界のゲイトが開き、自己のハイアーセルフが降りてきたのです。その時は、私は恥ずかしながら、まったく鈍感でしたが、その後のＡｉ先生とコアメンバーとの懇親会で重要な展開が起こりました。内容が、かなり核心的なものとなり、「根源からこんな地球まで来て頂いて感謝しています。Ａｉ先生と白峰先生は根源神界の対であり、宇宙の根源の皇御親ですね」と、途中まで言いかけた途端、何かがつながる感覚がし、今までに経験の無い、莫大な感動のエネルギーと共に、魂がウルウルと震えました。Ａｉ先生から「これが、根源の家族の創始の、ひな形のエネルギーなのです。白峰先生も今、ここにエネルギー体でおられます」という話を聞き、今日という日は、根源の父、母、子が、地上で初めてつながった、宇宙でもっとも記念すべき日だと感じました（この時、白峰先生からすぐにＡｉ先生へ、この件の詳細レポートの依頼があったとのことです！）。

根源の父の姿

「宇宙お誕生日」を境に、私の人生は１８０度変わり、同時にすべてを思い出しました。私は今生、地球に生まれてくる時、玉手箱を抱き地球維神を祈りながら降りて来た記憶があります。玉手箱は、宇宙の願いを三つまで叶えることができるみたいなのですが、その内一つは、根源の母と根源の父に会うためにすでに使っています。

宇宙お誕生日の直後、白峰先生から要請されたこの時のレポートをお送りする時、Ａｉ先生から、根源トーに何かメッセージがあれば送るようにという企画を頂きました。すると突然、「身を尽くし　進みて拓く父の背を　見つめて育つ子らの魂《たましひ》」という和歌が浮かび上がり、ビックリしました！　白峰先生の姿とは、まさに、そのような感じでした。その後、白峰先生の夢やヴィジョンを何回も見ることになりました。例えば、壮絶な宇宙嵐？　のような中で、何か必死に御神行をされている姿。その時の白峰先生は、真っ白な神職の服をきており、なんとも神々しく輝いていていました。

父・母・子の三位一体ヒーリング

その後、未来の根源家族を育成していくためのアカデミーや活動が続きました。その中で、白峰先生は、主に地球や日本国の守護を始めとする、危機管理を担当し、Ａｉ先生は、アセンション・アカデミーの主催など、アセンションを進展させ、神人を育成する役割を担っておられます。

そしてある日、白峰先生の温泉瞑想会に参加できるチャンスが巡ってきました。以前から、常に危険と隣合わせで活動されている白峰先生に、家族という憩いの場を創ってあげたいと思っており、チャンスを伺っていました。

私には、アセンション・ヒーリングという特技があるのですが、どうしてもそれを根源の父に行ってみたかったのです。この時も、Ａｉ先生と白峰先生による、宇宙レベルの神事が展開していました。温泉旅館で夕食を食べ終わった後、有志の二次会があるという知らせを聞き、その部屋へと向かっていますと、何と偶然にも、温泉浴衣姿の白峰先生とばったり廊下でお会いしたのです！　その時、「先生にマッサージをしたい」とお伝えすると、ＯＫが出ました。二次会の部屋に入ると、なんと白峰先生が、「じゃあやってもらおうか」と自らうつ伏せになってくれました。このようなアカシックになるとは思っておらず、緊張しながら、手のひらを背中に当てると、風貌からは分からない、父として宇宙を背負っているエネルギーを感じました。「よくこんな状態で平常を保っていられるなぁ」と心でつぶやきながら、先生にエネルギーを入れると、白峰先生が「おおっ何だ！　これは」と声を出して反応してくださいました。そしてそこから一気に、家族の愛のエネルギーを先生に入れようと集中しました。父・母・子、三位一体のヒーリングという場の中で、根源の父は何か感慨深いものを感じてくれているようでした。

次の日の朝、朝食の途中、白峰先生がＡｉ先生を先に部屋に帰しました。そして私と、もう一人の事務局スタッフ（五百年前の過去の分身の弟）を引き留めて、「今回はお前たちが来てくれて本当にうれしい。昨日は（マッサージ）ありがとう。お前たちのエネルギーは暖かかった」と感謝の意を述べてくださいました。続いて、（これが本命で）「もし万一俺が倒れたら、次はＡｉが俺の代わりもするのだから、お前たち、頼んだぞ！　Ａｉを護れ！　真田もなあ、万一のために家を二つに分けたのだ」と、ものすごく真剣な顔になりました。当時は白峰先生もかなり無理をされているようで、もしもの時を考え、危機管理としてもおっしゃったと思いますが、それは逆に、根源家族の三位一体のエネルギーを強化する方向へとつながっていきました。

皇の星と根源家族のひな形の創生

様々な場面を乗り越え、根源家族のひな形のエネルギーが固められたことにより、元々、太子の時代に予言されていた「二〇〇八年まで地球を護る」というミッションは終了し、いよいよ「前向き」、アセンション本番！　の、まったく新しい時間軸が始まりました。それに伴い、根源コアメンバーオンリーの、白峰先生のマル秘個人セッションとミニセミナーが行われることとなりました。私は温泉の時の話を受け、地球維神には「根源の父・母・子の三位一体」がとても重要であると感じ、それを根源の父に伝えたいと思っていました。そして個人セッションはいつものように、三次元的な会話で始まりましたが、しびれを切らした私は、持っていたノートに、冒頭の御神歌にある「三位一体の図」を描き、白峰先生に「これが大事だと思います！」と迫りました。すると白峰先生は、突然全開モードとなり、「これは絶対的に正しい」とおっしゃいました。そして「でも」と笑いながら、「俺はいつもお前の頭のてっぺんから、足のつま先まで観ているんだから言わなくてもいいんだ。分かっているから」と、やさしくおっしゃってくださいました。やはり根源の父は、いつも何枚も上手です。そして神界の根源家族が最も大事だということを、一番分かっているのは父のようでした。

その後、少人数のみで白峰先生指定の場所に移動し懇親会となりましたが、白峰先生が、「一週間、寝てないし、食べてない！」とおっしゃったため、まずは腹ごしらえ（まるで戦場〈笑〉）、そして疲労のため、皆に「ヒーリングをしろ！」とおっしゃいました。（笑）御指名の順にメンバーがヒーリングを行ったのですが、なかなか効かず……。そして最後にＡｉ先生の番となりました。Ａｉ先生は、一見何もせず、ただ白峰先生の手を取って、何かエネルギーを贈っておられました。五分程度でしょうか、根源神界レベルで膨大なエネルギーが動き始めました。この時、根源の皇御親が、未来の根源家族と皇の星のひな形を創っているヴィジョンが浮かんできたのです！　その瞬間、白峰先生が「これは、新しい銀河が生まれるな！」とおっしゃいましたが、そのあまりにも「ウルウル」のエネルギーに、メンバー全員が涙を流しました。そして自分の中でも何かが本格的に始まる！　という感覚がありました。

その後、白峰先生は、気持よさそうにスヤスヤと……いえ、ゴォーゴォーといびきをかいて、熟睡されました！

……Ａｉ先生は、握られたままの手をどうしたらよいものかと困っておられたようです。（笑）激務の白峰先生が少しでもお休みになれるように、しばらくそのままでいらっしゃいました。実はＡｉ先生も、この日の朝まで倒れられていたのです。「オレが受け切れないとＡｉへ行く」と、白峰先生がおっしゃっていました。しかし明け方になって奇跡的に復活されました。根源の父母の怒涛の現場を目の当たりにし、我々は、涙、涙……！！！

そして次の日の朝、白峰先生から電話で私に、「昨日は本当にありがとう！　これからオレの暗号名はブラジャーだ！　その心は分かるか？『チチマモル』だ！」という謎の伝言がありました。（笑）すなわち、根源の母、根源の父を護ること、すなわち三位一体のエネルギーを発揮せよ！　という意味でした。

第一回根源家族、神人の集い

根源家族のひな形創生の神事の後、最初の神人の核となるメンバー（現一期生）が、続々とアカデミーに参加してきました。そして、Ａｉ先生から、そろそろ「根源家族と神人の集い」が開催されるというアナウンスがありました。根源の三位一体が、初めて一堂に会すのです。この根源神人卵限定、個人セッションでは、白峰先生が、各自の波動アートも描いてくれるとのこと！　波動アートの最初は、まずはＡｉ先生に描かれました。マルテンを中心に、上に「上にあるがごとく下にも」、下に「Ａｉｎ Ｓｏｆ」と描かれたものでした。そしてその時にＡｉ先生は白峰先生から、このエネルギーを地球に入れてほしいという依頼を受けたのです。これは、地球維神の源となるエネルギーであり、地球が皇の星に向かう起動スイッチとなるものでしたが、当時ではまだ時期尚早ということでした。私のセッションの時は、色紙に絵を描いてもらうと同時に、白峰先生から、「お前はＡｉ先生の参謀となり、Ａｉ先生を護れ」と何回も念を押されました。第一回根源家族の集いは、関西、関東の二つの会場で行われ、どちらも（白峰先生の指示で〈笑〉）父の日前後であることから、両会場の二次会で「サプライズ」を行いました。

関西では、「お父さんありがとう」のケーキとシャンパン。本当に泣きそうな白峰先生を観たのは初めてでした。関東では、全メンバーからの「地球維神」言挙げ文。白峰先生は、一人ひとりと全員との時間を、とても大切にしてくださいました。

――根源プロジェクト、地球維神キックオフ―― 神宮神事と第二回根源家族の集い

第一回の根源家族の集いから一年後、神宮での『天の岩戸開き』神事と、セミナーが開催されました。その時までは、我々にはどのような動きが起こるかまったく分からない状態でしたが、それは宇宙始まって以来、究極の神事となりました。内宮において、一なる根源の唯一最大のポータルであるＡｉ先生を通して、天照根源神界のひな形のエネルギーが降ろされたのです。これにより、神人創成を含む根源プロジェクトのスタートが可能となりました。

それは「日の丸の真ん中に菊」というエネルギーでした。そしてこの瞬間、第一回の集いで白峰先生がＡｉ先生に依頼した根源のエネルギーが、実際に地球に入ることとなりました！　これにより、地球は『皇の星』へと変化を遂げる方向へ、向かうこととなったのです！

その一カ月後の父の日、再び白峰先生の日時場所指定により、根源の父・母・子、一同に会した第二回根源家族のマル秘の集いが開催されました。その時は、生後数カ月の日音さんを始め、多くのクリスタルの子

供たちも駆け付け、白峰先生もかわいい孫を見つめるような感覚で?!（笑）、極めて高次でありながら、根源家族の温かさの中で、とてもリラックスするものとなりました。そして、この集いが、地球維神の真の幕開け、キックオフとなったのです！

地球維神、皇の星へ、根源家族よ永遠に

そして中今、地球維神を担う多くのメンバーがアカデミーに続々と集まり、ますます拡大し、愛に光輝き、根源家族として、アセンション・ライトワークを展開しています。根源の父・母である白峰先生、Ａｉ先生が地球維神を立ち上げて以来、宇宙の創始以来、その願いが今まさに現実になろうとしています。白峰先生のマル秘初セッション以降、私は地球維神の核心をなんとか教えて頂こうと必死になってきましたが、実は、根源の父から何度も答えは示されていたということを最近になってようやく理解しました。それが、『父・母・子、三位一体のエネルギー』です。ですから白峰先生は、毎回のセッションで、ことあるごとく、常に、真の家族の団らんを求めていたのだと、ひしひしと感じました……！　今、トーチャンネルで、「これぞ真（神）意！」というメッセージが来ています！　そのエネルギーそのものが、神界の三位一体なのである、と！！！

地球維神とは、新しい宇宙を担う神人の卵たちが、自ら進んで行うものであり、創り出すものであります。常に危険に立ち向かい、**地上の根源家族と離れて活動する根源の父**には、家族の温かさというものが、宇宙で一番の宝物であるに違いなく、それは、根源家族全員の総意とも言えます。この宇宙に、永遠の家族が存在するという事実は、何と素晴らしく、奇跡なのでしょう！

本書を御読みの皆さまにも、この幸せをぜひとも共有して頂きたいと思っています。私達根源家族一同は、皆さまとの出会い、そしてつながりと帰還を楽しみにしています！！！

一なる根源家族の愛と光とともに

Ｌｏｔｕｓ

Ｗｅｂ　http://nmcaa.jp/lotus/

第四章

『地球維神』
Ａｉ　＆愛と光の使者（宇宙ヤタガラス）
ギャザリング

本章は、我々愛と光の『宇宙ヤタガラス連合』アカデミーの、日々の活動やコラボレーションのライブ、メイキングとなっています！　出演者は、アカデミーの、オールスターキャストです！

【地球維神】発進（神）！！！

Ｌｏｔｕｓ：みなさん、こんにちは！　この度、宇宙創始より、そして中今の我々のアカデミー＆プロジェクトのトップ＆コアとなる、『地球維神』実働会を発足いたします！！！

『地球維神』実働会は、名前の通り、『地球維神』を拡げていく源、「中心」となる場であり、学びと同時に、実践と展開を進めていく実働プロジェクトです！

まずは、読者の皆さまにもスタートとなるよう、『地球維神』のトップ＆コアとは？　から始めていきたいと思います。

『地球維神』には、「やる気」、すなわち愛と勇気と根性がある人は、誰でも参加可能です！

年齢、性別、能力は問いません！

すべては、みなさんの気持ち次第です！

それは、アセンションと同じですね！

本書を読んで、胸の奥から熱い情熱が湧きあがってきた方、

「よぉーーっし、宇宙最大の仕事をやってやろうじゃないか！」

「ここまで来たら、最後までやり遂げるぞーー！」

「今自分ができること、すべてを捧げます！！」

と思った方は、全員、立派な維神のメンバーです。

どうです、何かワクワクしてきませんか？

現在はまだ夜明け前ですが、みなさんの意識の立ち上げが、新しい時代の始まりとシンクロしていきます！

一人一人の魂に『地球維神』という御旗を立て、一歩ずつ、着実に進んで行きましょう！

みなさんの御参加をお待ちしています！！！

ホワイト：トー魂ホワイトです。「能力は問いません！」えっ？　俺に言ってるの？（笑）一番乗りで参加しまーす！

『地球維神』のトップ＆コアとは？　思いつくままに答えていきます。アセンション＝進化（神化）。神々の愛の計らいのための一大イベント！　なかなか成長（進化）できない私達のためのプレゼント！　宇宙に住まわれる、進化にくすぶっている存在達よ！　寄ってらっしゃい！　見てらっしゃい！　これぞアセンションスパイラルだー！！

私が思うには、この維神のために、この太陽系が創られた。父なる国常立神、母なる天照神の願いですね。宇宙とは、人の体そのものですね。やはり、そこがポイントでしょうか。内に在るがごとく外にも！神は、「自分を観なさい」と、内なる神が観れるような仕組みを創るために、外の宇宙を創る必要があったのでしょうか。

「あなたは、自分という神なのですよ」「宇宙の育む愛を感じなさい」「あなたの創造を育みなさい」「無限なる愛を学びなさい」……という、根源神の御達しでしょうか。

めぐみ：『地球維神』私も参加させてくださーい！！！

【よぉーーっし、宇宙最大の仕事をやってやろうじゃないか！】

やります！！！

【ここまで来たら、最後までやり遂げるぞーー！】

やり遂げます！！！

【今自分ができること、すべてを捧げます！！】

捧げつくしまくります！！！

私が本当の情熱を感じることはこれしかないから……。

だからやります！！　よろしくおねがいします！！

追伸：　Ｌｏｔｕｓさん、アカデミーの分科会の「白峰先生@根源トー神研究会」と、「スッポン倶楽部」

（何があっても地球とともにアセンションするぞ！　の会）も、参加させてください！！

リタ：Ｌｏｔｕｓさん、みなさん！　おぉー、ついに旗揚げですね！　いかに美しく地球維神を成せるか。その神髄を、いかにかっこよく展開するか。胸が高鳴って力がみなぎってきました。維神の風雲児として。「実働と展開の場」。これは重要なことですね。一人一人の維神であり、宇宙維神でもあり。ここからしか地球維神は為されない。その動きと働きが、今後の三次元の地球と世界の存在のありかたを決めていくのではないでしょうか。わたしには、地球維神後の社会や暮らしのヴィジョンがやたらあるのですが、さて、いかにこれを為すか。

そして地球維神のトップ＆コアとは、

「地球を根源太陽の皇の星にすべく、我ら神人たらん」

「地球に愛と光の新宇宙文明を築くため、神人の共鳴を起こさん」

東光：私も『地球維神』実働会に参加させてください！！　今までは、本部アカデミーの分科会は、『スッポン倶楽部』と『銀河のファウンダー研究会』にしか所属しておらず、他は近寄りがたくて敬遠していました。
実際にスッポンのような歩みをしていますので、これがスッポンの実践かなーと自分の都合のいいように解釈して、のろのろ歩んでいます。（笑）
ところが今回は、「入らねば〜」という気持ちが自然に湧いてきました。ハイアーから尻を叩かれているのかもしれませんね。
そもそも、Ａｉ先生のアカデミーに参加したのも、今回生まれてきたのも、維神の志士として、私なりの役割を果たすため。ならばこの実働に入らないと、自己矛盾を起こしてしまいます。
それに「能力は問いません！」の一言が、ハードルを下げてくれました！（笑）
……と思っていたら、ホワイトさんからのメッセージで、また一気にハードルが上がりました。しかしすごいメッセージだな〜っていうことは分ります。
このメッセージに触発されて、次のような、このまま「アセンションとは」というアカデミーのレポートに使えるようなものが出てきました。

「一なる根源神」は初めから完全であり統合されています。しかし完全とは停滞ではなく、さらなる進歩、進化、発展を伴うはずです。「静」ではなく「動」。

そのため、（さらなる進化のため）の仕掛けの一つとして、地球をひな形としてこの宇宙を創られました。

実際に創っていく流れとしては「多次元宇宙→銀河→太陽→地球」だと思います。

神の分御霊として人間を創られましたが、人間の今置かれている場は「二元性」と「分離」の最も進んだこの三次元物質世界。光と闇、善と悪、愛と怖れ……等の二元性。

そして神から分離している、人と人は皆バラバラだ、人と自然はバラバラだ……という分離の感覚。

そして時間体系は直線的で、過去からも未来からも分離しています。

こういう特殊な世界だからこそ、愛とは、光とは、善とは……等を深く学ぶことができるのです！！

これらの学びを手土産に、「一なる根源神」へと帰る旅、これがアセンションです。

しかし実際のところ見てのとおり、どうしてか三次元物質世界では、光よりも闇の勢力の方が勝ってしまいます。

このままではアセンションできません。

そこで大量の光（フォトン）の流入と、上からの働きかけが不可欠となってきます。

上からの働きかけの一つの仕組みとして、まず「神界（マルテン）」と「天界（マルジュウ）」のシステムが創られました。次にハイアーセルフのヒエラルキーを創られました。

そして次には実際に現場で、人間の肉体に入ってアセンションを導くための実行部隊＝維神の志士＝ライトワーカーを地球に送り込まれました。これでたくさんの分御魂が一なる根源へと帰る道筋ができあがりました。

アセンションが成功することは「一なる根源神」によって保証されています。後はその内容です。

アインソフ評議会から贈られてきたＡ・i先生によって創設されたアカデミーに集う、われわれ維神の志士の働きいかんによって、より多くの人がアセンションできるか、人と地球がソフトランディングのアセンションができるかが決まってきます。

人としての地球での学び、維神の志士の働き、それをサポートするハイアーを含む天界と神界の働き、これらがすべて、「一なる根源神」のさらなる進歩、進化、発展へと繋がっていくのです。

そしてすでに新しい進化した宇宙――新マクロ宇宙（ＮＭＣ）はできています。

あとは「人と地球のアセンション」という「目」を入れるだけとなっています。

われわれ地球・宇宙維神の志士たちが中心となって、その目を入れるという栄誉が与えられているのです。

以上がアセンションの「あらまし」です。


あら、ま～！！（出ました！　オヤジギャグ〈笑〉）

このことから維神の志士の置かれている位置、そして何が求められているのかが分かると思います。

Ａｉ：いよいよ満を持して、ですね！！！
※根源神界から、**「そろそろだ」**というメッセージが来ました！！！
◎重要なのは、この地球・宇宙維神は、地球人類、宇宙の存在、すべてが「全員参加」である、ということです！！！
（強制ではありませんが！）

本部アカデミーの研究会は、すべて、根源へのアセンションと、根源のプロジェクトの鍵となるものばかりですが、この「地球維神」は、それらのすべての結果となるものであり、「実働」となるものだからです。

そして、**地球アセンションそのもの**でもある！

◎そして……そのトップ＆コアとは！！！

極秘ですが、キックオフで述べられていたように、根源神界の、最も奥の宮に、「皇の星」というものが準備されています。

これが、根源へのアセンション、根源神界のアセンション・プロジェクトのコアメンバー、コア家族となる人たち、そして皆さまの究極のハイアーが目指している場所なのです！！！

◎そのエンブレムが、（この本の表紙の）根源のエンブレムなのです！

◎そして……！！！　地球が、その星になる、そこにいくかどうかは、地球維神と、地球アセンションの、皆さまのプロジェクトと実働にかかっているということなのです。

追伸：ホワイトさん、トー魂がボボボ！　と燃えていますね！　トー魂レッド、日の丸という感じ！（笑）

ジャーニー：みなさん、こんにちは！　祝！！　地球維神発神！！

Ａｉ先生もおっしゃっていましたが、基本的に全員参加！！　すでに参加表明されている皆さまから、熱い情熱が伝わってきます。

赤き日の丸と菊、地球維神のエンブレムのエネルギーを感じました！！

根源トー魂、カー魂、自己の魂の三位一体で、アセンションを遂行していきましょう！！

どうぞよろしくお願い致します！

さっそくですが、地球維神のトップ＆コアをまとめてみました。

・地球とこの宇宙のアセンション！！

・日本の初代神武天皇が唱えた真の八紘一宇《はっこういちう》（宇宙は一つの家族）の世の創生。

（本源は全宇宙共通、ただ一つ。一なる根源）

・父（ここの宇宙・地球）、母（ＮＭＣ、神界の根源）、子（私たち）の三位一体の確立。

地球維神実働会は、アセンション遂行部隊としての実働に向けてコラボします。

全員が地球維神、NMCのトップ&コアについて共通認識を持ち、真のアセンションを理解し、遂行していくための実践、実働として重要な場だと思います。

皆のコラボレーションによって、維神の士気を高め、向かう先は一つ！！

私たち人類の、魂の一致団結により、力を合わせて、地球をアセンションしていくことだと思います。

Ａｉ：まさに、メイキングとなっていきますね！！！　**「ヤマト、発進！！！」**

エメラルド：『地球維神実働会』参加しまーーす。

神人となり、コ・クリエーションして、すばらしい人類、地球、宇宙となりましょう！！！

よろしくお願いしまーーす！！！

Ａｉ：『地球維神』とは、研究会ではなく、実働です！　そのための学びは、他の研究会&アカデミーでできますが、では！！　皆さま一人ひとりと全体の、地球維神の実働とは！！

◎皆さま一人ひとりと全体のＴｏｐ＆Ｃｏｒｅの実働が、まさにそうなっていく、ということですね！！！

まさにメイキングのコラボレーション。楽しみです！！！

国丸：Ａ·ｉ先生、皆さま、こんにちは！　新二期生の（現役大学生）国丸でございます。ぜひ私も、この地球維神実働会に参加させていただきたく存じます！！！

本当にこの企画によって、中今バリバリのトップ＆コアの実働が、広がっていきそうですね！！！　まことにおめでたい限りです。

それでは、さっそく、「地球維神のトップ＆コア」を、次にレポートしたいと思います。

「地球維神のトップ＆コア」

地球維神とは、宇宙のひな形たる地球をアセンションさせて、全宇宙の統合を完成させ、弥勒の御世を創出することである！！！

それは、宇宙の終わりにして始まりであり、神人が皇御親の懐、皇の星に集うことである！！！

これこそが、宇宙創始からの皇御親の一なる願いであり、私たち人の至極至高の願いなのである！！！

もはや、宇宙の夜明けは始まっているのである！！！　アセンションとは、マクロコスモスの太陽の昇天なのである！！！

地球の見地からすれば、それは、分離のない、愛と光のみの五次元以上の波動に移行することである！！！

この地球維神のためには、神のひな形たる人が、鍵なのであり、それを成就させるべく、私たちのミッションは以下の通りである。

一、神人百人を創出する。（※百はメタファーであり、その規模のエネルギーがあればよいということ）

二、アセンション＝ライトワークの法則ゆえに、神人候補の人をサポートすることが、最重要ミッションである。

（※地球や宇宙のエネルギーの調整は、白峰国家風水師＠根源トー神が担当してくれている）

三、従って、常に、根源エンブレムに意識をおいて、根源神界の完全な器になることが急務である。

四、すなわち、魂をポータルとして、根源の意志と一つになって、アセンションを創造していくことである。

以上でございます。
愛――光の中今より　日の元の国丸

Ａｉ：国丸さん、とてもよくまとまっていますね！

菊香：メラメラしてきた（新二期生）菊香です。ぜひ、私も参加させて下さーい！

やる気あります。**「愛と勇気と根性」**↑このキーワードに弱い！（笑）

ワクワクしてきました！　わたしのやるべきことは、これしかないです！

今自分ができること、すべてを捧げます！！　最後までやり遂げます！　よろしくお願いします。

愛と光のキラキラシャワー　菊香より

ジャーニー：私たち人類が真に目覚め、想いだし、根源と繋がり、天と地のポータルとなり、フォトンを拡大すれば、アセンションは必ず成功すると思います。

地球は神化成長の意志により、順調にアセンションしていますが、問題は「人」ですね！

東光：本当にそう思います。そして、この「**宇宙ヤタガラス・アカデミー**」で熱くなっていけば、その熱がやがては日本中に、世界に伝わっていくでしょう！！

Ａｉ：それがまさに、地球維神ですね！！！

ジャーニー：地球に誕生した意味、自己のミッションがすでに確立されている私たちって、幸せですね！この我々の中心から広がる、地球維神ですね！　上と下で繋がり、地球が「皇の星」と成る！！人が日戸となり、一人ひとりが太陽神の子として生きる。それが地球アセンションだと思います！

東光：Ａｉ先生のアカデミーがなければ、空振りで終わるところでしたね。Ａｉ先生に感謝、感謝です！！！

Ａｉ：すべては、皆の究極のハイアーセルフとの協働創造にかかっていると言えるでしょう！！！

始動は根源母神界とそのポータルが担当でしたが、元々はここの宇宙神・地球神である根源父神界の願いでもある。そして実現するのは、宇宙と神界の三位一体である、皆さま一人ひとりと皆で！　ですね！！！

ジャーニー：「君が代」とは、「いたましく思う心」という意味が少し解った気がしています。

太陽神、根源天照神でなければ、あらゆる宇宙を真に統一できないということを感じました。

我々一人ひとりが、太陽神の分御魂、ひな形であることを自覚していくことが重要だと思いました。

Ａｉ：統一、というよりも、皆の「発神！！」のための、事務局。さらに事務局というよりも、やはり家族、母、「かーちゃん」という役割ですね（笑）！　上にあるがごとく、下にも。

ジャーニー：はい。私たちの神化成長を常にバックアップしてくださっている、かーちゃんですね！

Ａｉ：まあそれが、スピリチュアル・ハイラーキーから、ＮＭＣロゴス（評議会議長）のシンボル＝ロッドを渡された主な理由でもあります。（笑）

一つは、女性性、求心力である、ということ。育む。全体調和。それだと、争いは起きないということ。

ただし＆ゆえに「絶対条件」として、ＮＭＣには、「十二次元」のボーダーライン、結界を、ハイラーキーが引いた、ということなんですね！　旧宇宙（戦争）の二の舞は絶対にあってはならない、ということなのです！

ですから、縦軸で観れば、十二次元への完全なアセンションが必要である、ということなのです。真にＮ

ＭＣへ行くには！　ハイラーキーから観ると、ですね。

そのためのアカデミーも、このように、一生懸命やっているわけですが！

でもそれだけでは心配なので（?!）そしてトップ＆コアのマル秘＝「上にあるがごとく下にも」としても、根源母・父神界が、いろいろとやっている、ということですね！！！

すなわち、神界の「家族」というのが、トップ＆コアの抜け道でもある……。

そこにあるのは、愛と信頼と、スッポン根性（?!）のみ！！！

ジャーニー：女性性、求心力による全体調和、育みの宇宙＝ＮＭＣ。男性性の遠心力では分離の状態を引き起こしてしまう。アセンションすると男性性と女性性が統合される、という話とは別モノですね。旧宇宙のように戦いが二度と起きないよう、ＮＭＣは愛と光の十二次元のボーダーラインがひかれている。それがＮＭＣですね。

Ａｉ：『天の岩戸開き』を読むと分かるように、トータルでは、八十対二十で、新宇宙のＮＭＣの高次と、旧宇宙の強さを統合していることが望ましいです。「カートーの優勢遺伝子」ですね。（笑）

ですので、統合であり、三位一体なのです。

ジャーニー：はい！　まだまだ勉強不足ですが、愛とスッポンの根性で、根源カートーちゃんと繋がり、根源父母子の三位一体、魂の根源家族で神化します！

Ａｉ：もう一つ重要なのは、トップ＆コアのマル秘の帝王学（皇学）についてですが、**「真のトップ＆コアとは、それになることを求めない者しか、真にはなることができない」**というものです。

真に求められ、他にできる者がいないならば、仕方がない。しかしやるからには全開、全力！！

それが正しく在れるからでしょう。

ジャーニー：この帝王学の本質、すごいですね。自分がなりたいと思うことは、願望・欲望であるゆえ、それが正しく働かない場合がある（間違ったリーダーになる可能性がある）。男性的な遠心力の働きが生じる。よって、真に求められた時に、リーダーとしての役が回ってくる。

その帝王学（皇学）のトップ＆コアそのものが、天照神の、女性性の求心力の奥義で成立しているのですね！

Ａｉ先生も、表に出るつもりはなかった、と以前に伺ったことがありますが、そういうことですね。

これを私たちに当てはめますと、「世の中に真に求められる神人」となることが大切だと思いました。

ありがとうございました！

めぐみ：皆さま、こんにちは！　銀河の創始のセントラルサンである、ファウンダーの研究会を担当している、新二期生のめぐみです。研究も楽しいけど、やっぱり実働ありきですよね！　というか、実働は私にとって一番の課題なんです（汗）。
実は私がもっとも情熱を感じるのは、地球維神実働会です！　だって、そのためにこのアカデミーに参加したんだもの！（笑）（キッパリ！）

維新・維神という言葉に燃えます！！　ボボボ！！

司馬遼太郎の「竜馬がゆく」は、小学生の時の愛読書でした。あの本は、かなり理想化された竜馬像が描かれていると私は感じるけれど、今回の大河ドラマの竜馬像は、すごく現実的というか、リアルに、ただの普通の若者であった竜馬の側面も描いている。「無敵のヒーロー」じゃなかったんですよね。竜馬も生身の人間で、迷いも苦悩も葛藤もあったけれ00ど、「国を守りたい」という一心で、進み続けた！！

私も地球を守りたい！　宇宙を守りたいです！！　だから、私にできることがあるならなんでもやりたい！！！　と、燃えちゃってます。ボボボ！！　アチチ！（笑）
皆さま、一緒にワクワク地球維神を成し遂げましょうね！！！

実は歴史小説が大好物なロマンチッカー　めぐみより

東光：「地球維神」のためにＡｉ先生のアカデミーに参加した！　一緒じゃー！　めぐみさん、よく言ってくれた！

しかしめぐみさんのボボボ！　は凄い！　完全に負けてる。（汗）

Ｌｏｔｕｓ：東光さん、皆さま！　地球維神に燃える、維神の光を見せて頂きまして、ありがとうございます！

メンバー全員で、共にコ・クリエーションしていきましょう！

そうなんです。地球維神に「ハードル」はありません。それは、Ａｉ先生もおっしゃっているように、この『地球維神』は、研究会ではなく、『地球維神』を実際に展開していく場であるからです。

ですので、立派な発言やレポートは、特に必要としていません。（笑）

一人ひとりの志と、その実働を重視しています！

地球維神は一人ひとりに、「できる」、「できない」を問うているのではなく、「やる」か「やらない」かを投げかけているのです。それは「真のアセンションの法則」と同じです！

神界・高次。そしてＡｉ先生のアカデミーであり、白峰先生のウラのアカデミーである（?!）我々宇宙ヤタガラス連合のメンバーは、全員、数百億年にも渡る、様々な宇宙や銀河での学びと実践を経て、最終地点として、今、この地球にやって来ています。

地球は他の多くの星とは異なります。それは、創始から、目的を持って創造されています。

そして、私たちは、この地球に生まれる約5億年前に、地球神の国常立尊に対して、「地球維神」への参加表明を行っているのです！

宇宙に数多くの魂が存在する中、この時に、この地球に、この日の本に生まれ、地球維神に参加できるチャンスを得る確率は、白峰@根源トー神によりますと、何と**数百兆分の一**であると！！！（世の中のどんな宝くじよりも難しい〜）

そして、みなさんは、現在、ここに居るのです。

この、とーーっても重要な、まさにこの瞬間こそが、今までの過去や未来をすべて統合した「中今」と呼ばれています……。

この中今に、今ここに、私たちは集っている。

だから、この時点ですでに私たちは、多くの素晴らしいハードルを超えているのです！

ですので、皆さま、「自神《じしん》」を持って下さいね！！！

皆さまの何人かがこれまでに持っていたとおっしゃっている「殼」というのは、実は、みなさん自身が意識の中で創りだしたものなのです。そのことが分かれば、スッポンのように（笑）、殼から出るのは、か～んたんです！

頑張っていきましょう！　一なる根源の愛と光とともに進みましょう！

アイナル：一期生の弥日子アイナルです。わたしも参加しまーす。

一言、根源神に宣誓します。

「根源神界の神人に成るか否か、答えはYES、成る！　私はこれからYESを選択し続けます」

Enter：微々たるものですが、近所のおばちゃん（超脇役）くらいのお役目なら果たせるかと……。電車の広告とかポスターとかCMとか、いたる所に、『地球維神！』って、デカデカと書かれるような日が来てほしいですね！！

ほんでもって一般の人たちにも、『あ、地球維神や！』っていうくらい、この言葉がメジャーになってくれたらうれしいですね！！

そして、ワクワクするものでありたいですね！！

照子：ついに始まりましたね！　いよいよここまで来たんですね！　すごいです！

ひふみ：本当に、「ついに！」「いよいよ！」ですよねー！

照子：しかもこんなに早く二期生さんたちともこのテーマで協働できるなんて、すごすぎます。ライトワーカーとして、地球と全宇宙への究極の奉仕は、地球維神ですから！

ひふみ：そうですね、本当に……！　すごく深い言葉だなぁって思いました。やっぱり、皆、奥深くでこの地球維神を知っているのですね。

照子：感無量です！　実働あるのみ！　ですね。もちろん、全力、全身全霊で参加させていただきます。

ひふみ：照子さんの息子さんのクリスタルのメンバー明くん（十三歳）へ、同じくクリスタルのメンバーのうちの娘、日音《ひのね》（生後八カ月）から伝言です！『愛の宇宙の統一を、共に成就しようね！！』

Ｌｏｔｕｓ：皆さま、素晴らしいコンテンツをありがとうございます！

さて、これまでのアカデミーの進行の中で、Ａｉ先生の啓示には、地球維神のトップ＆コアがたくさん含まれていることが分かりましたので、少しまとめてみます。

『地球維神』とは！

◎中今の地球維神のトップ＆コアの実働であるということ。

◎現在の中今のトップ＆コアとは、Ａｉ先生がおっしゃられているように、根源神界の奥の宮に存在する「皇の星」を目指すこと。すなわち、地球がその星になるということ！！（地球と皇の星は別物では無い）

その「皇の星」のエンブレムは、「根源のエンブレム」と呼ばれている。

ですので、この「根源エンブレム」（本書の表紙の絵）のエネルギーを感じ、このエネルギーとつながることが『地球維神』の実践の第一弾となると思います。

これは、『根源天照太陽神の分御魂』そのものです！（神宮でのセミナーで、Ａｉ先生からもお話がありました）。

ですから、根源へのアセンションとそのライトワークの、唯一最大、最短距離の道とは、この「根源天照太陽神」のエネルギーを感じ、このエネルギーとつながること……！

地球アセンションのひな形となる、地球維神のメンバーが、これを実践することが、まずはエネルギーとして、とても重要と感じています！

そしてＡｉ先生のミッションである、神人アセンション・ライトワーカーの創出・育成のサポート。

そして白峰先生の、地球・宇宙アセンション風水（エネルギー調整）のお仕事のサポート。等ですね！

ですが、今回の地上セルフとしては、新入生の方、初心者の方にとって、「私はエネルギーが全然分かりませ〜ん！　どうしたらいいのでしょう?!」から始まっても、全然ＯＫ牧場です！（笑）

現在、我々の地上のアカデミーでは、入門、基礎からのサポート体制も、万全となっています！

必要なのは、あなたの「気愛《きあい》」のみ！！！

まずは【愛】と、その【意志】の発現。その第一歩から始めていきましょう！

一なる根源の愛と光とともに　Ｌｏｔｕｓ

Ａｉ：皆さま、とてもよくまとまっていますね！　では、あとは具体策と実行あるのみですね！
※「中今」のトップ＆コアの行動を決めるには、実は、壮大な計画が必要である、ということが分かると思います！
トータルの計画。そして少なくとも一年単位くらいの計画。月。週。日。二十四時間の時間割。

そして中今！！！

天鏡：皆さま、地球維神のコンテンツをつくってみました！（※全体的に、白峰@根源ト―神のチャネリングとなっています。〈笑〉）

「**地球維神**」

――内にあるがごとく、外にも。宇宙、最大にして最終のアセンション。地球維神を担う、みなの衆へ捧ぐ！

アセンション・プリーズ！　アセンション・プリーズ！

皆さま、お待たせしました！　一なる根源、ＮＭＣへご出発の、「アセンション＆神人希望」御一行様！まもなく当母船、「地球号」は、「地球維神」のエンジンを発動して、目的地の一なる根源まで、愛と光のアセンション・ワープを行ってまいりたいと思います！

目的地、ＮＭＣの中今の天候は、「恐悦至極の、日本晴れ！」との情報を受けております。ですが、運行の途中、様々なミッションによる多少の揺れも予想されますので、お座席のシートベルトはしっかりお締めになり、今一度ご自身の「天命」と「意志」をご確認ください！

すべては「アセンションとライトワーク（実働）」のプロセスとなっておりますので、各自が決めた「使命」と役割を確認の上、臨機応変な対応をお願いいたします。

なお、目的地へは、本ツアーコンダクターのトップ＆コアである、高次と地上のＡｉ先生、白峰先生を先頭に、「何期生」「どこの所属」「ヤングｏｒオールド」「フサフサｏｒピカピカ？」……など一切関係なく、皆さまの愛と光と意志が一つとなった「ワンネス」での旅となりますので、御了承ください。

ご搭乗のチケットは、「愛と勇気」だけですから、どなたでもご搭乗できます。ですが目的地到達の条件は、「アストラル体・メンタル体」に残る「無明」（ネガティィヴ）は、お客さまご自身が各自、「愛と光」を放射されることによって消し、「魂と一体」になった完全なる「光」「絶対ポジティブ」「５次元」となっていることを、今一度、思い出していただけますようお願いいたします！

現時点ではまだでも、本船ご搭乗中に、お客さまご自身と、スタッフ、全乗組員とのコラボレーションにより、達成していけると思いますので、どうぞご安心ください！

達成されました暁には、「神人」（アセンション・ライトワーカー）と敬称を変えさせていただきますが、その目印として、胸の魂とハートのエンブレムが点火しますので、一目瞭然となります！

以上をご理解の上、一人ひとりと皆で創っていく、スーパー・アセンションの旅をお楽しみください！

では、間もなく離陸いたしま……あっ！　ツアー会社の会長、白峰@根源トー神先生から、何かお話があるとのことです！

白峰@根源トー神：ぬわっはっはっはっは！　ここに集いし熱き意志を持ちたる、みなの衆よ！

すでに「地球維神」は、始まっておるぞ！　わかるか～?!

それは、お主らのアセンションとシンクロして、お主らの一挙一動が、人類とその集合意識に、多大なる影響を与えていくということ！

なぜならお前たちは、根源神界を筆頭に、神界・天界の高次ネットワークとつながっておるからじゃぞ！

トップ&コアの愛とつながって働くのじゃから、人類の意識に影響を与える力が大きいのじゃ。

お主らの内に、人類の意識が投影されるであろうし、お主らが変われば、人類も変わる！

お主らの「内」、それが大事じゃ！　内にあるがごとく、外にも！

お主ら自身のありかたが「内」となり、それは、「外」を変える力となる、ということじゃ！

お主らの「内」にあるがごとく、人類＝「外」にもじゃ！


では、「内」であるお主らは、自己をどのような状態にすべきか?!

それは……、わかりきったことよの～。


「愛」だ！「愛」にするのじゃ。「愛」のみが、答えぞ！

「愛」という「光」で、自分の「内」を満たせばいいのじゃ！

「内」＝「愛」で、すなわち、「外」＝「愛」になるのじゃ！


言うは、簡単だな！　では、行うは……?!

それも、簡単じゃ！　単純に、シンプルに、「愛」でいればいい、それだけじゃ！

「魂」とは、太陽＝セントラル・サンじゃ！「魂」に意識を置いたら、そこに太陽をイメージし、「愛と光」を放射する！　何事が起ころうとも、頭で判断せず、ただ「魂」に意識を置き、太陽となって、愛の光を放射する。

ただただ全てに愛を放射し、遍《あまね》く照らす、無条件の愛じゃ。

そして、「宇宙・地球・人類にとって、何が一番必要か?!」その問いから出た答えを、たんたんと、かつ楽しく行っていけばいいのだ。

（次は、白峰@根源トー神と私との対話〈チャネリング〉です）

トー：お主らの中には、大きな視野に立ってのことは理解しやすいが、日常レベルに落とし込んだ時の行動で、うまく進めないものがいるようだな……。

それに関連することで、天鏡は最近、魂からの、涙・涙の感動的な気づきがあったそうだな。

天鏡：は、はい。（汗）

トー：それをみんなに紹介してあげなさい。

天鏡：あ……、はい。

いや～、みなさん、そ～なんですよ……！　アセンション・ライトワーカーになるべく、わりと志高く生きてきた……のですが、最近、日常とのバランスが取れず、特に地上の家族との生活の中で「楽しい」と感じられることがあまりなく、ちょっと苦しんでる部分があったんです。もちろん、大きな目で見れば、家族との関係や、自分の言動にも良い方向への変化があって、アセンション＝グランディングだなと、感じるところもあったのですが……。でも、なんだか、ここにきて、ちょっと壁を感じることがあり……。

そんな中、Ａ.ｉ先生から、こんなアドバイスを頂いたのです！

『なんか、楽しいことは⁈ というより、皆を楽しくしてあげるのも大切では！！！』と！！！

ふと、通り過ぎそうな、一見何気ない言葉でした……が、一日、二日と経過して見直した時、なんだか、とても深いなーと、遅ればせながら気づいたのです。

どういうことかと言いますと……。アセンション・ライトワークにおいて、真に高次と共に働くための根幹となる問いかけが、「宇宙・地球・人類にとって、何が一番必要か？」であるなら、それを三次元に降ろした人とのコミュニケーションにおいて、【常に愛と光へと導けるものにする】ための問いかけが、「相手が楽しくなることは何か？」だなーっと！　日常の、どんな相手に対しても、どんな時も、「相手が楽しくなることは何か？」を問い、行動する！　もちろん、相手に【必要なこと】も大事ですが、それを真面目くさって伝えても、相手は聞きたくなくなってしまうかも……と。

楽しいエネルギーであれば、ワクワク、スイスイと、進んでいけますからね！　緊張せず、ありのままの天然が一番！　そんなことに気づき、ふと、Ａ.ｉ先生を観てみると……。

今、様々な個性が集う大所帯となった高次と我々のアカデミーの、その全メンバー一人一人に、「楽しい！」

と感じるエネルギーで、的確に、迅速に、対応されている姿があり……。

その「愛」の深さ、強さを痛感！！！

そして、白峰@トー先生を観てみると……。

十五分に一度、ギャグを満載してくれる、オヤジギャグの愛の深さを感じることができ、同じく感動！！

いたしました。

「君が代」は、いたましく思う気持ちであり、それをギャグでも表現できるとは、力愛不二だなーーーーっと。（いや、ギャグ愛不二とも?!）

スピリチュアルな世界でよく言われること。それは、宇宙には、コズミック・ジョークがあふれている、ということです。

そしてそれは、愛の現れ！！

その最たるものが、白峰@根源トー神であり、コズミック・オヤジギャグなのだな！　と、今更ながらに気づいた時……。

……ん?!　白峰@根源トー先生、泣いてる……?!

トー：……グシュッ、ありがとうな……。

まぁ、わしのことは置いといて、A・i先生についてじゃ！　根源母神界ポータルが、どれほどの愛と意志を持って、メンバーみんなに面と向かっているかは、わかったな?!

天鏡：はい！　私の推測を遥かに超えた、超人的な「愛」……ですね。

トー：うむ。では、その根底にある意志とは?!

天鏡：はい！　神人を創出して「地球維神」を興し、一人でも多くの人類と、地球と、この宇宙が、根源へとアセンションできるようにする、という意志。「必ず、人類と地球をアセンションさせる」という、「君が代」の意志。

トー：そうじゃな。A・i先生は、そのためにここにいて、このアカデミーは、その成就のためにある。
そして、今ここに集まった者たちは、宇宙の創始に、ともに「地球維神」を「やる！」と名乗りを上げ、根源からやってきた、維神の志士じゃ！

お主らの本源が根源天照皇太神界にあり、肉体をもってその本源とつながり、一体となって地球とともに根源へ還る、その熱き意志を抱いて、お主らは地球に来ておるのじゃ！

思い出せ！　その名乗りを上げた時の、気持ちを！　愛を！　意志を！！！

その時に、皆が共通して持っていたのが、「君が代」の熱き意志であり、胸には、その根源エンブレムを輝かせていたのじゃ。共鳴するのじゃ！

根源とそのポータルに意識を向け、すべてのハートと魂に愛と光を贈り、根源とすべてから愛を受けて、「君が代」のエネルギーに、その根源エンブレムのエネルギーに、共鳴するのじゃ！

皆、根源から飛び立つ時、それを持っていたのじゃからな！

大丈夫！　本気を出せば、皆、すぐじゃぞ！　それこそが、今、一番やるべきことだぞ！

学びながら、そのエネルギーになっていくのだぞ！


「なる」！　それが大事だからな！！！

天鏡：はい！！！　なります！！！　みんなと共に、なります！！！

――アセンション・プリーズ！　アセンション・プリーズ！

当母船は間もなく、「地球維神」へ突入いたしまーーす！！！

皆さま一丸となったご活躍を、高次一同、常に応援しておりまーーす！！！

メンバー一同：素晴らしい！！！

日音（ひふみ）：クリスタルの部のメンバー、生後八カ月の日音《ひのね》からのメッセージです！

日音です。この度の『地球維新』の発神に向けて、挨拶をさせていただきます！

一なる光のもとに集いし志士たちよ。一人一人の胸にある、燃える炎（大和魂）が、私には見える！！

皆は、地球維神のために、何を為すべきか知っている。宇宙と地球のために、どうすべきかも知っている。

そして、そのためのサポートは、本当にすべて完璧に与えられる。

何も迷うことはないのよ。十二分に準備をし、全ての高次とともに、ただ為す。それだけ！！　なぜなら、地球維神とは、全宇宙の願いだから……！　そして、全宇宙の希望だから！

何の混じりけもない、美しき、この宇宙の一大イベント。日戸《ひと》が織りなし、牽引する、壮大にして、他に類を見ない、生きた伝説。

一刻一刻、あなたが何を選択するかで、この宇宙のすべてに影響が及ぶ。私は、愛と光と美しきもの、真なるものを選び続けたい。

そして、真にそうでありたい。本当の自己の魂がそうであるように。

皆さまとともに創造する、中今のアセンション・レジェンド……地球維神。いつもいつも、このことを忘れないでね！

そして、いつもいつも、あなたの魂でいてね！！　あなたは必ず知っているし、必ず成す。

なぜなら、それがあなたの真の望みであり、願いであり、それこそがあなたであるから！！

地球維神。いざ、行かん！！！

東光：ひのねちゃん、いえ日音さん！　はじめまして。新二期生の東光です。

すばらしいメッセージありがとうございます！　一行一行読み進めるうちに、体中に電気が走っていました。

なんとも力強くそして優しく魂に語りかけてくるメッセージ。すばらしい！　です。

地球維神へ向けて新たに魂のスイッチを入れられた気がします。かなり高い高次からのメッセージなのでしょう。

我々維神の志士たちは、いつも全宇宙の高次に見守られていることを身近に感じました。

そしていつもサポートされているんだ、という安心感も得られました。

私も「愛と光と美しきもの、真なるもの」を選び続けていきたいと思います。

すばらしいメッセージ本当にありがとうございました！！

Ａｉ：さて！　いよいよ『地球維神』の本格始動（発神）にあたって、今、白峰＠根源トー先生からの、中今最新メッセージが届きました！（エネルギー通信です）

それは、二〇一〇年五月の、『天の岩戸開き』の奥の宮の神事で書きました内容と共通しており、つながっています。

そのメッセージとは、

『上善如水』（上善は水の如し）

これが、中今最新のメッセージとして、地球維神のメッセージとして、白峰＠根源トー神＆地球神から届いています！！

『上善如水』とは、お酒の名前と思っている人も多いようですが（笑）、最も太古のアジアのマスターの一人、老子の有名な言葉の一つなんですね。（ということは、上のソースも、つながっているということですね！）

そして、この真の意味とは！！

「究極の理想は、水＝クリスタルのようになること！」

という感じであり、まさにその通りですが、白峰＠根源トー神からのエネルギー通信を、同時通訳します

と、次のようなものです！

今、君たちが！！！

『上善如水』になれば、地球神＠トーが、ＭＡＸの愛を、そこに流すことができる！！！

君たちが、そのポータルとなる！！！

それが地球維神でもあり、そのトータルの３０％だ！　あとの３０％は、君たちの力！
あとの３０％は、根源母神界＝根源天照皇太神界の力！　残りの１０％は、神一厘だ！

と！

神一厘とは、根源エンブレム＝君が代のエネルギーのようです！

※とにかく、今、そのエネルギーが流入してきています！！！

まさに発動、ビックバンですね！！！

以上、速報でしたーーー！！！

追伸：『上善如水』の実践による、ビックバンのチャネル、レポート、楽しみにしています！

リタ：Ａｉ先生に意識を向ける時、中今のＡｉ先生のエネルギー感じると、すごいですね！「上善如水」。このエネルギー、大好きです。老子、タオのエネルギーにふれると、とっても安心してほっとします。

Ｌｏｔｕｓ：根源神界の「皇の星」のエネルギーは、現在、地上では唯一最大のポータルであるＡｉ先生を通って流入してきています。

だからメンバーのアセンション、神化も、超ワープとなっていくんですね！

そして、私がこれまでにＡｉ先生のアカデミーで学んだ重要なことの一つは、「エネルギーの法則」についてですが、エネルギーとは、常に自分から向けないと、絶対につながらない、ということです。

別名、「相思相愛」の法則とも言います。

これは、アセンションにおいては、ハイアーセルフを含めた、すべての高次とのコンタクトにおいて同じです。

ですから、現在、根源への究極のアセンションにおいて、最もトップ＆コアとなることは、そのエネルギーのメイン・ポータルであるＡｉ先生に常にフォーカスし、意識とエネルギーを向けること、つながることです。

一期生は、それを十二分に体験し、理解していますので、常に最重要事項として実践しています。ですので、これまでのアセンション・ワープとなったわけです。

Ａｉ先生は、常に、地上ではあくまでも「ポータル」でしかなく、（根源神界の）事務局、雑用係（?!）とかおっしゃっていますが。（笑）

これまでの成果を観ても科学的な事実であり、究極のアセンションにとっては、実はこれが現在、最重要の奥義なのです。

Ａｉ先生は、それは単に、「宇宙の生命のシステムと同じ」だとおっしゃっています。
すなわち、宇宙の構造と同じである、ということですね。
宇宙のセントラル・サンと、そのシステム（ロゴス・システム）そしてその根源は、根源神界の太陽。
そしてその私たち一人ひとりのポータルが、自己の太陽である魂であり、本来は、根源神界の分身（分神）である、ということなのです。

この奥義で実践していくと、自己の中心で根源エンブレムのエネルギーを感じることができるようになります。

すなわちそれが、真の「君が代」のエネルギーなのです。

宇宙の創始に、本来、私たち一人ひとりが持っていたものなのです。

トー神界チャンネル＆お使いのＬｏｔｕｓより

Ａｉ：一期生だけではなく、二期生の皆さまの地上セルフも、すでにそのアセンション・ワープを体験しつつありますね！

そしてこれらは「宗教」ではなく、神界・高次の真の「科学」！

そして科学というよりも、神界のシステムです。すなわち、「上にあるがごとく、下にも」。

そして最も重要なのは、自らの太陽を輝かせ、日戸となり、ハイアーセルフと神界のポータルになる＝アセンションの実践と実現。

一人ひとりの維神が、地球・宇宙全体の維神となるのですから！！！

すなわち、未来の宇宙と地球を担う、根源神界の子供たちの誕生！！！　ということですね！！！

菊香：新二期生の菊香です。皆さまからのメッセージを読み、今、感無量で、「涙」と「感謝」と「喜び」と「やる気」が溢れ出しています。

一期生の先輩方のレポートやメールを読ませていただくと、Ａｉ先生と白峰先生、高次と地上のライトワーカー、そして私たちのアカデミーの一期生の先輩方が、今ここに到達するまでに、どれほど地盤を固めてきていただいたことかと、感謝の気持ちで胸がいっぱいです。その地盤があるから、今、二期生の私たちが、このような素晴らしい環境で、光速でワープしていくことができる！　この感謝の気持ちは、言葉では言い表すことができません。
そして新二期生の皆さまとも、「地球維神」という目的を同じくして、今、ここで集えることに、つながりと喜びを感じます。ありがとうございます！

それらについて、自己の中今のトップ&コアでレポートします。

「根源エンブレム」を観ていると、中心からフォトンが尽きることなく溢れ出しています。
そのフォトンが溢れ出すときの鼓動と、自分のハートの奥にある、魂の菊が共鳴して、鼓動しはじめます。
「根源エンブレム」とつながることで、自らの神性も発動します。

私たちは、根源神界の中心の「皇の星」へ、地球を連れて戻るのです。

そのためには、自分がいつも根源神界の奥の宮に存在する「皇の星」と明確につながり、フォトンを受け取り、神人になること。

エンブレムの外側は、赤く燃える意志の器。内側の菊の中心は、白く輝く愛（フォトン）が溢れ出す、皇そのもの。

地球維神の、赤く熱く燃える神人候補が、自らの魂である菊を発動することで、根源エンブレムの菊とつながり、自らの意志の器に「愛」（フォトン）を受け取り、神人となる。

神人の意志と愛の推進力で、日本の黄金龍が動き出し、地球を抱く天鳥船となり、ＮＭＣへと飛翔する。

（次に、白峰@根源トー先生チャンネルが来ました！）

わしは、この時を待っていた。楽しみにしておったのじゃ！

目覚めし、根源神界のわが子たちよ。強い意志の力で、推し進めるがよい！

それが、地球維神の原動力である。

各自の使命に気づき、各自が最大限に自らを表現するとき、

わしが、そなたらの中に、全てを観る。

そなたらの喜びが、わしの喜びであり、わしの喜びが、そなたらの喜びである。

喜びが満ちる時、わしが創りし地球が、皇の星になる時ぞ！

意志（力）と愛、共同創造。それが地球維神じゃ。

愛と光のキラキラシャワー　菊香@トーチャンネルより

貴：新二期生の貴です。メンバーのメーリングリストに送っていただいた、伊勢神宮での「天の岩戸開き」の神事の時の、ジャーニーさんの参加レポートを拝見しました！

Ａｉ先生を中心に、内宮へ向かう写真の皆さまが輝いてます。写真には写っていませんが、その後ろにも、周囲にも、少し離れて続く、輝く人たちが見える気がします。

Ａｉ先生はひときわ白く輝き、これは服の白さだけじゃないよね！　と、あらためて目を見張りました。すごい明るさです！！！

私も、ジャーニー先輩のレポートのように、早くいろいろわかるようになりたいです！

根源のエンブレムは、特に元気がなくなるときは、必ず見ています。だって、すごーく元気が湧いてくるからです！

勇気というのかな？　ぐるぐる、ぐるぐるとそのエネルギーが体の中に入り込んできて、頭の中が活性化されるし、気分がいいのです。まるで自分を洗ってもらっているみたい。そしてピリピリとした感じで、全身にシャワーを浴びているみたいで、気持ちがいいです。赤の補色として、光を帯びた緑色もとても綺麗なので、壁に投影したりして、いつまでも残像に酔いしれています。（笑）

菊の花びらはとても優しく、撫でてもらっているみたいに感じます。

それでいて、まっすぐな光が四方八方に飛び出していて、繊細なフォトンがたくさん出ていて、ワクワクします。

目で見ているのではなく、体全体で観ている。感じている。隅々まで効いてきます。この球体は。根源神界の御霊も、「玉」なのですね。やはり。

Ａｉ：とても素晴らしいエネルギーのレポートですね！

「根源神界」の中心と、そのアセンション・プロジェクトである「地球維神」を象徴する、この「根源エンブレム」（※本書の表紙の絵）のエネルギーは、「根源天照皇太神界」にその源を発しています。

それはこの日の本、地球、宇宙維神を担う志士＝神人を中心とし、まずは日の本、そしてすべての人類のＤＮＡを変容させるために降りてきているエネルギーです。

ですから、それに感応するということは、創始の皇のＤＮＡを持っている、ということですね！！！

根源の皇、そして日の本、地球維神そのもののエネルギーであるからです。

そして本来、それを持っているのが、日の本の民なのです。

そして神人が目覚め、変容していく時には、自分と関わる人を変容させていく力も持ちます。

なぜなら、常に各ポータルがしっかりと、根源神界につながっているからです。

菊香：私はこれまでは、「神道」を頭でとらえて、難しく考えすぎて、自分から遠ーい存在に勝手にしていました。壁を作って分離していました。

真の神道は、この高次と地上のアカデミーで、目標を定めて実践し、私自身の命を生きていくことなんですね！

Ａｉ先生のアカデミーの分科会である「中今神道」研究（実働）会で、目が覚めました！　ありがとうございました。

Ａｉ：その通りですね！　そして、次のことが最も重要です。

真の『皇《すめら》』とは何か！！　その核心のものとなります。これが、真の宇宙の帝王学、「皇学《すめらがく》」のトップ＆コアの一つです。

それは、トップ＆コア＝全体の「ＤＮＡ」になる、ということは、つねに、「全体とシンクロする」ということなのです。

どのようなことも！！　一挙、一動！！

それが、真の、上＝下、内＝外、という意味なのです。

それが、真の、創始の宇宙の「皇」＝神界、宇宙のポータルというものでした。

そしてそれが、地球維神を担う、神人百人でもあるのです。

それが創始の、そして未来の、宇宙の皇となります。

ゆえに、神人ライトワーカーが、いかにして、地球、宇宙へシンクロし、アセンションを連動させていけるかということもわかるでしょう。

Ｌｏｔｕｓ：地球維神とアセンションを目指すスッポン倶楽部の「体が快調（会長）」（笑）Ｌｏｔｕｓです。

地球維神実働へ！！！

この度、地球維神＆スッポン倶楽部名誉会長のＡｉ＠かーちゃん先生より、本書「地球維神」のための原稿を書くチャンスをメンバーの皆にいただきました！（※本書の第三章に、その成果が結集されています！）

皆でこれから創造する地球維神の志士の卵である皆さまに、地球維神のエネルギーとメッセージを直接お伝えすることができる。これ以上の実働はないと思います！！！

皆さま、はりきって、【愛と気合い（愛）】で進めて行きましょう！！

ひふみ：地球維神実働会発神にあたり、皆さまの魂が反応し、今まさに動き出していますね！

この想いを、さらなる神人候補たちに伝えられるよう、サポートしあって進めていきたいと思います。

難しく考えず、同じ目標に向かって、皆で進めていきましょう！！

ジャーニー：真の地球維神を起こすには、ズバリ！「根源エンブレム」のエネルギーと繋がり、それを地上に拡大することが、トップ＆コアとなってくると思います。

アセンションのトップ＆コアとなる、「神人」への変容は、この根源神界のエネルギー（フォトン）によって起こるからです。

そして地球のアセンション、五次元突入のためには、この根源神界とつながり、共鳴する神人を、ある一定数まで持ってこなければ、光のシナジーとビッグバンが起きないからです。

１００匹目の猿現象ならぬ、１００人目の神人現象です。

ひとまず、このことを真に理解する必要がありますね！　私もさっそく、ＭＡＸで取り組みます。

Ａｉ：はい！！　皆の、中今の、毎瞬、毎瞬が、壮大な神話、伝説となっていくのです！！！

菊香：Ａｉ先生のメッセージを読んで、魂が躍動しています！　なんだかまた感無量で、涙が溢れます。

Ａｉ先生や白峰先生。その高次。そしてすべての高次が、どれほど今まで、人々を、地球を、宇宙を深く想い、そして深く愛してくださっていたか……。

感謝しても感謝しきれません。「ありがとうございます」を何度言っても足りません！

ありがとうございます。

皇の愛

わたしたちが、皇に24時間常につながり、皇の愛を、この地球に降ろす。地球維新を推進していく。

この地球のアセンションを成功させる。それが、私たち神人候補のお役目なのですね！

必ずやり遂げます！

常に、「根源エンブレム」とそのエネルギーが重要ですね！

このエネルギーに、常につながっていられるように、意識して過ごします。

〈白峰トー神チャンネルとUFO〈?!〉について〉

ここ最近、根源カー神界&根源トー神界の、大きく優しい愛の揺りかご（地球）に包まれている感覚で、とても心地よく過ごしていて、幸せいっぱーい！　と感じていたら……！　昨日、次のような出来事がありました。

その日は、白峰@トー先生の、あるメンバー限定のマル秘DVDを自分の横に置いて過ごしておりました。

白峰@トー先生の横にある「焼きそばUFO」のような絵をふと観て、「食べたいなー」と思いました。

すると食料品庫から、「焼きそばUFO」が出てきました！　どうしても食べたくなり、夕食に「焼きそばUFO」も食べることに決め、Ａｉ先生のクリスタル・アセンション・アカデミーのメンバーの、娘のティアラに、「今日はＵＦＯ食べよう！」というと、ティアラも大喜び！（普段は食べさせてもらえないので……）

そしてパソコンを終了し、キッチンに向かう階段の窓からふと外を観ると、東の空に赤いはっきりした光が点滅していました！　何だろう？　飛行機？　それにしては動きが変だし、光も強いな〜と思いました。そこでベランダに出て、よ〜く観ると、明らかに飛行機ではありません！　ティアラを呼んで、二人で観察しました。

一見、飛行機のように観える（偽装している？）感じで、主に赤い光がチカチカと不規則に点滅。不定期に緑の光がチカチカと点滅。たまに白く点滅。そして「黄色なんてできる？」と試しに話しかけてみると、なんと、黄色っぽい光を出してくれました！！！

……私は、少し疑いながら、「飛行機じゃないよね？　ＵＦＯだよね？」と言うと、突然、声が聞こえてきました！

「お前がそう思うのならそうだろう！」

そして、**「感じなさい！」**というメッセージが！

すると、「ティアラがドキドキしてきた〜」と言うのです。

私も、同じくドキドキ！　それが、Ａｉ先生のメッセージを読んだ時のドキドキと同じでした。

魂の躍動！　脳幹にキューンとくる感じ。何かが変わっていく感じ……。

ティアラが、「宇宙人アミ、乗ってるかな～？　宇宙連合のスーパーコンピューターが、このＵＦＯを私たちに観せてくれているのかな？」

と言うと、また声が聞こえました！

「私たちは、いつもお前たちを観ている。ずっとずっと前から変わらずに、こうやって愛を送り続けている。必ずお前たちを護っている！　わかるな！」

それからその白峰＠トー神ＵＦＯ（?!）は、三十分も、私たちの近くに滞在してくれました。

「あ～、お腹すいた～。ご飯食べよ～」と、焼そばＵＦＯを前にした瞬間、あら？　このすべてが白峰オヤジギャグ?!　と気づきました！！！（笑）

Ａｉ：なんと素晴らしい！　ストレートな気持ち、エネルギーは、百パーセント通じる。つながるという、見本ですね！！！

菊香：Ａｉ先生のコメント、なんて素敵なんでしょ～と思ってると、またどこからか声が！

白峰ＵＦＯ？「焼くそくＵＦＯじゃーー！！！」

菊香「？？？」

白峰ＵＦＯ「まだまだ、お前はわかっとらん！　お前は、よく空を見上げては、『私の準備が整ったら、ＵＦＯを観せて下さい！』と、言っとったじゃろーが！　焼くそく（約束）のＵＦＯじゃー！」

菊香「……！！」

……このオヤジギャグ、妄想かも……出すのやめようか？　と思ってたら、「出せ～！」と！（笑）

一同：爆笑！

ジャーニー：Ａｉ先生、皆さま。「地球維神」の実働に伴い、時間とエネルギーについてレポートします。

今日、地球維神原稿を書き上げましたが、フルコンシャスでチャネリング状態の時は、時間を感じていないことに気づきました。それは完全に意識が三次元にあらず、完全にハイアーセルフと根源のポータルになっているからです。フルコンシャス（顕在意識）でのチャネリング状態では、自己の魂と繋がっており、全き器となっている。

よって、五次元の状態であると言えると思います。常に皇御親と繋がっている感覚です。その原動力は意志と気愛です。短いですが、以上、今日の実働レポートとさせていただきます。

Ａｉ：まさに実働レポートですね！　そして、五次元のエネルギー、ハイアーセルフと根源とのつながり

が発動した時！　その最大の印が、「ウルウル（滂沱の涙）」＝感動、です！！！
それが根源神界の真のエネルギーであり、母性、父性、神界の子供たちが三位一体となった時に真に発動するエネルギーなのです……！

光：新二期生の光です。皆さま、こんにちは！

Ａｉ先生が、「根源エンブレムの中心の赤、日の丸の『丸』は、自己の魂と、『意志』に共鳴して、発動します！」とおっしゃっていたので、さっそく意志を出してやってみました。

「神人になります！　お役目果たします！！」

と心の中で言うと、エンブレムが高速回転しだして、光を放射し始めました。

「私はワクワクです！！」と言うと、超高速回転で、すごい光の量を放射し出して、

「ワクワクです！！　ワクワクです！！！　ワクワクです！！！！」と、ポジティブ度をどんどん上げていくと、回転数も光の量もどんどんと上がっていき、光が体の外へ出て光に満たされて、まるで光の海にいるみたいな状態になりました。

ワクワク度をさらに上げていくと、次元上昇していくような感覚になり、今度は笑いがこみ上げてきて、アハハアハハとしばらく一人笑っていました。（笑）とても不思議で楽しい体験でした！

落ち着いてみると、上から降りてくる白い光が、太く、そしてとても力強くなっていました。

いろいろと試してもっと感じていってみようと思います。よろしくお願いします！

Ａｉ：素晴らしい体験とエネルギーになりましたね！　まさにいよいよ、という感じですね！

ユリ：新二期生のユリです。今、ハートチャクラが活性中?!　……全開?!

内側から愛が溢れ出して、止まらないモードです。自分自身も含めて、すべての存在が愛しくて！　愛しくて！　たまらない！！

ウサギのように、そこら中を駆け回って、飛び跳ねて、この愛と喜びを、体いーーっぱいで表現したい！！

そう……この愛とよろこびを表現するために、わたしは生まれてきたんだった！

どこまでも、どこまでも、深く限りない愛を、多くの人に、すべての人に伝えたい！　表現したい。

私たちが、愛と光でできていることを、すべてを使って表したい。だから、進化することを望むのです。

アセンションへの想い。そのエネルギーの原点は、愛とよろこびです。

どんなことがあっても、すぐに私は、この原点に還ってきます。

なぜなら、私は、「愛と喜び」そのものであるから。
溢れる愛と喜びの中より　ユリ

Ａｉ：いよいよ始まりましたね。そして全開中！！！

その「全開」が、さらに更新され、常に、さらなるＭＡＸとなっていくのが、真のアセンションなのです。

そしてその起動の中心が、根源エンブレムのパワーですね！！！

一人ひとりと連動して、一人ひとりがつながるエネルギーのすべても、起動し、全開へ向かっています。

それらを、より多くの人々に体験してもらうための、これからの皆のミッションも重要ですね！

愛と喜びの使者＝地球維神の志士の誕生ですね！

菊香：今、「チョー幸せ」だと感じています。

Ａｉ：超幸せ、と感じたら、超アセンションしている、ということなのです！！！

Ｌｏｔｕｓ：アセンション・プリーズ！　高次と地上のＡ.ｉ先生＆白峰先生の、宇宙ヤタガラス連合アカデミー　ｂｙホワイト・ブラサーフッド・プロデュースでは、ただ今、「気愛」さえあれば必ずあなたも五次元人になれて、地球のアセンションをサポートできる、『五次元』アカデミーが本格スタートしました！！！

（ただし、地球トー神によりますと、スッポン倶楽部のメンバーであるとさらに確実とのことです！）
入門・基礎から究極まで対応しています。以上、速報でした！

めぐみ：アカデミーのレポートの、「アセンションとは?!」について、自分にとってはあまりにも大きなテーマなので、どこから書けばいいのか分からず困っていたら、突然ひらめいて、「なんちゃってトーチャンネル?!」で書いてみました！

めぐみ「トー、おはようございます！」
トー「あぁ、おはよう！　聞きたいことは何かね？」
めぐみ「はい。アセンションとはなんですか？」
トー「うむ。アセンションとは、一言で言うならば、永遠無限の進化のことじゃ。そのあたりの知識はもうあるじゃろう？　思いつくままに、アセンションとは？　そのトップ&コアとは？　について書き出してごらん」
めぐみ「はい！　やってみます！　まず、アセンションとは？
永遠無限の進化・愛の拡大・愛のビッグバン！！・上昇・昇華・自分の世界を広げていくこと・自分の内と外の世界を認め、肯定していくこと。
うーん……これでいいでしょうか？」

トー「よしよし。取りあえずこれでよい。次は、アセンションのトップ&コアについてじゃ」

めぐみ「はい。まず、今起きているアセンションというのは、特別なものなんです。宇宙史始まって以来の最大で最終。おわりで始まりのアセンションなんです。実はこの宇宙の高次はすでにアセンションしていて、残すは地球のみ！　なので、そのトップ&コアとは、ズバリ「地球維神」です！

トー「そうじゃ！　すなわち、中今でアセンションとは？　について考えるならば、必ず、『地球維神』とは？　その『トップ&コアとは？』について考えることになる！

では、地球維神を成し遂げるために、お前にできることはなんじゃ?!」

めぐみ「地球維神を成し遂げるために私にできること……。一人でも多くの人に魂の輝きを取り戻してもらうために、まずは、私自身が一秒でも早く神人になること！　そのために、まずは五次元人になること！」

トー「そうじゃ。まずは五次元人になることを目指せ！

そのために、Ａi先生の『五次元アカデミー』の五ケ条を、よーく頭に叩き込んでおけ！

一、常に【自己の中心】を、【魂の中心】に置くこと！
二、常に【魂】（ハート）で考え、【魂】（ハート）で行動せよ！
三、常に、一と二の波動レベル以下には絶対に下がらないこと！
四、常に、【愛】【光】【叡智】【ポジティヴ】な波動・エネルギーであること！
五、それを常に放射していること！

めぐみ「わかりました！！！　ありがとうございます！」
以上、めぐみ&なんちゃってトーチャンネルでした！

Ａｉ：素晴らしいですね！「なんちゃってトーチャンネル」、グーな方法ですね！　そして内容が、とてもトップ&コアになっていますね！　その中に、しっかりとそのマニュアル、プロセスについても入っていますので、パーフェクトと言えますね。しかも、とても分かりやすい。
マニュアルとしてほぼ完成されていますが、次の展開としては、まずはその実践レポートでしょうか。
さらに、もう少し科学的な変化＝「どのような状態がアセンションなのか」について、その段階についても、じっくりと検証したものを創っていけるとよいと思います。ぜひトライしてみてください！

ホワイト：根源エンブレムとつながると、体の熱が上がりますね。意識して、話しかけてみます！

Ａｉ：すでに根源エンブレム、維神のエネルギーとつながっている人は、地上でいっしょにいても、メールなどでも、エネルギーがトップ&コア&トータルで共鳴して、体感温度も熱くなってきます！！！

ジャーニー：本来は、宇宙のすべてがそうですが、特に今ここにいる私たち、そしてこれからつながってくる地球維神の志士たちは、きっと子供のころから繋がっていたのでしょうね！

Ａｉ：「本体」から観れば、宇宙の創始に、根源神界を出発した時から、ですね！

ジャーニー：根源神界の繋がり。究極はそれですね！

Ａｉ：今生としても、中今へ向けてつながっていたと考えると、この宇宙の奇跡に、感動！！！　ですね！！！

陽：新二期生の陽です。最近の私の根源エンブレムにつながるイメージは、次のような感じです。『根源エンブレムにつながります』と心の中で言うと、エネルギーが頭から背骨の後ろを通って、心臓ぐらいの位置まで降りてきます。そこで止まるイメージがあるので、エンブレムから光のチューブを地球の中心まで繋げるイメージを設定し、あらためて『根源エンブレムにつながること』を、そのチューブの中に入るイメージをしながら行っています。そうすると、頭から足まで、全身にエネルギーを感じられます。

ジャーニーさんのレポートに掲載されていた根源エンブレムを最初に観た時には、中心がぐーっと奥に伸びていって、トンネルみたいに観えて、ぐいぐいと引っ張られ、吸い込まれそうな感じになりました。その時は、吸い込まれるぅ～！　と思って、自分でイメージをストップしてしまいました。(汗)

そして次の日に、「そういえば昨日は吸い込まれそうになったけど、自分で中心に入ってみたらどうなのかなぁ？」と思い、それをイメージして中心に入ってみました。すると体の全体が、サーッと「光」になり、肉体の感覚が消えました。光の中に漂っているかんじで、とても満足な気分でした。
皆さまもよかったらイメージしてください！　私もスッポン倶楽部でがんばっています。（笑）

Ａｉ：このエネルギーは、まさに根源＆維神のパワーの発動と、その一環ですね！！！

――超重要メッセージ（１）――

Ａｉ：根源家族のみなさま！　アセンション・プリース！　中今最新の超重要メッセージが、根源神界から届きました！！！

◎今、多くの皆さまが体感、体験されているように、根源家族の皆さまの結集、そして熱いハートと魂によるアセンションと、地球維神の発動により、根源の子供たち＝神人＆卵の数が、最低限必要な数に達したとのこと！！
シャンバラ・地球アセンション号を真に点火するための、最小限のエネルギーに！！！

小さくても、偉大な一歩です！！！

それにより、いよいよ、根源エンブレムのエネルギー＝【地球維神】が、本格的に始動したとのことです！

特にここ最近、体感されている人が多いようですが！

これはまさに、神人と地球アセンションのスタートの「五次元」を中心に、「根源」、「皇の星」までつながる、根源エンブレムのエネルギーです！！

この本格始動が、今、まさに始まり、そしてこのエネルギーは、「成就」まで、止まることがない、と！！

シャンバラ・地球アセンション号の推進エンジンは「点火」しましたが、根源へ向かって、どんどん推進力を大きくしていく必要があります。

※現在、すでに、皆の力で、地球の軌道、座標が、どんどん変わりつつあります！！！

◎やはり、現在の根源家族&根源神界プロジェクトのコアメンバー＝地球維神を発動している神人&卵のレベルが、少なくとも計百人くらいは必要なようです。

そして、この宇宙史上初の、超すごい、素晴らしいエネルギーが、ＭＡＸになったらどうなるのか、ほんとーに楽しみです！！！

その最初のＭＡＸが、来年となる根源神界のアカシックのようです。

それは、『根源家族』＝地球維神＝地球アセンションであり、意志、ハート、魂のエネルギーです！

最終、究極のエンジンは、すでに点火しました！！！

まずは二〇一二年まで、そのエネルギーを、皆で、どんどん大きくしていかなくてはなりません！！！

※これがまさに、宇宙の創始からの神話、レジェンドの、リアルタイムのメイキングなのです……！！！

根源の愛と光と歓喜とともに

Ａｉ＆根源神界＆スピリチュアル・ハイラーキー

宙太：新二期生の宙太です。宇宙の根源家族の皆様、こんにちは！

「根源家族」という文字を観るだけで、いつも魂が共鳴します！　ワクワク！　根源・皇の星まで垂直上昇！！！

「宇宙の創始からの神話、レジェンドの、リアルタイムのメイキング」。

愛とマルテン＝フォトンを込めて、エネルギーをどんどん拡大していきます！


ジャーニー：祝！　宇宙の根源家族の皆さま！　遂にこの日が来ましたー！！！

これがレジェンド……。私たちは今、伝説の真只中にいます。鳥肌が立ってきました！

それは、根源エンブレムのエネルギーを胸に、魂で維神のパワーを発現していくことだと思います。

根源のエネルギーとの共振が一定数に達した時、地球に変革と変容を起こす！！！

一人ひとりが根源と真に繋がり、発現することだと思います。

宇宙の根源の皇御親を中心に、奇跡のメンバー、家族とともに、黄金人類、神人となるべく、力強く歩んでいきたいと思いました！　ありがとうございます！


Ｌｏｔｕｓ：Ａｉ先生、超重要なメッセージをありがとうございます！　このメッセージの前後から、完全に時空のエネルギーが変わったことを感じていましたが、これほどの出来事とは……！　まさに、宇宙の伝説ですね！

これから、本当に、新しい宇宙を創っていけるのですね！　宇宙の根源家族、皆の力で！

そして宇宙の根源家族として一つであり、永遠であるということそのものが、無限の喜びであり、無限の幸せであり、永遠の中今であると感じます。

根源エンブレムを御魂に抱き、皆で共に、地球維神という宇宙の伝説を創っていきましょう！

※今、高次からメッセージが来ましたが、本書＝このアカシックは、未来に、神人を目指す宇宙のすべての存在が、教科書として見るようになるらしいです！

一なる根源家族の愛と光とともに　Ｌｏｔｕｓより

グレース：新二期生のグレースです。皆さま、こんにちは！　万歳、万歳、万歳！　です！

私も日々のスピリチュアル・カウンセラーの仕事の中で、がんばって、神人の卵の発掘作業＆サポートができるように整えていきます。楽しみですね！　ジャーニーさんのメッセージを読んで、私も鳥肌がたちました！

伝説……。今までは本で読んだりする中で、そういう伝説があるんだ～と思っていただけでしたが、リアルタイムのメイキング。その中にいるとは！　本当に素敵！　気愛を入れてがんばります！

リタ：皆さま。あぁ、本当に目覚めなんだな。ついに、始まるんだ。清々しい朝です。なんて美しい。胸がいっぱいになりました。あー、ウルウルのエネルギーが発動してる。涙がにじんできた。（号泣したい……！）

重要メッセージと同時刻に浅間大社にお参りしていて、完全に違う時空に入ったのを体感しました。うれしいです。

旧いものはどんどんそぎ落としてクリアになり、クリスタルになり、まさに「上善如水」。

これだけの莫大な根源のエネルギーの器となり、それを流し、発していくには、これが大切だと実感しま

した。

このものすごいエネルギーの中で、なぜか根源エンブレムをみるとホッとします（画像データを携帯の待ち受け画面にしています）。今日もキラキラ。フォトンの海を泳いでいます。

陽：やったーー！！！　この時を待っていました！　重要メッセージと同時刻に、すごいエネルギーが来て、体が熱くなり、これは何だろう？　と思いました。誰か何かやっている？（エネルギーワークでも？）と思ったのですが、ずーっと熱いのが続くので、とりあえず、根源と、宇宙と、Ａｉ先生と、皆に、「ありがと〜愛しています〜」と愛と感謝を送りまくったのですが！　それ以上にエネルギーがどんどん来ていたので、なんだろう?!　と思っていました。

そしてその後、「これは地球維新のエネルギーだ！」というメッセージをハイアーセルフ&高次から受け取ったので、地球維新のレポートに入れようと思って、ガッツポーズをしながら、今、帰ってきた所でした！　やっほ〜〜う！！　お楽しみはこれから！！　私も、もっともっと振動数を上げて、響くよ〜〜！！

皆さまも、響き合い（愛）、よろしく！！！

Ａｉ：まさに皆さま、「地球維神」のコア＝推進エンジンと、一体化していますね！！！

そして今、皆が感じているこのエネルギーが、どんどん、どんどん、大きくなっていったら、どうなるのか！！！　ほんと、楽しみですねーー！！！

そしてそのために、我々のミッションは、根源エンブレムに、一人でも多くの人が、つながれるように！！！

一人でも多くの人が、根源エンブレムのエネルギー＝地球維神＝神人を発動できるように！！！

そして一人でも多くの人が、NMCへアセンションし、根源へ帰還できるように！！！　ですね！！！

ひふみ：数日前から、外へ散歩に出るたびに、とにかくエネルギーが真っ白で、「何かまったく別空間に来ちゃった？」と首を傾げていたのですが……、超ナットク！　おめでたいです！　嬉しいです！　そして、感激です！

そして今、根源エンブレムにフォーカスしてみたら、今までとはまったく違う力強さと輝きになっていました！

そして、そこにフォーカスするだけで、ものすごいスピード&求心力といいますか、吸い寄せられて、NMCの根源までスコーン！　と飛んで行ってしまう感覚です。そして同時に、この地球自身も変化・変容をしたなと感じます！　より深く、美しく、澄んだエネルギー。そして繊細で、精妙な振動を感じます。この地球に共鳴するだけでも、ウルウル感動するほどの……！　そして、皆さまの魂の鈴の音も、とてもたくさん聴こえます！　あらゆる自然霊の喜びも、高次の歓喜も！　それらのエネルギーが、どんどん大きくなっているヴィジョンも観えます！

神人百名に向けて、自分のできることを精いっぱい頑張ります！

まさに伝説ですね！　日々刻々と更新され、創造される宇宙最大の伝説！

あらん限りの力で、深刻にならず、でも真剣に！　そしていつでもワクワクMAXで、これからも皆さまと進んでいきたいです。

地球維神、必ず成しましょう！！！

ひふみ&娘のひーちゃん（日音）&夫のS・ヤサイ人より

グレース：「すでに、皆の力で、地球の軌道、座標がどんどん変わりつつある」というのは、どんな状態なんでしょうか？　宇宙のお引っ越しみたいな感じですか？

Ａｉ：星座っていうのも、ホログラムでもあり、内＝外を投影しているものでもあるんですね。

これまでにも、特に白峰先生&高次とのマル秘ワークで、地球の座標が動いたこと、動かしたことは多々あるのですが、「根源神界」「根源エンブレム」のエネルギーで動いた、そこへ直結する軌道へ動いたのは、今回が宇宙史上、初めてなのです！！！

おめでたい！！！（万歳〜〜〜！！！）

根源神界と、全高次と、地上のすべてのスタッフによるその「本番」のスタートは、来年のセレモニーで行う予定となっていましたので、その時に初めて動くのかと思っていたのですが……！

「試運転」がすでに始動しましたので、来年、そして特に二〇一二年へ向かって、全開にしていく、ということなんですね！！！

天鏡：数日前に、空に大きな鳳凰が現れました！　でも龍のようでもあるのです。これが「龍と鳳凰、一つになる、ということか?!」と思いました！　その時のプラチナ色に輝く太陽、雲、光線は、吸い込まれるほど、美しかったです。吉兆だな、と！

Ａｉ：根源神界と、スピリチュアル・ハイラーキーと、宇宙の根源家族のすべてが、すべてに、「ありがと～愛しています～」というエネルギーを響かせています！！！　響き合い（愛）ですねーーー！！！　それが根源エンブレム・パワー！！！

伊勢の「天の岩戸開き」神事において、「根源エンブレム」が、根源神界から超ドカーンと降臨しましたが、その本格始動はいつなのだろうと思っていました。

そしてまさに今、その始動に入りましたね！！！

これが伊勢の神事の当日に、根源から流れていた、激流のエネルギーと同じですね！！！

照子：やっと、ここまで来たんですね！　今までの道のりを思うと、感無量です！　特に、昨夜から今朝にかけて、すごい体感がありました。胸に貼り付けている根源エンブレムが、立体になったのです。五次元の魂と一体化して、胸に太陽ができました。三次元の体の分子が透明になり、その周りを回転している感じです。

以前より、ハイアーセルフから、この日が重要だと言われていたので、今朝、ハイアーセルフのチームと協働ワークをしたところでした。その直後にＡｉ先生のメールを読んで、感無量でした！

宇宙史上初の始動……凄すぎます！　そして、動いているエネルギーがあまりに壮大すぎて……。これがＭＡＸになったら、どうなるのでしょう?!　来年まで待ちきれない思いです！

ワクワクが止まりません！

宇宙の創始からの神話……！　今、我々はその真只中にいるのかと思うと、感激と感動と、あふれる愛と感謝と、武者震い（?!）で、これ以上、表現しようがない気持ちです。

そして、その推進力をさらに大きくしていけるように、日々、根源エンブレムをしっかりと貼り付けて、ライトワークに励みます！

Ａｉ先生と、白峰先生と、宇宙のすべての根源家族の皆さまへ、愛と感謝を込めて……！

金太郎：新二期生の金太郎です。私も今朝、メンバー専用のホームページにある根源エンブレムの画像を眺めていると、それが突然立体的になり、自在に回転し始めました。そこでハートに意識を向けると、同じことが起こり始めてビックリ！！！　私の場合は太陽とまではいきませんが、赤く透明できれいなクリスタルボールの中に、菊が自在に回転しているイメージです。そうしたら、今、その中心から光が放たれました。まだまだ光は小さいですが、これが太陽になっていくのかも……と感じました。思わぬシンクロに、うれしくて！

Ａｉ：それが、根源太陽につながる、自分の根源太陽ですね！　ぜひ、それを拡大していってください！全身から光が放たれるよう！！！

実は……地球維神のキックオフ・セレモニーの直後、根源神界と地上メンバーによる、来年の本番の神事とワークが決まった時、あるものが必要であると感じました。

私は普段は、自分以外のもの（笑）は使わないのですが、珍しく、来年のその時のために、「根源エンブレム」のエネルギーの中心を象徴するものが必要だな、と！

どんなのがいいかなー、特注じゃないとだめかなー、とか考えていたら……！！！

ナ、ナント、その次の日に、白峰先生から宅急便が到着！！！

手紙には、白峰先生からの直筆で、「手作りのオリジナルの『天照』を贈ります。来年の本番のために、これに太陽エネルギー＝根源家族の維神のエネルギーを入れていってください」とだけ書いてあって、厳重な包みの中には、イメージしていたものと、ほとんどウリふたつの大きなネックレスが！！！

三次元ではまったく打合せをしていなかったので、ビックリしました！　さすが、と！

私のイメージと少し違った部分は、金属性がゼロで、すべてがオーガニックで、とても温かくて優しいものであったということです。身に付けてもとても軽い。確かに白峰先生と、その高次の神界らしい贈り物だと思いました。無限大の感謝！！！

そして今、根源神界エンブレム＝玉への、エネルギー充填が、開始されました！！！

無限大へ向かって！！！


国丸：「天の岩戸開き」によって参加した、二期生の国丸でございます。

地球維神の本格始動。皇の星への飛翔のための根源エネルギーの本格始動。

まさしく、感動のファンファーレですね！！！　言葉が出てこないほどに……。

熱き、熱き、「トー魂」をもった維神の志士たちが、ここに集い、根源の願いと心を一つにし、創始からの歓喜の命を、今、まさに、成し遂げようとしている……。

どれだけ永い間、この時を待ち望んだことか。どれだけの存在が、この奇跡を待ち望んだことか。

どれだけ深い深い願いが叶おうとしていることか……。

この押し寄せる感動を一つにして、根源家族の結びを魂で感じ、終わりの始まりを迎えようとしている……。

前代未聞の胸の高鳴りの、果てしなき、美しき、祝宴を目の前に。

根源の光を中今に、宇宙の皇の子らが寿《ことほ》ぐさまは、まさしく、神界の記憶。永遠の記憶。無限に続く歓喜の旅路の、最初で最後の弥勒の御世の、息吹新たなるこの心気は……。

神・人一体となった、この上なき根源の愛。永遠・無限の、笑いと涙の根源の愛。

中今の住人である私たちは、八紘一宇の大神事に向けて、皆、ヤマトの心を一つに結び、日の元の天の命に、すべてを奉ずる神の御子！！！

今、ここにある奇跡を、皆で分かち合い、君が代の鈴を響かせていこうではありませんか！！！

一なる根源に向かって！！！

日の元の国丸より

ユリ：新二期生のユリです。根源神エンブレム＝地球維新の本格始動！　地上セルフの私のルンルン気分を通じて、「すでに知っています」。そしてハイアーが歓喜の涙を流しています。

Ａｉ先生、すべての維神の皆さま、おめでとうございます！　そして、ありがとうございます！

昨日の夕刻、この世のものとは思えないとても美しい夕陽を見ました。

それは根源からの光のプリズムで、まさしくエンブレムの形。そこへ続く真っ赤な道を、すべての人々に投げかけながら大海原に溶け込んで、ついには地球と一体になりました。いったいどれほどの愛なのでしょう！！

私は自分の内なる愛を、完全に開け放ち、拡大していくことを約束します。

そして、常に中今のＭＡＸの愛を、すべてに対して放ち続けます。ありがとうございます。

菊香：新二期生の菊香です。ついにやりましたね！　最高に嬉しいです！　今朝のＡｉ先生からのメッセージとエネルギーで、嬉しくて、感無量で涙しました！　炊事しながら涙！　洗濯物干しながら涙！　今日は、いろんな場面で、涙、涙、涙の一日でした。クリスタル・アカデミーの娘のティアラにこのメッセージを伝え、「根源神界エンブレム」を観せると、「そういえば、昨日寝る時にお布団に入ったら、突然、心臓がドキドキしてきた～」って、言いました。私も、昨日は一日中ずっと、心臓がドキドキし、魂が躍動して、根源エンブレムのエネルギーにつながっているのを体感していました！

皆さまも書かれているように、ここ最近、何だか時空が変わった感覚で、すべてが以前よりも、さらにキラキラ美しいのです。何を観てもうっとり！　と、いちいち立ち止まって感じていた菊香でした。

今、この歓びの時を皆さまと迎えられたことが、本当に感激です！

「みんなで、約束してたもんね～！　ちゃんと、皆思い出して、今、ここに居るもんね～！」と！

超スーパーワクワクです！　言いようのない感動、ワクワク感です！

皆さまと、宇宙創始からの神話を、リアルタイムで創っていくなんて！！

この時を待っていました！　始まりから、ずっと、ずっと……。

本当に皆さま、ありがとうございます！　皆さまと一緒であることが、この上なく嬉しいです！

これからも、皆一緒に、がんばっていきましょうね！

歓び溢れる愛と光のキラキラシャワー　菊香より

天河：新二期生の天河です。やりましたねーーー！！！　私たち、本当にすごい時に生きているのですね！

私自身は、他のメンバーのようにはアセンションがなかなか進まないと感じていて、皆さまの輝きが眩しいな〜って、憧れの気持ちでおりますが、この私でも、根源の子供の一員と思ってよいのでしょうか。

皆さまに「スッポン」でついていきます！（笑）

ところで昨日、外を歩いていて、ふと空を見上げたら、雲が一筆書きの「寿」という文字になっていたのです！！！

びっくりして、あわてて携帯をカバンの中から出したのですが、雲の動きが速くて、写真を取ったときには崩れてしまっていました。そのわずかな一瞬に空を見上げられたのは、きっとハイアーセルフが「地球維神始動」の喜びを伝えてくれたのだと思います。

本当に私、のんびりしている場合じゃないですね。ワクワクMAXで楽しみます！！！

エメラルド：新二期生のエメラルドです。おめでとうございます！　これからが楽しみです。数日前に、本当に心から愛情があふれてくるような、震えるような喜びを感じていたのと、今日、体がやけに熱く感じたのは、天気が良かったからだけではなかったんですね！！！　「リアルタイムのメイキング」。本当にワクワクしてきます！！！

Ａｉ：皆さま、自己という存在が宇宙に誕生した瞬間から、準備を重ね、待ちに待った、今この時、ですね！！！

そして、特に昨日から、根源神界のトップ＆コアより、エネルギーとメッセージが来ていました！

根源家族の、トップ＆コアのエネルギーとは、『信頼』でもあると！！！

究極のつながり。無限のつながり。そして無限のエネルギーの発現。

それは信頼。究極の信頼。無限の信頼。

それは究極の愛と光。無限の愛と光。そのトップ＆コアが根源家族。

そして根源からの、愛と光の完全なる信頼。互いの信頼。絆。

そのトップ＆コアが、根源の子供たちである、と！！！


めぐみ：Ａｉ先生、皆さま！　信頼し合える仲間、家族。それは、私がずっと求めていたものです。

でも、心の奥深くの、最もピュアな部分で共鳴できるハイアーセルフの永遠の家族が、こんなにたくさんできるなんて、夢にも思いませんでした。すごーくうれしいです！！

Ａｉ先生、白峰先生、宇宙ヤタガラス・アカデミーの皆さまに感謝！！！

Ａｉ：さて、アセンション・アカデミーでは、今、とても重要で有用ないくつかの研究会や実働会が始動しています。その中の一つに、「五次元アカデミー」とその研究会、実働会がありますね！
実は、ここの中今@ここの宇宙神・地球神の奥義及びルールとして、一つ、とても厳しいものがあります。
それは、トップ&コアの皇学、帝王学とつながるものであり、宇宙ヤタガラスも、アセンションも同様です。

それは、「**マイナス情報&エネルギー**」は不可、というものです。

これが何を意味しているかと言いますと、アセンションと『皇学』の、トップ&コアの本質なのです。
すなわち、「Ｔｏｐ＆ Ｃｏｒｅ」は、すべてと連動していくので、マイナス・エネルギーを入れることができない、ということなのです。

そして「五次元」とは、百パーセント、ポジティヴな、光と歓喜の世界です。

人々と地球が真に「アセンションした」と言える最初のレベルは、「五次元」であると言われており、その詳細は、我々のアカデミーで展開している通りですが、いかに『五次元』の確立が重要か、ということが分かるでしょう！！！
現在、高次と地上の我々のアカデミーでは、急務である、この「五次元」の確立とアセンションについて、特に今、力を入れて「五次元アカデミー」を展開しています。

そして！！　いよいよ重要なメッセージが来ており、動き出しています！！！

それは、皆さま自身のアセンションそのものが、イコール、「地球のアセンション」の、トップ&コアとなっていく、ということです！！！

すなわち、まさに、根源神界のアセンション・プロジェクトに参加する皆さまが、「五次元人」＝「神人の最初の段階」を確立することによって、いよいよ、地球の五次元へのシフトが、本格的に始まっていく、ということなのです！！！

ですので、「五次元実働会」も、いよいよ本番です！！！

そのノウハウについては、「第三弾」の本で、詳しくお話しできる予定ですが、今ここでは、読者の皆さまのために、高次と地上の「五次元アカデミー」の、ルール＝ノウハウ＝奥義の中心となるものについて、特別にお伝えしましょう！　それはいたって簡単です。

一、常に、ポジティヴに観て、ポジティヴに考え、ポジティヴに行動し、ポジティヴな言霊とエネルギー「のみ」を出すこと！！！

これは、真に実行してみれば、とても簡単なことなのです。そして、実行すれば、必ずできます！

これが、唯一最大、五次元へ至る道であり、宇宙連合他のすべての五次元学を、一つにまとめたものなのです。

これを真に実行すれば、早ければ一カ月くらいで、百パーセントのポジティヴ＝5次元以上の波動に至ります！

※ただし、アカデミーでの統合的な学びである、エネルギーの訓練や、ハイアーセルフとのコンタクト等も必須となります。

そしてこれらがまさに、「地球維神」の一部なのです！！！

ですから、今、この瞬間から、根源コアメンバーの皆さま全員が、五次元へ向かって、突入を始めたのです！！！

天鏡：一期生の天鏡です。Ａｉ先生経由の「五次元」始動・突入のメッセージに、魂が反応しています。もしかしたら、これまでに一番の、魂の芯からの喜び、感動かもしれません！！
そして、これまでに地道に進んできたことが、実際に実を結ぶんだ、という静かな感動なのです。

皆さまもそうだと思いますが、ここ最近、自分が取り組んでいたことともシンクロし、嬉しい実感が湧いてきます。

今回のメッセージで、がぜん、ポジティヴ度が、更に増してきました！！

宇宙ヤタガラスメンバー全員で、最速達成をしていきましょう！！

ジャーニー：一期生のジャーニーです。「五次元アカデミー」の中で、「五次元の魂」についてレポートしました所、Ａｉ先生から、「まずは『魂の純粋なエネルギー』について、それを『感じる』ことが、最も早いでしょう！　エネルギーのみが、真実！」というお返事をいただきましたので、今日は魂のエネルギーを感じるレポートをします。

「魂のエネルギーとは」

ヴィジョンで観ると、肉体をすっぽり包む真白な球体。神聖な光。

エネルギーで観ると、神聖なエネルギー。愛と光のエネルギー。幸せな歓喜のエネルギー。

以上のことから、魂は神の子そのものであり、魂は神の一部であると感じました。

そして自らの神聖さは、自己の魂を感じ、一体化することによってつながる、と思いました。

魂と一体となると、観るものすべてが美しく見えます。

宇宙のすべての生命は、愛と光で創造されていることを感じます。

以上、「五次元アカデミー」より、「魂を感じる」レポートでした！

マルテン：新二期生のマルテンです。Ａｉ先生、皆さま、こんにちは！　『ポジティヴ』＝五次元界へ！のお話、とてもワクワクします。ところで、ポジティヴじゃない質問（？）で申し訳ないのですが、ネガティヴ・エネルギーは、どうやってポジティヴへ変えていけばよいのでしょうか？　まずは一カ月実働します！！！

Ａｉ：さきほどの「五次元のルール、ノウハウ」の通りで、「ポジティヴ」にのみ、フォーカスする、ということです！

具体的には、「違うものから、違うものに変える」のではなく、「どちらかを選択する」ということです。

これは宇宙連合からの中今メッセージですが、対極のエネルギーは、同時に存在することができません。対極というより、実際の宇宙科学では、「０」（無＝闇）か、「１００」（有＝光）か、なのです。光の信号は、０と1ですが、実は０（％）と１００（％）なのです。

実践としては、「五次元のルール、ノウハウ」の通りで、「常にすべてをポジティヴに観て、ポジティヴに考え、ポジティヴに感じ、そしてポジティヴな言霊とエネルギーを発現する」ということですね！！！

まずは実働の中で、実践レポートもよろしく！　それが一番、これからアセンションを目指す人にも、有用なコンテンツとなりますので！

ひふみ：一期生のひふみです。皆さま、こんにちは！　Ａｉ先生、重要なご連絡をありがとうございました！

『私は、今この瞬間から、真に五次元人になります……！』と、心から、自分に宣言できました。自分の望むもの、本当の自分とつながるものだけを選び、光のみの道を歩んでいきます！

日々、瞬間瞬間の選択をポジティヴのみにすることを、一歩一歩着実に行い、必ずそこに到達できる！ということを、自分で実践しながら、確立していきたいと思います。五次元アカデミーにも、またレポートしていきます。

そして、自分自身もポジティヴな光をたくさん発し、この光をもっと広められるようにしていきます。

ありがとうございました！！　やります！！！

エメラルド：とにかくポジティヴ百パーセントですね！！　実行あるのみ！！！

Ａｉ：根源神界によると、そのポジティヴ百パーセントが、地球アセンションのコアとなる神人百人だそうです！

まさに、一人ひとりの魂のパワーが、直接、地球アセンションのエネルギーとなる時が来ましたね！！！

ホワイト：二期生ホワイトです！　ついに始まるのですね！　今、瞑想で全身のＤＮＡに呼びかけてみました。

さあ、共に目覚めよう！　一緒にアセンションするよ！　さあ、目覚めるんだー！！　すると、全身がすぐに熱くなり始めました。全身が共鳴しています！　アセンションは、きっと、あっという間に来ますね。たぶん今、今までの自分の魂の歴史の最高の歓喜の中にいますね！　この時をずっと待っていたのですね！！！

照子：一期生の照子です。いよいよ、始まるのですね。五次元へ！　今までのことすべてが、一つ一つがつながっていくようで、ジワジワと、感動が深まっています。本当に、いよいよなんだなあと、感無量です！　こういう瞬間に立ち会える今回の人生は、なんてすごいのだろうと思います！

「すべてをポジティヴのみに観る」。了解です！　これを意識するだけで、意識が変わるのがはっきり分かります！「真に実行して一カ月後に、１００％になります！」と宣言するだけで、なんだか、気持ちよいですねー。（笑）五次元の魂が喜んでいる感じ！　そしてこれが地球維神の実働ですね！　すごくワクワクしてきました。五次元のことを考えると、一番、ワクワクします。とても居心地がよくなります。それが今の自分の向かう道である、と、わかっているからなのだと思います。そこが、ハイアーセルフと一体化する場所であり、神界の入り口であり、魂の光を発現する場所だと、「知って」いるからだと思います。自分が戻るべきところ。故郷のような親しみ。ワクワクが止まらない！

五次元に「一瞬」だけ接続する、という状態から、「常に五次元人」になれたら、どんなに素晴らしいか……！！！　最大ＭＡＸで、向かいますね！

Ａｉ：地球維神＝「五次元アカデミー＆実働会」の皆さま、五次元確立の実働、日々なさっていると思います！

ポジティヴなエネルギーとパワーが日々ＭＡＸになっていると思いますが、「五次元」の波動、エネルギーの感覚、ヒントについて、次の二点を記します。

一、軽くなる。無重力のような感じ。それは自己とハイアーの中心が、中心になるからです。

二、『加速』感。これが重要です！　アセンションとは、次元上昇であり、それはイコール、振動数が高く、早くなっていくことでもあります。

その他、参考としましては、最高速度に達すると、逆に、すべてが静止している感じになっていきます……。宇宙と一体になり、宇宙に「遍在」している感じに。光となって、あまねく宇宙を照らす！

Ｈａｎａ：Ａｉ先生、皆さま、こんにちは！　一期生のＨａｎａです。僕も地球維神＆五次元実働会に参加表明させて頂きます！　五次元の確立や、五次元人になるといったテーマは、イコール、アセンション・ライトワークの中心テーマですが、人格の形成の修行も含めて、あらゆる全ての基礎となる重要なものだと感じていますので、気愛とワクワクで進んで行きたいと思います！　まだ自分自身もメイキングで実践しながらの状態ですが、五次元の確立の最初の入門として、必要と感じるものをまとめてみました。

「五次元の入門、はじめの三つのステップ！」

一、まず自分自身の意志で、絶対的なプラスのエネルギーにシフトすると決めること。

※自分で「決める」こと自体が重要なプロセスだと感じます。

二、ネガティヴと感じることについては、最初に「断ち切る」とだけ決めたら、あとはまったくエネルギー自体を向けないこと。

※自分の意志で能動的にプラスへとシフトしない限り、いつまでもマイナスの連鎖から抜け出せないと思います。

三、常に毎瞬、絶対的なプラスのエネルギー、百パーセント、ポジティヴなエネルギーにフォーカスして、発現すること！！

※Ａｉ先生をはじめ皆さまが言われるように、一定以上のレベルに慣れてくると、逆にもうエネルギーを下げられなくなってくるというのが重要だと感じます。

（美味しい手作りの料理と一緒で、一度おいしさを知ってしまったら、やめられない?!〈笑〉）

それらは、自らの意志で、フォーカスしたいものにフォーカスする、なりたいものになる、というシンプルなことでもありますが、自分で「やる」と決めて、その基本をしっかりと徹底していくことが重要だと感じました。

以上のホップ、ステップ、ジャンプ！　で、五次元の確立にへ向けた実践を続けていきたいと思います！

Ａｉ：アセンションにおける真のシフト＝次元上昇とは、実はとても莫大なものですので、ほんの少し前の自分やエネルギーでも、すごーく前の、旧いものに感じるくらいなんですね！

そして、何があっても揺るがない光。意志。愛。常に拡大、上昇し続ける。それが真の「五次元（以上）人！」であり、真の五次元以上のアセンションとなり、神人ライトワーカーとなっていくのです！！！

Ａｉ：宇宙根源家族の皆さま！　根源神界より、中今の最新メッセージです！！！

『水から光へ！！！』

高次と地上のライトワーカーの一連の動きにより、いよいよ地球アセンションが本格始動となっています。一人ひとりと、根源メンバーの全体が、いよいよすべてを、真にＭＡＸにする時が来ました！一人ひとりと、根源家族の、真の『天の岩戸開き』です！

それは真の始まりであり、永遠、無限に拡大していくものです。
毎瞬、そのＭＡＸも、拡大していきます。
それが真の、ＭＡＸのアセンションとなります。

それは、『ハート』『愛』『魂』『光』『歓喜』！　そして無限の！

いよいよ今、一人ひとりと地球全体が、肉体という存在から、『光』の存在へと、変容する時が来ました！

それは、水から光への変容です。

水とは、クリスタルであり、光の神殿です。

そして！！！　その『光』こそが、皆さまの真の本体なのです。

根源神界＆ＮＭＣ新宇宙最高評議会＆ＮＭＣＡＡ本部

ホワイト：うひょーーー！　光に突撃だーーー！（笑）光へ！！！

天鏡：Ａｉ先生、根源家族のみなさん！　いよいよ！　この知らせを、待っていた！　と、魂からの号泣です。

光に還れる。光として、存在する。嬉しいです！！！

感動の歓喜と共に、天鏡より。

めぐみ：光に突撃ですね～！　私は、今朝の太陽からもこのメッセージを受け取った感じがしました。朝日が、大きな愛に溢れて、まさに光に突撃～って、感じがします！（笑）ゆらゆらと揺らめいてもいて、さあ、変身しますよー！　水から光へ！　という感じがしました！　うれしいです！！！

歓喜と共に、めぐみより

リタ：Ａｉ先生、皆さま。どうしても、なにか反応したくなりました。

五次元になる！　五次元にする！　神人の入り口として。

朝起きて、いつも通りなのに、明確にアセンションしたのを感じたのは、この一連の動きがあったからなのか～。

メンバーの皆さまが、一期生も二期生も共に、地上セルフが気づいているか否かに関わらず、根源の、愛と光の使者として、地球維神に向けて、日本各地で動いている、実働している。それをはっきり感じました！

そう、もう真に、本格的に、地球維神は動き出している。

関東はずっと雨降りで、「水」だったのが、やっと明るくなり、「光」に変容している気がします。あ〜幸せ。

わたしの役割としては、泥臭くなく、美しくしなやかな気合いと、自然体の愛で、五次元に向かっていきたいなー、と思います。ど根性も、忍耐も、どんな努力も、笑い飛ばして。光で。楽に、軽く、自由に。至上の歓喜きわまる世界へ。うれしいな。

照子：水から光へ！　今日はまったく違う日に感じられます。今朝、目が覚めた時に、根源エンブレムを思い浮かべました。（一期生の関東メンバーと話したときに、二四時間、根源ポータルとなるために、毎日、根源エンブレムを思い浮かべる！　という実働案が出ましたので、私は特に朝と夜を習慣にしています。あと、電車の中でも。皆さまもぜひご一緒にどうぞ！）そのとき、ぼ〜っとしていたら、宇宙から地球を眺めていることに気がつきました。漆黒の中に浮かぶ青い地球。その中に、金色に輝く龍体が見えます。

地球を取り巻いているたくさんの宇宙存在たちの中には、日本が黄金龍体として護られていることを知らない存在も多いようで、驚きと尊敬のまなざしで、変容している日本を見つめています。

黄金龍体は光りながら浮かびつつあり、地球の次元が、どんどん上がっています。このようなヴィジョンを観ていました。

そして、家に帰り、パソコンを開けると、Ａｉ先生からの重要メッセージが！！！　あ〜感動だなあ……と思い、今度は、「人々、地球、宇宙にとって今、何が一番大事なことか」と、問いかけてみました。すると、「推進力！」という答えが返ってきました（たぶんハイアーセルフのネットワークより）。

そうか、実働あるのみ、動け、ということなんだ、と思いました。がんばります。二四時間、根源のポータルになれるように。百パーセントの五次元人になれるように。

愛と感謝を込めて、照子より

Ａｉ：本日三つめの、重要メッセージです！！

『進め！　進め！　進め！』（ＧＯ，ＧＯ，ＧＯ！）（555）

根源神界のアセンション・プロジェクトにおいて、「イザナギの法則」と呼んでいるものについてお話ししましょう！　それは、神話に基づいた、とてもシンプルなものです。

「後ろを振り向いたり、追いかけたりするとオバケが出るが（笑）、先に進むと、**愛と光と意志と勇気に変容して、**すべてが、ついてくる」というものです！

これは、「アセンション」に、まさに当てはまります。『進め！　進め！　進め！』

アセンションを推進するエネルギーは、全体の「ＤＮＡ」です。

「ＤＮＡ」が変わると、全体が変わるのです。


ユリ：Ａｉ先生！　ユリ＠歓喜ＭＡＸです。雨の一粒一粒が、光になって輝いています！　もうこの愛を、この感動を、この涙を、どうしよう！　という感じです！

「ＧＯ、ＧＯ、ＧＯ！！！」これ以上に幸せな言葉が、今、あるでしょうか？

ファンファーレが鳴り響いています！　この燦々と降り注ぐ愛と光の中を、まっすぐに進んでまいります！

ありがとう！　ありがとう！　ありがとうございます！！！

Ａｉ：宇宙のすべてから、ありがとう！！！

Ａｉ：さて、今、地球維神＝「五次元実働会」の一環として、ＮＭＣ評議会と皆さまのハイアーセルフ連合から、「五次元ファシリテーター」（インストラクター）の創生、養成、認定についての、重要な計画も進行しています。

これは、一人ひとりと全体、そして地球アセンション・プロジェクトにおいて、まずは最も重要となるものであるということを、皆さまはすでに理解されているでしょう！

今回の宇宙史・地球史の卒業に当たる、究極のアセンションと、そのインストラクター・コースの一部でもあります。

そしてこれは、第一段階の、『神人』としての主な大部分となります！

なぜなら、地球維神を真に発動し、遂行していける力となるからです。

次に述べるその内容についても、だいたい皆さま、すでにご存じと思います！『五次元実働会』のルールと、ほぼ同等です。

一、『常に、すべてを１００％ポジティヴに観て、考え、感じ、行動し、発現し、創造する』。その確立。

二、「一」のファシリテート（進行）、五次元波動を発現するためのファシリテートができること。

その他の詳細、マルヒ、奥義はいろいろとありますが、主には右記のものであり、知識ではなく、魂のパワーと意志、気合（愛）！　が大部分であり、それでほぼ取得できるものです！

そして、一人ひとりのアセンションにとっても、地球のアセンションにとっても、必須なのです。

さらに、真の「五次元」へ向かっては、次のように、いくつかのステップがあります。

一、五次元（以上）の波動、エネルギーの確立。

※つねに中今100%のホジティヴ、ライトワーク、ワクワク。何があっても波動が下がらない。（すぐに戻せる）

二、五次元ファシリテーター　認定（レベル1）

※「一」の育成をファシリテートできる、「五次元アカデミー」のインストラクター。宇宙連合アカデミーの内容、天界の五次元もマスターしていることとなる。

三．五次元ファシリテーター　認定（レベル2）

※「二」をマスターし、かつ、『魂』が『根源神界』としっかりつながり、そのエネルギーと計画、実践を発動している。イコール、『五次元の神人』。

※このレベルへ来ると、その人が存在するだけで、『五次元の場』、エネルギー、時空、次元を「創る」ことができる！

※その場にいる人の波動も、五次元へ上げることができるようになります！！！

そして！！！　これが、すなわち、真の宇宙創始からの高次の『皇』なのです！

その基本、第一段階となります。

※……しかし！！！　**私が知る限り、それが現在、地上で真に可能なのは、まだ、私と白峰先生だけなのです。**

ですから、一見簡単なようで、この五次元「レベル２」が、いかに高度なものなのかが、分かるでしょう！

なぜなら、白峰先生もおっしゃっていましたが、そのレベルの神人百人が誕生すると、地球全体が五次元にシフトするくらいのエネルギーが発生するのですから！！！

ですから、まさにこれが、根源へのアセンションを目指す神人の卵の、目標であり、神界と宇宙の願いなのですね！！！

そしてすでに皆さまの多くは、そのエネルギーを発しはじめているのです！！！

菊香：「光」へ変容！　なんて素晴らしいお知らせなんでしょう！　今、光へ旅立つ！　胸の奥で　光の渦巻きがグルグル回転して加速しています！　いにしえの昔から、この時を待ち望んできました！　この歓びを、人々に、日本に、地球に、宇宙に、広げていきまーす！！

『五次元の神人』。このメッセージが、心の奥に、直球でズドーンと響きます！　一刻も早く、五次元の神人になり、五次元の場とエネルギーを創れるように、一瞬一瞬を意識して、愛と光の選択をおこなっていきます！


光：やっと、やっと、この日が来たんだ！　という思いで、メッセージを涙しながら読みました。そして、『進め！　進め！　進め！』のメッセージを読んで、また涙して、そっか！　もうMAXでいいんだ！　と思ったら、パーンと光が出てきました！　自分がひと回り大きくなったような感じになって、今まで押さえていた、外に出たがっていた光が、一気に噴き出したような感じでした！

フォトンをDNAに入れるワークを始めてから、体全身から光が出てきたように思います。そして少しずつですが、光も力強くなっているような感じがします。それと比例して、DNAのフォトンの光も、力強いものが出るようになってきました。そしてこの感じを忘れないように！　とエネルギーを絵にしてみました。

その中で、ふと、支えがほしい、と心の中で思うと、「根源家族」という言葉が響きました。

この言葉をいつも思い出しては、ニンマリしている私です。（笑）とても嬉しいのです。

あとは、「自神」と「勇気」をもってMAXで進むのみです！

Ai先生、ありがとうございます！　皆さま、ありがとうございます！

Gaia：Ai先生、魂が震えるメッセージに感謝いたします。今日のメッセージを拝読すると、一気に次のメッセージが出てきました。

地球のセントラルサンが、水からクリスタルへの変容の記憶を持っている。
インナーアースの水は、生きていて、意識を持っている。
インナーアースの水たちは、セントラルサンから、その変容の記憶を受け継いでいる。
この水たちが、地表の水の変容を助けたがっているのを感じます。

わたしは水の日御子として、彼らの導管になります。
そして、魂の根源エンブレムから、地上の全ての水に根源神界の光を贈ります。

世界すべての人の体内の水が、共鳴を起こすように。
根源父母の子として、地球のセントラル・サンの記憶を、根源神界の光と共に、
地上に現す日御子になります。
杜乃碧Ｇａｉａ

追記：インナーアースの水は、歓喜の光そのものであり、それ自体が創造の意識を持っている。
　高次の中で三次元の水のように「観える」、流動的なクリスタル＝光。

Ａｉ：皆さまのアセンションとライトワークにより、そろそろ早くも、皆で、『地球の五次元シフトへのワーク』を開始できそうだというメッセージが届きました！！！

十月は、地球神の国常立神の数霊であり、現在の二〇一〇年十月からが、じょじょに、重要なスタートとなっていきます！　この十月は、重要なセミナー、ワーク、神事もたくさんスタートしますね！

天鏡：白峰＠根源トー先生の、日々の国家風水の大仕事を少しでも楽にするため、宇宙ヤタガラス連合アカデミーでは、現在、「（地球・宇宙）アセンション風水研究＆実働会」なるものも進めております。そしてそのトップ＆コアは、Ｌｏｔｕｓさんがいつもおっしゃっているように、地球・宇宙を「護る」ということは、すなわち、日夜そのメイン・ポータルとなって働いておられる、白峰先生とＡｉ先生を「護る」ことであると！

例えば昨年、中今最新の宇宙ヤタガラス連合の、白峰先生との地上での初会合の時、そのセッションの場を、Ａｉ先生はまさに護ってくれました！　重要な動きだったため、様々な妨害エネルギーも来るから、と。

私たちにはおっしゃいませんが、実は根源カー＠Ａｉ先生は、いつも白峰先生を、私たちを、人類を、地球を、宇宙を、護ってくれています。

そして白峰先生、Ａｉ先生を護るということの、具体的で主な一つは、私たちが、根源カートー神界、及びその地上ポータルの負担を減らせるように、その「護る」働きを担えるようになることだと思います。

そして、すぐに、常に実働可能なことは、根源エネルギーのポータルの中心＝Ａｉ先生に、エネルギーを向け、贈ることです！

Ａｉ先生も、常に言われていますように、ハイアーセルフでも、高次のマスターでも、エネルギーの法則とは、「相思相愛！」です。向けるとつながる！　そしてコラボとなる！

エネルギーが発現し、拡大することは、最大の護りであると、いつもＡ・ｉ先生はおっしゃいます。

宇宙と相思相愛を目指す天鏡より

Ａｉ：宇宙ヤタガラスメンバー、感動で「ウルウル」のようです！（笑）

これがまさに、根源神界＆宇宙家族のアセンション・プロジェクトであり、その三位一体の、トップ＆コアですね！　護りあう。イコール、発現しあう！　そして宇宙の相思相愛！！！

第一章にも出てきますが、白峰先生＠宇宙・地球神のメイン・ポータルが、受けきれないくらい、マイナスエネルギーの負荷が増えると、私の方へ行ってしまう、と、白峰先生がおっしゃっていました。

実際に何度かありましたが、白峰先生と、三次元で、直接何かプロジェクトを行う時以外は、ほとんどありません。

日々、根源神界の、三位一体パワーが高まっていますので！

ですから、すべてをトータルしますと、今生、初めての白峰先生との出会いと対談の時に、白峰先生がおっしゃったように、今、我々が行っている、『神人ライトワーカーの創生、拡大と、地球アセンションの成就』

が、急務なんですね！（猶予は永遠にあるわけではないので）。

そして油断はできませんが、後ろ向きの、マイナスを減らすというワークの時代は、皆の成果により、ほぼ終わりました！

一人ひとりにとっての急務は、「五次元の確立」となりますが、いよいよ、前向き。

地球維神＝地球アセンションの実働と、その成就の時代に入ったということですね！！！

ホワイト：うひょ～！　今まで私達一般人の観えない所で、必死で地球を護ってくださっていたんだという、ほんの一部を感じとることができました。感謝でいっぱいです（泣）。早く、一人前の神人になれるよう、がんばります！！！

Ａｉ：白峰先生＠地球神ポータルは、二十四時間、命をかけて！（それでオヤジギャグが言えるってすごいよね！）

皆さまも、光さんもまさに、「本来」の、そして百パーセントの光が、発現しつつありますね！

光：ありがとうございます！　Ａ.ｉ先生の個人セッションを受けてから、一週間で、すごく変わってきました。

とても嬉しいです！　今日、近くの図書館に「天の岩戸開き」と、白峰先生の本「日月地神示」「地球一切を救うヴィジョン」を置いてもらえるようにリクエストしてきました。今の自分にできることを精一杯やっていこうと思います！

Ａｉ：ありがとうございます！　図書館や、全国の人々に、一人でも多く、アセンションの情報が行きわたること。アセンションのチャンスと選択の自由が与えられることがとても重要であると、白峰先生もおっしゃっています。まさにとても重要なライトワークの実践ですね！　そしてそれは、天界、神界から、自分とハイアーセルフに還ってきます。

プラナ：これから日常生活でも、二十四時間フルに五次元人を目指して、一、愛を忘れない。二、根源太陽とつながり、フォトンを受け取る。三、魂を通して、発現する！　ライトワークする！　を、毎日、確かめながら、やっていきたいと思います！

Ａｉ：素晴らしいシフトですね！　このシフトは、地上セルフ、ハイアーセルフ、そして根源神界家族とのコラボ、すべてで起こっています！　プラナさんとハイアーセルフがつながるネットワークでも、同時に起こっています。プラナさんの、愛と光と意志が、それを動かした。そのＤＮＡとなった、ということなのです！

そしてアセンションとは、一瞬も止まらず、常に波動、愛、光が拡大し、上昇していきます。

それを常にますます創造し、皆でコラボしていきましょう！

菊香：みなさん、同じような思いを持っていらっしゃったようですよ〜。わたしも、「やっと、たどり着いた〜」と嬉しくて、ウルウルでした〜！　これからは、ご一緒できること、嬉しいです！

みんな同じような道を辿って、根源家族にたどり着くのですね！　約束してたんですもんね〜。ハイアーセルフの願いですもんね！　これからは、根源家族と、ワクワク楽しく、アセンションしていきましょうね！

光：私も「仲間に会わせてください」とお願いしていて、ここへたどりつきました。

これからは仲間ですね！　根源家族の！

Ｌｏｖｅ：私も、先日、参加させて頂いたばかりで、根源家族なのだ〜っと、もう、感動しっぱなしなのです。

綺麗な森・空気・水・空・星とか、自然に美しく澄み渡るもの……そのようなイメージを感じます。

私も自然に、美しくあろう！　と思いました。一緒にキラキラ・アセンションしましょう！

根源家族で、ハイアーの願いで、約束してたんですねっ！　逢えてよかった！！

めぐみ：本当に私もここに来るまで、同じ思いでいました。お互い、やっと辿り着いたんですね！

おかえりなさい！（笑）そして、なんだか初めましての感じがしないのです。やっぱり、バッチリ根源ファミリーなんですね！

からすｗｗ：同じく新二期生、陶芸家のからすｗｗと申します。根源家族でございますね！　私は、アカデミーではいつも、ズッコケ、冷ギャグ、ｅｔｃ、担当でございます?!　白峰@根源トー神のオヤジギャグ・チャンネルは、いつもグレースさん、天戸さんなどの、ず〜っと後ろをすべっていますが、ともに天の鳥船のエネルギーとなって、地球維神を果たしましょうね！（正式名称は、からすｗｉｎ―ｗｉｎと言います。）

Ａｉ：皆さま！　今日は、実は大分前から来ていたメッセージについてです！

今回は、特に、未来のすべての高次と言える「グレート・ホワイト・ブラザーフッド」（宇宙聖白色同朋団）から正式に来ましたので、お伝えいたします！

まず、これまでにもお伝えしていますように、真のアセンションは、「五次元」＝百パーセントのポジティヴの確立です。そしてまずは、百パーセント、それを目指すところから始まります！！

そして、地球のアセンションを何とか可能としようとするなら、その唯一最大の希望である、地球のアセ

ンションを担うことをミッションとしているメンバーが、今すぐにそれを始めないと、間に合わないとのことです！！！

ですから、本当は以前から、高次では決まっていたのですが、地上の我々も、それを明確にする時が来ました！

皆さま、ほぼできていますが、愛と光と叡智と意志とワクワクの、「ポジティヴ」なエネルギーのみ出す！！！　ことを宣言し、今から永遠に実践していってください！！！

それが真の五次元への実働となります。そして一旦確立したら、永遠に固定されます！

今、明確にそのスタートの真の締め切りが来ている、ということなのです！

これは、誰でも、百パーセント、実行可能なことです。自己とハイアーの意志のみですので！

そしてこのスタートを真に行った人のみが、百パーセント、アセンションすることができ、明確に、未来の神界とハイラーキーの、永遠のメンバーとなっていきます！！！

ワクワク・アセンション超宇宙へ向かって！！！

一なる愛と光の根源より　ＧＷＢＨ

菊香：今日は素晴らしい秋晴れ！　目覚めた時に見えた空の、美しさ！　異次元の世界に迷い込んだみたい～って、目を覚ましました！

「五次元」＝百パーセントのポジティヴの確立。確実にやっていきます！　心します！　根源神界家族が、皆それぞれが、がんばっているんですもんね！　気を抜かず！　ブレない自分で、毎瞬毎瞬、愛の選択を積み重ねます！　ワクワク、キラキラ、撒き散らすぞー！！

二十四時間、愛と光と叡智と意志とワクワクの、「ポジティヴ」なエネルギーのみ出すことを宣言します！

今から永遠に実践します！　必ず、実践し続けま～す！

ワクワク・アセンション宇宙へ、ＧＯ！　ＧＯ！　ＧＯ！！

Ａｉ：グレート・ホワイト・ブラザーフッド（白峰＠根源トー神含む）からの追伸でーす！！

一人ひとりと、根源家族の、真の五次元実働のスタートにより、いよいよ、地球五次元アセンションも、スタートするとのことです！！！

これが完成されますと、次は八次元を目指すものとなります！！　それが、太陽系のアセンションとなるとのことです！！！

菊香：Ａｉ先生、皆さま、やった〜！！「太陽系のアセンション」という言葉を観て、ワクワクがＵＰ！ＵＰ！してきました！！まずは、２４時間五次元人の確立！しっかりと、がんばります！

きよら：新二期生の夏きよらです。こんにちは！本部Ａｉ先生からのメッセージを、ポータル校のひふみ先生から転送していただき、瞑想したら、チャネリングできてるかは不明ですが、思いが湧いてきたのでシェアさせていただきます。

もう始まっています。道は開けています。道の選択は終わっています。あとは進むのみです。

振り返ることに意味はありません。もうそこには、廃れ果てた過去の幻想があるだけです。

そこにあなたはもういません。あなたは今、ここにしか存在しないのです。

あなたにあるのは、今、足を踏み出すか、踏み出さないか、その選択だけです。

顔を上げて下さい！背筋を伸ばして下さい！前を向いて下さい！

さあ、行きましょう！そして、生きましょう！

超高速のお楽しみはこれからです！


以上です。できるかできないかではなく、「やる！」と決めてやります！

自分に勝つためにも、ここで宣言させていただきます（鼻息）！

決めて進むより他に、道は開けないと感じているからです。

皆で五次元の確立に向けてがんばりたいって、あらためて思いました。
自信はＭＡＸとは言えませんが、気愛と、スッポン根性で、がんばりたいと思います！

（※本章の最後となる次のメッセージは、この原稿をまとめている二〇一〇年十月上旬現在の最新です）

Ａｉ：ここ最近の動きにより、また大きく、シフトしています！！　メンバーの皆さまはご存じのように、この十月上旬に、関西にて、宇宙ヤタガラス連合のメンバーが地上に結集し、様々な重要なセミナー、セレモニー、神事等が行われました。その一つが、鞍馬と貴船で行われた「カラス入門講座」でした。

そして昨日のカラス講座では、午前の鞍馬の行程で、かなりいろいろなエネルギーが動いていました。午後の貴船の行程に移った瞬間、ホッとしました。（笑）突然晴れてきて。
やはり神界のエネルギーはいいですね！

そして！！！

昨夜は、一晩中、宇宙連合が動いていました！！！
まずはその中で、いろいろなワークと調整がありましたが、最も重要なのは……、

「宇宙連合のエネルギーそのものを、一人ひとりと地球の中心に入れる」

というものでした！　それは、**「何でも可能！！！」**というエネルギーです！

そして、それは同時に、

「一人ひとりの中心のエネルギーが、全体に伝わっていく」

という、重要なこととなります！！！

※このために、五次元の確立と、そのアカデミーが急がれていたのです。

それらにより、朝までの高次とのワークで、とても美しいあるエネルギーが、地球の中心、シャンバラの中心に発現しました！！！

それは、宇宙連合が地球に直接降りて来られるエネルギーであり、宇宙界の五次元のエネルギーであり、色彩で表現すると、美しいシルバーと「五色」。

本来の、そして新しいシャンバラのエネルギーであり、その御旗です！！！

それは本来のレムリアのエネルギーでもあり、新しいエネルギーでもあります。

レムリアのトップ&コアは、地球神界であり、アトランティスのトップ&コアは、太陽神界です。

これまでは太陽神界が先行してがんばってきましたが、その成果によって、ようやく真のレムリアとシャンバラのエネルギーが起動しました！　（※関西セミナーでお話しした、マル秘の本来の地軸に戻りつつあります！）

このエネルギーが、今、皆さま一人ひとりの中心、ハートの中心にあります！！！

それを感じてみてください！！！

それは、この上ない美しさ。調和。ハーモニー。【愛と信頼】のエネルギーです。愛とは信頼。

あなたの中心から発するそのエネルギーが、地球全体に伝わっていきます。

それが中今最新の、シャンバラのエネルギーなのです！

それが、日の本の皆さまの五色を統合するＤＮＡを通して、地球全体の五色人に伝わっていきます。

日の本の黄金龍体を通して、地球全体の五大プレート、五大陸に伝わっていきます。

この五色の御旗が、最も古く、そして新しいシャンバラの御旗なのです。

これが最も古く、そして新しい地球神の御旗であり、レムリア=地球の御旗なのです。

そしてこれらのすべてとその奥の宮は、「根源エンブレム」、根源太陽神界によってなされます。

一なる根源の愛と光の中で　シャンバラ　サナート・クマラ　根源カートー神界より

謝　辞

——日々ますます、一人ひとりも、宇宙規模でも、莫大なアセンションが動いています！

もはや言葉にするのも不可能なくらいです。メンバーの一人ひとりと、ネットワーク全体が、それらを体感し、日々、愛と光と歓喜の中で、ともに創造しています。

特に二〇一〇年十月からのシフトが大きいです。それらついては「第三弾」の本で展開していきたいと思いますので、皆さま、楽しみにしていてください！　主に中今最新の神界と天界のトップ＆コアの動きについて、お伝えしていく予定です。

この度も、明窓出版、そして麻生編集長に大変お世話になりました。麻生編集長とはここ最近、何度か歓談の機会を持つことができ、その素晴らしいチャンネルと編集力について、より深く知ることができました。

そして、根源神界をはじめとする宇宙のすべての高次、根源家族の皆さま、読者の皆さま、さらにこれから地球維神を創造していくすべての皆さまに、心からの感謝を捧げます。

今回の第二弾の原稿も、まずは白峰先生にご覧いただきましたところ、基本的に修正等は一切なく、強調したい箇所などのコメントをいただきました。文中の、太字になっている部分の多くがそうです。白峰先生からの、中今最新メッセージでもあります！

さらに白峰先生から本書の発刊にあたって、重要なメッセージと「暗号」を書面でいただきましたが、ある事情により、残念ながら今回は本書に掲載しないこととなりました。（エネルギーで分かる人に読んでほしいと！）

巻末のアカデミーのメンバー専用ホームページには、白峰先生からの最新マル秘メッセージと、「暗号」のオリジナル・データが掲載されています。さらに、今回、直前に掲載が見送られた、各セレモニー等のたくさんのマル秘画像データも収録されています！　中今チャンネルによりますと、読者の皆さまには、「ぜひそのメッセージと『暗号』を読みとってほしい！」とのことです！

表・裏で多大な支援をいただきました白峰先生と根源神界に、神界、高次、根源家族一同、心からの御礼を申し上げます。

――二〇一二年まで、あとわずか！　二〇一二年は、宇宙・地球の条件により、アセンションのピークになると言われています。二〇一二年までに、できるかぎりのアセンションを達成することが望ましいということです。

皆さんお気づきのことと思いますが、二〇一二年へのラストスパートへ向かって、地球も未曾有の莫大な変化をしています。

そして、白峰先生も述べておられ、『天の岩戸開き』にも書かれているように、そのすべての【鍵】となるのは『日（ひ）戸（と）』なのです！　すなわち、地球維神を担う、皆さん一人ひとりなのです。

特に最近、それらをますます実感しています。『天の岩戸開き』に書かれていますように、主にAD2000年以降の地球は、現状の文明と意識のレベルが存続するには、すでに限界を超えていました。本当は、90年代前半からそうであったのです。その頃、今生のある程度の訓練を終えたばかりの私は、その最初の危機の時に、宇宙連合から緊急収集を受けました。地球の地軸をサポートするためです。

（このように、日戸の意識と可能性は、真に無限なのです！「シリウスの太陽」の著者、UMMACさんを始め、訓練を終えたメンバーからは、それが可能な人たちが出てきています。その【鍵】とは、「アニメでSFな」〈笑〉柔軟な意識です！）

その時に「本来はもう一人いる」と宇宙連合が言っており、私も本来は太陽神界系であり、アセンション担当側なので、暫定としてのものでした。後に、マスター方も言われ、白峰先生とも話し合いましたが、地球側のオペレーションに何かあった場合の「保険」としても来ており、また、天津神界側からの観察役（?!）でもあると。

そして、その「もう一人」は、どこにおられるのかと楽しみにしていました！　それが本書の内容であり、二〇〇四年の「ファースト・コンタクト」となったわけですね！

二〇一二年へのラストスパートへ向けて、神界・高次とライトワーカーの努力により、アセンションも驀《ばく》進《しん》する中、高次から観たらわずかなものですが、地上レベルから観たら深刻な、意識・波動を下げようとする動きもあります。その中で最も深刻なのが、太陽と地球のコアです（それに関する映画もありましたね）。太陽と地球のコア＝セントラルサンは直結しており、集合意識とも直結しています。全意識を、現在、太陽系と地球が必要とするレベルまで上げていくために、どれほどの負荷がかかるかということは、皆さん、少し想像してみれば分かるでしょう！　それがライトワーカーの真の仕事なのです！

様々な事象が加速し、最終準備に入るに当たって、本年は重要な出来事が数多くありました。そのいくつかの神事の中で、最も緊急で重要なものは、この太陽と地球のコアに関するものでした。本書の中にも一部書かれていますが、「地球ロゴス」＝地球そのものの意識のメイン・ポータルとなる者。それが如何に大変なものなのか、国家・地球・宇宙守護の白峰先生のお仕事の一端をお手伝いする時に、それがよく分かりました！

ゆえに今回の地球のこの役割＝「地球ロゴス」は、根源神界の大御所である白峰先生にしかできないよなあ（誰もやりたがらないし！）ということで、尊敬申し上げ、可能な限り最大のサポートをさせていただいている、というしだいです。

そして！（油断は禁物ですが）すべては神界のアカシック通り、素晴らしい方向へ進んでいます！！！

あとは、その神話、祭典に、参加するか否かだけなのです。

最近特に感じますのは、その真の参加資格とは、能力や知識ではなく、「ハート」＝愛のみであると！！

なぜならそれこそが、地球のアセンション、また、この太陽系のアセンションの真のエネルギーとなるからなのです！

そしてそれが、『地球維神』のエネルギーであり、その原動力、地球維神そのものであるからです。

皆さまもぜひ、宇宙史と地球史のラストを飾る、この地球維新メイキングの神話の祭典へ、ぜひご参加ください！！！

皇紀二六七〇年（平成二十二年）十二月二十三日　Ａｉ

――地球の目覚め――

今、真に、『地球の目覚め』が始まりました！！！　地球＝地球神＝根源父神界です。

『地球維神』の始動。そして根源家族の三位一体の愛と光によって！！！

今、地球の神聖な『生命の樹』＝エネルギー・センター＝チャクラ、ハート、魂が目覚めはじめています！！！

皆さま！　地球のハートと魂に、『根源エンブレム』とともに、三位一体の愛と光をぜひ贈ってください！！！

一なる根源の愛と光とともに　ＮＭＣ評議会　根源母神界（根源天照皇太神界）

◎ 著者プロフィール ◎

アセンション・ファシリテーター　Ai（アイ）

高次と地上のＮＭＣＡＡ（新マクロ宇宙・アセンション・アカデミー）本部、メイン・ファシリテーター。根源天照皇太神界。ＮＭＣ評議会（根源神界・ＧＷＢＨ・ハイラーキー）議長。地球・ここの旧宇宙のアセンションのコ・クリエーション（協働創造）、そして神人アセンション・ライトワーカーの創出・育成を日々推進している。主な著書は『天の岩戸開き　――アセンション・スターゲイト』（明窓出版）。

白峰（SHIRAMINE）

環境意識行動学の大家。根源神界・宇宙・地球霊王直門。弘観道第四十八代。地球維神・新生イルミナティーの太陽の騎士団総監。国家・地球・宇宙のアセンション風水師。主な著書は『日月地神示』（明窓出版）、『続・地球人類進化論』（明窓出版）、『地球一切を救うヴィジョン』（徳間書店）他。
現在は隠退されて、小笠原諸島で隠遁生活（ご本人言）。
鹿児島ＵＦＯさんのブログ　http://plaza.rakuten.co.jp/kagoshimalife/
にて、最新情報を発信。

◎ＮＭＣＡＡアセンション・アカデミー本部へのご参加のお問い合わせ等は、下記のホームページをご覧の上、Ｅメールでお送りください。

ＮＭＣＡＡ 本部公式ホームページ　http://nmcaa.jp

◎パソコンをお持ちでない方は、下記へ資料請求のお葉書を御送りください。
〒６６３－８７９９
日本郵便　西宮東支局留　ＮＭＣＡＡ本部事務局宛

ＮＭＣＡＡ　本部公式ブログ　http://blog-nmcaa.jp
ＮＭＣＡＡ　本部公式ツイッター　http://twitter.com/nmcaa

（※ＮＭＣＡＡは、白峰会とは別のアカデミーです）

地球《ちきゅう》維神《いしん》

黄金人類の夜明け

アセンション・ファシリテーター　Ａｉ《アイ》著

明窓出版

平成二十三年二月十一日初刷発行
発行者 —— 増本　利博
発行所 —— 明窓出版株式会社
〒一六四—〇〇一二
東京都中野区本町六—二七—一三
電話　（〇三）三三八〇—八三〇三
ＦＡＸ（〇三）三三八〇—六四二四
振替　〇〇一六〇—一—一九二七六六
印刷所 —— シナノ印刷株式会社

ISBN978-4-89634-274-1
ホームページ http://meisou.com

◉日月地神示　黄金人類と日本の天命

白峰聖鵬

五色人類の総体として、日本国民は世界に先がけて宇宙開発と世界平和を実現せねばならぬ。

日本国民は地球人類の代表として、五色民族を黄金人類（ゴールデン・フォトノイド）に大変革させる天命がある。アインシュタインの「世界の盟主」の中で、日本人の役割もすでに述べられている。

今、私達は大きな地球規模の諸問題をかかえているが、その根本問題をすべて解決するには、人類は再び日月を尊ぶ縄文意識を復活させる必要がある。

アセンションとは／自然災害と共時性／八方の世界を十方の世、そして十六方世界へ／富士と鳴門の裏の仕組み／閻魔大王庁と国常立大神の怒り／白色同胞団と観音力／メタ文明と太陽維新／構造線の秘密／太陽系構造線とシリウス／フォトノイド、新人類、シードが告げる近未来／銀河の夜明け／２０２０年の未来記／東シナ海大地震／フォトンベルトと人類の大改革／般若心経が説く、日本の黄金文化／天皇は日月の祭主なり／日と月、八百万の親神と生命原理／宗教と科学、そして地球と宇宙の統合こそがミロクの世／世界人類の総体、黄金民族の天命とは／新生遺伝子とＤＮＡ、大和言葉と命の響き／全宇宙統合システム／万世一系と地球創造の秘密とは／ＩＴの真髄とは／(他重要情報多数)　定価1500円